Alexander Huber

Der Berg in mir
Klettern am Limit

Mit Interviews von
Karin Steinbach

Mit 36 farbigen Fotos

MALIK

Vorsatz: Die puristischste Form des Kletterns im einzigartigen Ambiente des Hochgebirges: free solo in der Dent-du-Géant-Südwand im Montblanc-Gebiet.

Nachsatz: In der neuen Route »Pan Aroma« (XI–) an der Westlichen Zinne, Dolomiten.

Für meine Eltern

ISBN 978-3-89029-337-0
4. Auflage 2008
© Piper Verlag GmbH, München 2007
Satz: Satz für Satz. Barbara Reischmann, Leutkirch
Druck und Bindung: CPI – Ebner & Spiegel, Ulm
Printed in Germany

www.malik.de

Inhalt

1. Ein kurzer Ausflug zum Ende 7
2. Das Dorf 16
3. Sport ist unser Leben 20
4. Der Kleine Watzmann 25
5. Das scharfe Ende des Seils 29
6. Der Kaiser ruft 32
7. Die Huberbuam 38
8. Auf der Jagd nach Neuland 43
9. Karlstein 51

»Er ist narrisch, aber nicht verrückt«
*Andreas Kubin, Chefredakteur
der Alpinzeitschrift »Bergsteiger«,
über Alexanders Kletterkarriere* 58

10. Erster Besuch in der großen Welt des Sportkletterns 66
11. Abräumen in den Dolomiten 70
12. Der »Weg durch den Fisch« 76
13. Reiteralm 80
14. Erstbegehungen auf unsere Art: hart und puristisch 90
15. Bergführerprüfung 98
16. Der Einstieg in den elften Grad 107
17. Der Schleierwasserfall – mein Paradies 112

18 »Salathé«: Tausend Meter senkrechter Granit 122
19 Latok II: Bigwall auf 7000 Metern 136

»Wir lernen immer noch gegenseitig von uns«
Thomas Huber, die andere Hälfte der Huberbuam,
über die Konkurrenz zu seinem Bruder 156

20 Cho Oyu – der große Berg 167
21 Matterhorn 176
22 Ogre, der Menschenfresser 186
23 Der Weg zurück zu mir selbst 196
24 Yosemite – Ort der Kraft 206
25 Jenseits der Senkrechten: »Bellavista« 210
26 Perspektiven für den Bergsport im 21. Jahrhundert 218
27 Von der Verantwortung der Alpenvereine 224
28 Dynamik, Präzision und Abenteuer: »El Corazón« 232
29 Cerro Torre und Fitz Roy 236
30 Free Solo 246

»Ich gebe ihnen immer den Segen Gottes mit«
Maria Huber, die Mutter der Huberbuam, über ihre Ängste 257

31 Der Gang an die Grenze 264
32 Patagonien im Winter 268
33 Grand Capucin 274
34 Speed – der vertikale Geschwindigkeitsrausch 286

»Alex ist ein brodelnder Vulkan, der nicht ausbricht«
Pepe Danquart, Regisseur von »Am Limit«,
über die Filmarbeiten mit den Huberbuam 295

Fotonachweis 311
Über die Huberbuam 312

1 Ein kurzer Ausflug zum Ende

Ein Urknall. Unter der linken Hand, mit der ich mich abstütze, löst sich eine Felsplatte. Sie fällt auf meinen linken Fuß und bringt mich aus dem Gleichgewicht. Reflexartig versuche ich, mich irgendwo am Fels festzuhalten. Nichts. Da ist nichts. Alles rutscht. Es geht ab.

Im letzten Moment ein blitzartiger Gedanke: Spring ab! Ich drehe mich um 180 Grad, schaue in den Abgrund und drücke mich mit beiden Beinen ab. Alles kommt auf mich zu. Keine Zeit mehr zu denken. Nur noch reagieren. Ich lande in eine steile Felsplatte hinein. Zuerst mit den Beinen, dann mit dem Hinterteil, und es geht weiter. In weitem Bogen werde ich nach vorne katapultiert, segle durch die Luft ... Eine Explosion, ich schlage ein.

15. September 2005, 12.35 Uhr. Ich lebe noch – nach insgesamt sechzehn Meter Fallhöhe.

Seit zwei Wochen waren Thomas und ich im kalifornischen Yosemite Valley, wie schon so oft während der letzten zehn Jahre, in denen dieser Nationalpark fast schon zu unserer zweiten Heimat wurde. Die donnernden Wasserfälle sind für Millionen von Touristen, die jedes Jahr das Yosemite besuchen, die Hauptattraktionen. Für uns Kletterer sind es vor allem die beeindruckenden Felsberge wie der Half Dome und der El Capitan, die majestätisch über dem Tal thronen. Sie machen das »Valley«, wie es kurz genannt wird, seit über hundert Jahren zu mehr als einem unvergleichlichen Naturschauspiel: Tausende Kletterer kommen hier jedes Jahr zusammen, um in ihren senkrechten Wänden das Abenteuer zu suchen – eine weltweit einzigartige Ansammlung wilder Granitfluchten, ein Mekka des Klettersports.

Die herausragende Wand im Yosemite ist zweifellos die des El Capitan, und die bestechendste Linie an dieser Wand ist die »Nose«: die wohl berühmteste Felsroute der Welt. Genau auf dieser Route wollten Thomas und ich uns die schnellste Begehung holen. Speed-Klettern. Klettern auf Zeit. Normalerweise kommt es beim Bergsteigen nicht auf die Zeit an, denn zunächst geht es darum, eine Wand überhaupt zu durchsteigen, den Gipfel zu erreichen. Doch nachdem alle Gipfel bestiegen und alle Wände erklettert waren, begannen die Kletterer, neue Herausforderungen zu suchen. Es liegt in der Natur des Sports, dass mit fortschreitender Zeit die Leistungen immer extremer werden, dass man immer schneller, höher und weiter geht. Auch an den Bigwalls im Yosemite begann das Rennen. Und das Klettern wurde immer schneller: Tag um Tag, Stunde um Stunde, Minute um Minute wurden bei den Begehungszeiten herausgeschunden, ein Rekord nach dem anderen wurde gebrochen, und spätestens in den Neunzigerjahren entwickelte sich eine beständige Speed-Szene, eine Horde junger Wilder, die ein ums andere Mal antraten, um bestehende Rekorde zu brechen.

Ein Jahr zuvor hatten wir auf der Route »Zodiac« mit einer Stunde, 51 Minuten und 34 Sekunden nicht nur einen neuen Rekord aufgestellt, sondern auch die schnellste Begehung überhaupt am El Capitan gemacht. Trotzdem waren wir noch nicht zu hundert Prozent zufrieden. Die altehrwürdige »Nose« ist *die* Rennstrecke schlechthin – der Speed-Rekord an der »Nose« ist das absolute Highlight, ist der Rekord, der alle anderen in den Schatten stellt. Erst mit einem Rekord an der »Nose« würden wir am Ziel sein, unser letztes großes Ziel im Yosemite abgeschlossen haben.

Außergewöhnlich war aber nicht nur das Ziel. Mit dabei war nämlich auch noch eine vierzehn Mann starke Filmcrew, die unser Projekt als Anlass für eine Dokumentation im Kinoformat genommen hatte. Schon daheim merkten wir an den vielen Vorbereitungen, dass die Welt des Films für uns Neuland bedeuten würde. Und zwar in jeder Hinsicht. Thomas und ich sind ja keine Schauspieler, und auch wenn wir die Anwesenheit einer Filmkamera von anderen Produktionen her schon kannten, hatten wir nicht den Hauch einer Ahnung, wie viel Arbeit da auf uns zukommen würde. Vierzehn Filmleute zu koordinieren ist für den Produktionsleiter sowieso schon eine Herausforderung – umso mehr, wenn sie sich am Berg, vielmehr in einer senkrechten Wand, bewegen.

Bei unserer Ankunft in San Francisco waren Thomas und ich noch allein und machten uns in einer lauen Septembernacht auf den Weg ins Valley. Es war wie die Ruhe vor dem Sturm. Eine letzte ruhige Nacht in irgendeinem kleinen Straßenmotel. Die leise Vorahnung, dass es bald rundgehen würde.

Am nächsten Morgen um neun sollten wir dann eigentlich an einer Tankstelle direkt am Taleingang des Yosemite auf die versammelte Filmcrew treffen. Doch keiner kam. Nicht um neun Uhr, nicht um zehn, und nachdem wir dann um elf immer noch warteten, versuchte ich vergeblich, in Europa irgendjemanden von der Filmproduktionsgesellschaft ans Telefon zu bekommen. Gerade als ich die fünfte Nummer ins Telefon hackte, kam Pepe Danquart, der Regisseur. Kommunikation perfekt – die Crew wartete an einer Tankstelle außerhalb des Nationalparks, während Thomas und ich locker und lässig an den Jungs vorbei ins Valley gerauscht waren.

Genauso turbulent ging es dann weiter. Das lag weniger an einer chaotischen Organisation, sondern vielmehr an der komplexen Situation: Mitten in einer Tausend-Meter-Wand zu filmen ist produktionstechnisch der Super-GAU. Drei Kameramänner und ein Toningenieur sollten in der Senkrechten sein, eine Kamera samt Assistenten und Regisseur wahlweise am Einstieg oder am Gipfel. Zelte, Schlafsäcke, Wasser und Proviant hatten zu jeder Zeit in ausreichender Menge am richtigen Ort zu sein. Und vor allem: die horrend schwere und teure Filmausrüstung. Das alles zu guter Letzt noch mit einigen Filmleuten, die nur wenig Erfahrung mit der Materie Berg hatten. Eine logistische Monsteraufgabe, so schwer zu lösen wie ein gordischer Knoten.

Mit jedem Tag der Filmarbeiten verfinsterte sich trotz des dauerblauen kalifornischen Himmels die Stimmung. Es gab kaum Tage, an denen wir den veranschlagten Drehplan erfüllen konnten, und unter dem Leistungsdruck wuchsen die Spannungen. Die Nerven lagen blank. Jeder wusste, dass es schwierig werden würde, und immer öfter wurde heftig diskutiert. Bei einer derart komplexen und unübersichtlichen Aufgabenstellung gab es Hunderte von Lösungsmöglichkeiten. Jeder verfügte über Kompetenz auf seinem Gebiet, trotzdem musste letzlich alles koordiniert sein. Noch dazu gab es kaum Tage, an denen die gesamte Crew im Tal versammelt gewesen wäre. Waren die einen am Berg, befanden sich andere auf dem Weg nach oben, wieder andere auf dem Weg nach unten, und noch weitere holten Kamera-Equipment aus San Francisco.

Die Situation war gewöhnungsbedürftig für uns. Sicherlich ist auch eine Expedition an den großen Bergen der Welt komplex, doch der Berg an sich ist eine klare Aufgabe – während ein Dokumentarfilm sich erst am Ende als feststehendes Produkt in seiner endgültigen Form zeigt. Darüber hinaus sind die Mittel, die wir zum Bergsteigen einsetzen, überschaubar, passen zumeist in einen einzigen Rucksack. Und: Bei einer modernen Expedition sind wir Kletterer selbst am Werk. Jeder ist mittendrin, ist voll dabei. Jeder macht alles. Jeder gibt alles.

Der erste Drehtag in der Wand wurde zu einem endlosen Warten. Es war zwar alles gut vorbereitet, die Kameras und der Ton waren schon vor Ort, bis Thomas und ich am Einstieg der »Nose« auftauchten. Bis dann allerdings eine Einstellung gefilmt werden konnte, dauerte es eine halbe Ewigkeit. Meist waren es nur kleine Details, die korrigiert werden mussten, aber in der Senkrechten dauert eben alles länger. Das eine Mal war das Seil im Bild, das andere Mal der Toningenieur, dann wiederum war die Position zu unstabil. Am Boden eine Frage von Sekunden – in der Senkrechten wurden es Minuten, die sich zu Stunden addierten. Doch jeder versuchte sein Bestes. Als Team mussten wir auch einfach erst Erfahrung gewinnen. Das waren unverrückbare Tatsachen, die wir zu akzeptieren hatten. Aber es fiel uns schwer.

Noch nie hatten Thomas und ich zugelassen, dass sich irgendetwas zwischen uns und unser sportliches Ziel stellt. Die Motivation ist der Schlüssel zu jedem Erfolg. Sie ist wie eine zarte Pflanze, die gehegt und gepflegt werden muss, die nicht das Opfer von Störfaktoren werden darf. Andererseits hatten wir unsere Zusage zu diesem Projekt gegeben und waren von diesem Moment an mit unseren Entscheidungen nicht mehr unabhängig. Neben uns gab es die Produzenten, die ein erhebliches finanzielles Risiko eingegangen waren, dazu Pepe Danquart, den Regisseur, und ein großes Team. Sie alle waren jetzt genauso in dieses Projekt involviert wie wir selbst.

Thomas und ich begannen daran zu zweifeln, ob wir unter diesen Bedingungen überhaupt zum Erfolg kommen konnten. Zu stark wurden wir eingeschränkt, zu wenig konnten wir unseren Plan verfolgen. Thomas und ich sind als Leistungssportler ausgesprochene Egoisten, die es gewohnt sind, alles dem sportlichen Erfolg unterzuordnen. Diesmal jedoch hatten wir Konkurrenz bekommen. Vermutlich waren wir etwas blauäugig gewesen und hatten nicht bedacht, dass Pepe als Regisseur seine Ziele ebenso egoistisch verfolgen muss wie wir. Zwangsläufig prallten unsere Welten aufeinander: die Welt des Films und die Welt des Sports. Auch wir bekamen den Druck, der auf allen lastete, zu spüren.

Die Anspannung wurde zum dauerhaften Begleiter, und immer weniger waren wir in unseren Gedanken frei.

Jeder von uns – Pepe, Thomas und ich – verteidigte sein eigenes Interesse, keiner wollte auch nur einen Zentimeter davon preisgeben. Immer wieder wurde gekämpft und endlos diskutiert. Aber letztlich waren wir alle immer wieder in der Lage, uns die Hand zu geben und trotz der unterschiedlichen Ziele eine Lösung zu finden. Der Teamgeist brachte jeden dazu, sein Möglichstes zu versuchen, und wir arbeiteten daran, in der Wand effizienter zu operieren und die Abläufe besser zu koordinieren. Unser wichtigster Verbündeter dabei war Ivo Ninov, ein Bulgare, der sich fünf Jahre zuvor das Yosemite zur zweiten Heimat gemacht hatte und uns seither immer mehr zum Freund geworden war. Ivo wurde richtiggehend zur Schlüsselfigur, die sich bemühte, alles, was in der Wand mit den Kameramännern, dem Toningenieur und dem gesamten Material passierte, halbwegs in den Griff zu bekommen. Er war das Verbindungsglied zwischen der in Sachen Klettern unbedarften Produktionsleitung und uns Kletterern selbst.

Tatsächlich wurde gegen Ende der zweiten Woche das produktive Ergebnis langsam besser. So hatten Thomas und ich Gelegenheit, langsam die Route kennenzulernen. Und das war wichtig: Nur wenn wir jeden einzelnen Klettermeter der »Nose« bis ins Detail kannten, hatten wir eine Chance, den bestehenden Rekord von Hans Florine und Yuji Hirayama zu unterbieten. Der Kalifornier Hans Florine ist wohl der ambitionierteste Speed-Kletterer der letzten fünfzehn Jahre. Nachdem ihm aber im November 2001 seine Landsleute Dean Potter und Timmy O'Neill den »Nose«-Rekord mit einer fantastischen Zeit von drei Stunden, 24 Minuten entführt hatten, wusste er, dass er sich etwas einfallen lassen musste. Im Oktober 2002 rekrutierte er das wohl stärkste verfügbare Zugpferd, den japanischen Spitzenkletterer Yuji Hirayama. Die beiden ließen sich auch einen signifikanten Wechsel in der

Taktik einfallen, denn Hirayama führte vom Einstieg bis zum Ausstieg. Florine ist mit bald hundert Begehungen der unangefochtene Kenner der »Nose«, und nachdem der Seilzweite vor allem im organisatorischen und taktischen Bereich die Schlüsselrolle spielt, stellte es sich bei dieser Seilschaft als sinnvoll heraus, dem überragenden Freikletterer durchgehend die Führung zu überlassen. Hirayama und Florine kletterten die »Nose« als Erste unter drei Stunden, in einer galaktischen Zeit von zwei Stunden, 48 Minuten und vierzig Sekunden – ein Rekord, der, falls wir ihn unterbieten wollten, alles von uns fordern würde.

Nach all den Anfangsproblemen mit den Filmarbeiten war es am Ende der zweiten Woche endlich so weit, dass Thomas und ich die »Nose« einmal vollständig durchsteigen konnten. Noch lange waren wir nicht in Rekordnähe, doch wir waren froh, überhaupt einmal alle Seillängen geklettert zu sein. Neun Stunden waren wir unterwegs, und es sah noch nach einem langen Weg aus. Die Einschränkungen, die aufgrund der Filmarbeiten auftraten, waren nicht wegzudefinieren. So gesehen litten Thomas und ich unter den Bedingungen, andererseits waren wir uns aber auch bewusst, dass wir selbst die Entscheidung getroffen hatten. Wir waren selbst verantwortlich für die Situation, in der wir jetzt steckten.

Das Hauptproblem war unsere zunehmende Müdigkeit. Auch an eingeplanten Rasttagen war es notwendig, die Filmarbeiten zu unterstützen und die Vorgänge zu optimieren. Schließlich waren Thomas und ich diejenigen, die das Valley besser kannten als alle anderen im Team, daher rückten wir auch immer wieder aus, um dem Filmteam die Wege zu allen möglichen Drehplätzen zu zeigen. Was nach zwei Wochen an Kamerapositionen noch fehlte, war eine Perspektive, die genau von gegenüber den Blick auf die Wand des El Capitan ermöglichte. Deswegen war ich an einem der Ruhetage zusammen mit den zwei Kameramännern Matthias Lackner und Max Reichel unterwegs zum Middle Cathedral Spire, von wo, davon war ich überzeugt, die gewünschte Perspektive möglich sein würde. Es ging eine nicht zu steile Rinne mit einigen kleinen Steilaufschwüngen hinauf, die zwar kein schwieriges Klettern erforderten, aber doch steil genug waren, dass wir Hand an den Fels legen mussten.

Gerade hatte ich den letzten Steilaufschwung überklettert, als Max mich um Hilfe bat. Er hatte vielleicht nicht gerade den optimalen Weg durch den Aufschwung gewählt und war knapp unterhalb des Ausstiegs der gut fünfzehn Meter hohen Stufe hängen geblieben. Mit den Worten »Warte kurz, ich komm und geb dir die Hand« bot ich Max meine Hilfe an und beugte mich nach unten, um ihm meine Hand zu reichen. Doch der Griff, mit dem ich mit der anderen Hand mein Gleichgewicht sicherte, brach aus, mit einem Mal öffnete sich vor mir der bodenlose Abgrund.

Mehreren glücklichen Umständen verdanke ich, dass ich diese Situation überlebt habe. Der blitzschnelle Gedanke, nicht weiter zu versuchen, den unvermeidlichen Sturz aufhalten zu wollen, rettete mir als Erstes das Leben. Wäre ich in der Position verharrt, in der ich anfangs mit dem Gesicht zur Wand noch bemüht war, den Sturz abzufangen, wäre ich irgendwann unweigerlich völlig unkontrolliert gefallen, hätte mich überschlagen und so meinen Kopf vor einem tödlichen Aufprall nicht schützen können. So konnte ich auf meiner gesamten Reise durch die Luft eine aufrechte Körperhaltung beibehalten und das wohl einzige effektive Bremssystem, die Beine, voll ausnutzen. Außerdem hatte ich die Möglichkeit, zumindest ansatzweise zu bestimmen, wo mein Sturz enden würde. Dass ich nach sechzehn Meter Fallhöhe den einzigen guten Landeplatz traf, mag man als Glück bezeichnen. Glück hatte ich, ohne Zweifel; trotzdem bin ich der Überzeugung, dass ein großer Teil auch meiner intuitiven Reaktion zuzuschreiben war. Hinzu kam noch, dass ich durch meine »Zwischenlandung« inmitten der Steilstufe zwar nicht wirklich in meinem Fall abgebremst, dafür aber regelrecht hinauskatapultiert wurde. Dadurch veränderte sich der Fallwinkel, mit dem ich unten aufschlug, extrem zu meinen Gunsten.

Trotzdem bleibt es für mich ein Rätsel, wie ich selbst unter all diesen glücklichen Umständen eine solche Fallhöhe überleben konnte. Ich schlug unten auf, rollte perfekt ab, lag da und schaute ungläubig nach oben – zum oberen Ende der Steilstufe, wo Max verzweifelt an den Griffen hing und glaubte, ich wäre tot. Ich spürte sofort, dass ich den Aufprall ohne innere Verletzungen überstanden hatte, aber ich merkte auch, dass mit meinen Füßen etwas nicht in Ordnung war. Ich zog die Schuhe aus. Rein äußerlich schienen die Füße nicht deformiert zu sein. Zum Glück. Aber ich hatte ein Gefühl von Schwäche und Zerbrechlichkeit, wenn ich die Füße berührte oder versuchte, sie aufzusetzen. »Mir geht's gut, aber ich hab mir glaub ich die Füße gebrochen«, gab ich Max und Matthias zu verstehen. Ich hatte mir meine Füße verletzt, aber ich war glücklich: glücklich, überlebt zu haben.

2 Das Dorf

Heute sind Thomas und ich als Huberbuam bekannt. Der Name Huber ist in vielen Regionen Bayerns allerdings fast eine Plage, und auch in Palling ist die Liste der Hubers lang. Deswegen war es auch nichts Besonderes, dass unsere Mutter, Maria Huber, ihren Mädchennamen behalten durfte, als sie den Heiratsantrag unseres Vaters Thomas Huber akzeptierte. Bei so vielen Hubers im Dorf ist es nur logisch, dass man uns zu Zeiten, als wir noch in Palling zu Hause waren, nicht als Huberbuam kannte. Man orientierte sich an den Haus- und Hofnamen, und weil wir vom Riedlhof waren, hießen wir – auf gut Bayrisch – »Rialbuam«.

Mein zwei Jahre älterer Bruder Thomas, meine fünf Jahre jüngere Schwester Karina und ich sind in einem beschaulichen oberbayerischen Dorf aufgewachsen. Gut tausend Einwohner hatte Palling auch damals schon, weil der Ort im Einzugsbereich der nahen Industriestadt Traunreut liegt und sich deshalb einige Neubausiedlungen breitgemacht haben. Aber das Herz des Dorfes waren schon immer die Bauernhöfe. Der Riedlhof war einer der kleinsten Höfe in dieser kleinen Gesellschaft der Bauern.

Wenn man wie wir auf einem Hof aufwächst, ist die Arbeit im landwirtschaftlichen Betrieb der zentrale Bestandteil der Wahrnehmung. Daher sind meine frühesten Erinnerungen aus meiner Kindheit Erlebnisse, die sich am und um den Hof abgespielt haben. Die Arbeiten im Wald waren dabei für mich schon immer das absolute Highlight: als kleines Kind in den Wald mitgenommen zu werden, ihn kennenzulernen, die verschiedenen Wege, die einzelnen Bäume … Auch heute, nachdem schon so viele Jahre seit meinem letzten Einsatz bei der Waldarbeit vergangen sind, kenne ich noch jeden Winkel in diesem Wald, sehe die vielen Veränderungen, die in die Höhe gewachsenen Pflanzungen – Setzlinge, die ich mit eigener Hand gepflanzt habe und die heute schon fast wie ausgewachsene Bäume wirken.

Es ist tatsächlich ein Geschenk, wenn man als Kind in so einer »heilen Welt« aufwachsen darf. Durch das Leben auf dem Bauernhof war es für uns Kinder vollkommen natürlich, einfach immer und überall mit dabei zu sein, egal wo gerade gearbeitet wurde, im Wald, auf den Feldern, im Stall oder sonst irgendwo im Dorf. Das war uns alles ein einziger Abenteuerspielplatz, der für uns Kinder groß genug war, um die ganze Welt zu bedeuten.

Von außen betrachtet ist Palling in seinem Kern das perfekte oberbayerische Dorf schlechthin. Eine große Kirche in der Mitte, vierzehn Bauernhöfe rundherum, ein Schmied, ein Bäcker, zwei Kramerläden, zwei große Wirtshäuser, ein Bauerntheater, ein Trachtenverein und was man sonst noch so braucht. Der Frühschoppen wird gepflegt, und das Gerede im Dorf ist wichtiger als die Nachrichten in der Zeitung. Das Leben in diesem bayerischen Idyll läuft so beschaulich und gleichförmig dahin, dass man schon fast von Langeweile sprechen kann.

Aber unser Vater war ja nicht nur Landwirt, sondern auch Bergsteiger. Und zwar nicht nur irgendwie ein Bergsteiger, sondern einer, dessen Herz und dessen Seele in den Bergen wohnten. Es war für den Vater alles andere als einfach, als er als Sechzehnjähriger diese Leidenschaft in sich entdeckte. Bergsteigen war damals in Palling etwas Unbekanntes, und der Widerstand meiner Großeltern war groß. Jede Abreise meines Vaters wurde von Herzanfällen seiner Mutter begleitet, und finanziell wurde diese Spinnerei ohnehin boykottiert. Und erst die Schande, dass er jeden Sonntag die heilige Messe ignorierte! Ich war aber oft genug Zeuge, wie meine Oma gegenüber den anderen im Dorf versicherte, dass ihr Sohn die Messe eben in den Bergen besuche. Was in einem gewissen Sinn ja auch stimmte, nur dass die Kirchen, die er besuchte, Namen wie Watzmann, Matterhorn oder Montblanc hatten. Viele Wege führen zu Gott, einer davon über den Berg!

Heute ist es kaum mehr vorstellbar, dass in den unmittelbaren Jahren nach dem Zweiten Weltkrieg für meinen Vater das Fahrrad oft der einzige Weg war, in die Berge zu kommen – ganze dreißig Kilometer bis zu den ersten Bergen und nicht weniger als sechzig Kilometer zum Wilden Kaiser und den geliebten Berchtesgadener Bergen. Verständlich, dass er bald davon träumte, als Bergführer in und von den Bergen zu leben. Doch wenn er auch allem Widerstand zum Trotz seine alpine Leidenschaft durchsetzte, der Verantwortung, den elterlichen Hof zu übernehmen, konnte er sich nicht entziehen.

Es dauerte auch nicht lange, bis unsere Mutter in das Geschehen eingriff. In Sachen Bergsteigen war die Mutter allerdings alles andere als der oft zitierte Untergang des Alpinismus. Für sie war das Bergsteigen zuallererst einmal die Möglichkeit, ihren Horizont endlich über die Dorfgrenzen von Tyrlbrunn, einem Nest mit sechs Bauernhöfen, hinaus zu erweitern. Auch wenn sie nie den Hang zum extremen Bergsteigen und Klettern entwickelte, war und ist sie insgesamt wohl nicht weniger in den Bergen unterwegs als unser Vater.

Unsere Eltern sind also beide in vollem Umfang passionierte Bergsteiger. So verwundert es nicht, dass wir bereits in frühester Kindheit in die Welt der Berge eingeführt wurden. Oft waren wir mit unserer Mutter beim Wandern, während der Vater mit einem seiner Spezln in irgendeiner Wand unterwegs war. An eine Episode erinnere ich mich besonders gut, die mich damals unheimlich faszinierte. Unser Vater war beim Klettern an der Bischofsmütze im Dachsteingebiet gewesen – ein Klettertag, der letztendlich im Krankenhaus endete. Er hatte einen kapitalen Vorstiegssturz hingelegt und sich eine satte Fleischwunde am Knie geholt. Als wir ihn in der Klinik besuchten, bestaunte ich den dicken Verband, hörte mir seine Geschichte an und dachte mir: Mensch, das ist ja echt spannend! Das will ich auch mal machen!

Damals war ich gerade mal fünf Jahre alt und konnte nicht wirklich verstehen, was mein Vater in den Bergen alles anstellte. Doch wenn man Thomas und mich heute als Extrembergsteiger bezeichnet, dann kann ich nur sagen: Der Apfel fällt nicht weit vom Stamm. Denn schon unser Vater war als Bergsteiger extrem. Die Dolomiten, das Wallis und vor allem das Montblanc-Gebiet: Er ließ so gut wie keine der großen, klassischen Wände der Alpen aus, sei es die Nordwand der Drei Zinnen, des Matterhorns, der Grandes Jorasses oder der Droites. Im Prinzip fehlt ihm nur noch eine einzige: die Eiger-Nordwand. Aber als Bergsteiger ist mein Vater immer noch voll dabei, und ich glaube, dass er auch diese Wand noch begehen wird. So wie er beieinander ist, ist er mit 68 Jahren noch lange nicht zu alt dafür.

3 Sport ist unser Leben

Wie in allen oberbayerischen Dörfern wird auch in Palling das kulturelle Leben vor allem durch die Kirche und die verschiedenen Vereine bestimmt. Für die einen mag es der Trachtenverein sein, für die anderen der Theaterverein, für uns war es der Sportverein. Bereits als Kleinkinder wurden wir von unseren Eltern auf die Skier gestellt und bald schon mit dem Verein losgeschickt. Skilager, Training, die Chiemgau-Rennen ... Thomas, Karina und ich, wir waren jedes Mal dabei.

Von entscheidender Bedeutung für unsere Entwicklung war der Wille unserer Eltern, uns alle Ausbildungsmöglichkeiten zur Verfügung zu stellen und uns in jeder Hinsicht zu fördern. Sowohl meinem Vater wie auch meiner Mutter wurden in der Kindheit jegliche Bildung über die Volksschule hinaus verweigert – für die Arbeit am Hof braucht man kein Diplom. Meine Eltern dagegen waren sich bewusst, dass man mit unserem kleinen Hof den Lebensunterhalt nicht mehr lange würde bestreiten können.

Als ich von der Grundschule Palling ins Gymnasium Traunreut wechselte, begann ein völlig neuer Weg. Ein Weg, der mich sehr schnell von meinem Heimatort entfernte. Die Schule, die Handballmannschaft, der Kreis meiner Freunde, alles das war für mich eine neue Welt, die mich schnell und unwiederbringlich von meiner alten wegführte. Das Bergsteigen hatte eine ähnliche Wirkung. In einem Dorf wie Palling sind Bergsteiger absolute

Exoten, daher gibt es auch keine eigenständige Alpenvereinssektion. Wir waren wie unsere Eltern Mitglieder bei der Sektion Trostberg, und das entfernte uns noch ein Stück mehr von Palling. Die Trostberger Hütte am Sonntagshorn wurde bald mehr zu unserer Heimat als unser Dorf.

Selbst die letzte starke Verbindung verlor immer mehr an Bedeutung: die Skiabteilung. Sie war über viele Jahre ein Lebensmittelpunkt für uns. Ich kann heute nicht mehr einschätzen, bei wie vielen Rennen wir antraten, wie oft wir beim Trainieren und bei den Skilagern des Vereins mit dabei waren – unzählige Male. Konrad Obermaier und die Seehuberbuam schafften eine schöne Gemeinschaft, in der wir über viele Jahre zu Hause waren. Sie brachten ein bewundernswertes Engagement auf, ohne dass dabei ein Olympiasieg oder auch nur ein deutscher Meistertitel in Aussicht gestanden wäre. Wir waren zwar mit Sicherheit gute Skifahrer und konnten auch einige gute Platzierungen bei den Chiemgau-Rennen herausfahren, aber das Blut eines Olympiasiegers war eben doch nicht dabei. Genau das war auch letztendlich der Grund, warum das Skifahren gegenüber dem Bergsteigen immer mehr an Boden verlor. Denn das Bergsteigen hatte viel mehr als nur Wettkämpfe zu bieten: Es hatte für mich etwas Wildes an sich, etwas, was Freiheit und Abenteuer versprach. Ich war mittlerweile zehn Jahre alt und fasziniert von der Welt der Berge, und über die Jahre wurden die Skitouren nicht nur häufiger, sondern auch immer länger. Doch mehr als alles andere prägte mich mein erster Viertausender.

Bereits ein Jahr zuvor nahm der Vater Thomas mit in die Welt der großen Berge, sie durchquerten die Ötztaler Alpen. Mensch, war ich neidisch auf die Erlebnisse, die Thomas mit nach Hause brachte! Nicht dass ich ihm all die Abenteuer nicht gegönnt hätte, nein – ich wollte nur einfach selbst dabei sein. Aber ich war eben erst zehn Jahre alt und dem Urteil meines Vaters nach noch zu jung für so etwas.

Die nächste Reise für ein Jahr später war schon geplant, und es war sonnenklar, dass Thomas zu den ganz großen Bergen wollte: zu den Viertausendern der Alpen. Monte Rosa, Liskamm, Dom, Zermatt, Saas-Fee – alles Namen, mit denen ich mittlerweile ins Bett ging und am Morgen wieder aufwachte. Noch bevor ich auch nur einen der großen Berge je gesehen hatte, wusste ich schon über alle Viertausender in den Alpen Bescheid. Ich kannte die exakte Höhe von jedem, wusste alle Routen, die Erstbesteiger. Noch waren »Die Viertausender der Alpen« und »Im extremen Fels« nur meine Traumwelten, die ich mir mithilfe von Büchern erschaffte. Doch ich lebte schon in ihnen, als wären sie bereits wahr. Und ich wusste, dass es nicht mehr lange dauern konnte.

Es gab in diesem Moment nur ein kleines Problem. Thomas war nicht davon überzeugt, dass ich in der Lage wäre, auf einen Viertausender zu steigen. Daher fürchtete er, dass wegen mir seine Träume verhindert werden könnten, und plädierte dafür, dass der kleine Bruder daheimbleiben müsse. Ich war kreuzunglücklich, tief verzweifelt. Meine Sehnsucht war übermächtig, und genau das spürte auch mein Vater. Ich kann mich noch ganz genau an den Abend erinnern, an dem Thomas nicht zu Hause war und ich die Chance hatte, den Vater voll zu bearbeiten und weichzumachen. Er hatte keine Chance! Allerdings nahm er mich nur unter einer Bedingung mit: Ich durfte bis zum Tag der Abreise nach Zermatt mit keinem Wort meine Teilnahme verraten. Er wollte sich die wochenlangen Diskussionen mit meinem Bruder ersparen.

Und tatsächlich, mein Vater hielt Wort. Anfang April war der Tag der Abreise gekommen, und ich war dabei. Meine Traumreise zu den großen Bergen der Alpen! Jetzt sollte ich diese Berge zum ersten Mal wirklich sehen. Und nicht nur sehen, sondern auch besteigen. Als erstes Ziel hatte unser Vater, der praktisch alle Viertausender der Alpen kannte, das Allalinhorn ausgewählt. Von der gewaltigen Bergwelt war ich völlig beeindruckt. Ich konnte es mir nicht so wirklich vorstellen, wie ich als kleiner Junge von elf Jahren da hochkommen sollte. Mein Bruder dagegen strotzte schon vor Selbstvertrauen. Aber mein Vater war ja dabei, und der strahlte so eine tiefe Ruhe aus, dass ich vor dem auf mich so unerreichbar Wirkenden doch nicht kapitulierte.

An den Moment, als ich, meinem Vater folgend, die letzten Meter des Gipfelgrats zum Alallinhorn hinaufstieg, kann ich mich noch heute absolut klar erinnern. Nur mehr langsam setze ich die Steigeisen, meine Beine sind bleischwer. Ich bin fix und fertig, spüre die dünne Luft, aber mein Vater gibt mir Sicherheit. Vor mir am Gipfel sehe ich Thomas, er ist schon einige Minuten vor uns angekommen. Er lacht, gratuliert mir und freut sich, dass ich trotz seines Widerstands meinen Willen durchgesetzt habe, dass wir jetzt zusammen sind und zusammen diese großartige Welt der Viertausender entdecken können. Ich lache zurück, bedanke mich bei meinem Vater und setze mich einfach nur hin, völlig verausgabt von der Anstrengung und doch so glücklich! Lange habe ich die Leidenschaft schon in mir getragen, habe sie in meinen Träumen ausgelebt. Aber jetzt bin ich oben, schaue nach unten und verfolge die Spur, die wir heraufgestiegen sind. Trotz der Verausgabung fühle ich mich leicht, frei. Weg ist die ganze Anspannung, die ich vor der Reise ins Wallis und während des Aufstiegs mit mir herumgetragen habe.

Als kleiner Junge von elf Jahren auf einem der großen Berge der Alpen zu stehen, in der Höhe, in der Kälte, in der Ausgesetztheit, inmitten der weißen Wüste der Gletscherwelt, war unheimlich beeindruckend. Die zwei Wochen, die wir im Wallis unterwegs waren, überzeugten mich endgültig, welchen Weg ich gehen wollte. Ich war so fasziniert von diesen großen Bergen, ihren gewaltigen Gletschern, der so lebensfeindlichen Welt, in der man doch überleben konnte! Und es war klar, dass ich mehr wollte. Bereits auf dem Weg nach Hause bearbeiteten Thomas und ich unseren Vater, denn wir wollten neben der großen Höhe auch den zweiten Mythos des Bergsteigens kennenlernen: die senkrechte Welt des Kletterns. Schon lange musste uns der Vater keine Vorschläge mehr machen. Wir wussten längst selbst, was wir wollten.

Die Hochtouren im Wallis änderten mein Leben mehr als alles andere. Der Lebensmittelpunkt von Thomas und mir war natürlich nach wie vor unser Zuhause in Palling, darüber hinaus hatten wir aber jetzt unsere eigene Welt gefunden. Selbst an den Nachmittagen, an denen wir in Palling waren, spielte sich unser Leben nicht mehr im Dorf ab, denn außer wenn es Arbeit im Wald gab, waren wir mit dem Rad unterwegs zur Burg bei Stein an der Traun. Durch unser nachhaltiges Drängen war Thomas gerade in den Genuss gekommen, dass der Vater ihn zu ersten Klettertouren mitgenommen hatte. Ich selbst war zwar noch nicht mit im Spiel, aber beim Training wollte ich ganz klar dabei sein. Die Burg in Stein an der Traun hatte uns der Vater gezeigt: Die schweren Mauern aus Nagelfluh eigneten sich perfekt zum Klettern. Herausgefallene Kiesel hatten Löcher unterschiedlicher Größe hinterlassen, die Wände waren immer senkrecht, Klettermöglichkeiten gab es von leicht bis schwer und meistens in Absprunghöhe. Und wir hatten damals noch das Glück, die Freiheit zu genießen: Keiner störte sich an unserem Tun, keiner dachte daran, uns den Spaß verbieten zu wollen. Natürlich war ich deshalb noch lange kein Kletterer; der Begriff Bouldern existierte damals noch nicht, und auch ich selbst fühlte mich nicht als »echter« Kletterer. Aber wenigstens konnte ich so meinem Vater und meinem Bruder zeigen, dass ich mich schon ganz gut festhalten konnte – und verfolgte dabei natürlich die Strategie, dass es nur eine Frage der Zeit sein konnte, bis ich mal mit von der Partie sein würde.

4 Der Kleine Watzmann

Der Haken an der ganzen Sache war meine Mutter. Nicht dass sie unserer Begeisterung für die Berge im Weg stehen wollte, ganz und gar nicht, sie war ja oft genug selbst dabei und förderte unser Bergsteigen in jeder Hinsicht. Aber sie war strikt dagegen, dass mein Vater mit uns beiden gleichzeitig zum Klettern ging. Es reichte schon bei den Skitouren, dass wir zusammen unterwegs waren – beim Klettern auch noch, das war ihr zu viel!

Also musste ich mich noch in Geduld üben und mich damit zufriedengeben, dass sich meine Kletteraktivitäten weiterhin auf die Steiner Burg beschränkten. Aber, um ehrlich zu sein, so lange dauerte es gar nicht. Kaum war der nächste Winter mit einer weiteren Reise ins Wallis vorbei, trafen Thomas und ich an der Steiner Burg zwei Kletterer, die sich im Frühjahr ganz offensichtlich für die kommende Sommersaison optimal vorbereiten wollten: Wallner Gottfried und Mussner Fritz, die zwei besten Kletterer aus Trostberg. Und die hatten schon gesehen, dass wir zwei uns gar nicht so dumm anstellten. Für mich interessierten sie sich zwar weniger, ich war ja auch wirklich noch zu klein, als dass ich als ernst zu nehmender Seilpartner in Frage gekommen wäre, aber das war mir egal. Hauptsache, Thomas fand einen Kletterpartner – dann konnte ich meinen Vater ganz für mich allein in Beschlag nehmen!

Nur zwei Wochen später war die letzte Hürde zur senkrechten

Welt des Kletterns überwunden. Thomas war mit den Trostbergern unterwegs in den Wilden Kaiser, und so kam mir mein Vater nicht aus. Von Berchtesgaden stiegen wir auf zur Kührointalm. Ich war angespannt bis zum Letzten. Nicht nur wegen der freudigen Erwartung, dass mein Traum jetzt endlich wahr werden würde, darüber hinaus war auch wirklich Angst dabei. Angst vor der Ungewissheit, wie es mir beim Klettern ergehen würde. War ich mit meinen zwölf Jahren nicht doch noch zu klein? Wie würde es sein, wenn die Wand senkrecht unter meinen Füßen abbricht? Und das nicht nur ein paar Meter, sondern gleich 300? Es war einer der Momente, in denen man sich wünscht, dass es irgendwo noch einen Ausweg gibt. Aber der Ausweg existierte nicht, und überdies war mein Verlangen viel zu stark, übermächtig die Anziehungskraft, die von der mir noch unbekannten Welt ausging.

Morgen werden wir am Watzmann klettern. Wenn es auch nur die Westwand des Kleinen Watzmanns ist, so schwingt doch der berühmte Name mit. Der Watzmann, das Wahrzeichen von Berchtesgaden, der schönste Berg der bayerischen Alpen. Seine fast 2000 Meter hohe Ostwand ist die größte Wand der Ostalpen. Das erste Mal, dass ich den Berg nicht nur von unten sehe, dass ich die Routen nicht nur aus Beschreibungen kennenlerne – nein, morgen werde ich den Fels dieses berühmten Berges mit meinen eigenen Händen berühren!

Am nächsten Morgen steigen wir zum Fuß der Westwand des Kleinen Watzmanns auf, einer schönen, 300 Meter hohen Wand aus bestem Kalk, die steil und beeindruckend nach oben zieht. Die »Alte Westwand« ist eine geschickt gewählte Führe, welche die natürlichen Schwachstellen der Wand benutzt, um eine für den dritten Schwierigkeitsgrad erstaunlich steile Wand zu überwinden. Mein Vater gibt mir den Brustgurt und seilt mich an. Meine Nervosität ist nicht zu übersehen; ich bin so aufgeregt, dass ich am liebsten davonlaufen würde. Aber mein Vater vermittelt Ruhe, strahlt einfach eine große Souveränität aus, und wenigstens ist der Beginn der Route noch nicht allzu steil. Er steigt los und hat bald einen guten Stand erreicht. Er zieht das Seil ein, legt es über einen Zacken und holt mich nach. Völlig losgelöst vom Rest der Welt mache ich die ersten Schritte in diese steile Welt. Ganz bewusst prüfe ich jeden Griff, den ich in die Hand nehme, steige hoch, suche nach dem nächsten Griff. Dabei ist die Kletterei weit weniger schwierig, als ich erwartet habe. Überall entdecke ich große Griffe und Tritte, oft sogar kleine Absätze, die ich von unten nicht gesehen habe. Es dauert gar nicht lange, und schon bin ich oben beim Vater.

Weiter geht es, und mit jedem Meter wird die Wand steiler. Wir folgen einer langen Rampe, die uns nach links schräg aufwärts durch den gesamten unteren Wandteil führt. Am Schluss wird es zum ersten Mal richtig ausgesetzt. Mein Vater zieht das Seil ein, das direkt vor mir um die Ecke verschwindet, und ich steige auf die Kante hinaus. Plötzlich ist der Blick nach unten frei, kein Fels mehr unter meinen Kletterschuhen, nur noch Luft, 200 Meter Abgrund. Ein Moment, der mir richtiggehend einfährt. Wellen von Adrenalin durchstreifen mich, ich steige vor, dann wieder zurück. Da ist der Griff, den ich erreichen soll, ich sehe ihn genau! Aber ich kann doch nicht, muss zurück, mich sammeln. Noch nie hatte ich derart viel Luft unter mir. Mein Vater muntert mich auf, redet mir gut zu. Ich weiß, dass ich es kann, aber ich brauche noch ein wenig. Tief durchatmen, nochmals durchatmen, und dann steige ich ein zweites Mal hinaus an die Kante. Da ist der Griff! Ich schaue nicht mehr nach unten, sondern konzentriere meinen Blick auf diesen Griff, dieses kleine Detail inmitten dieser großen Wand. Langsam, wie in Zeitlupe bewege ich mich auf ihn zu, nehme ihn und kann jetzt auch nicht mehr zurück. Ich hänge mit dem Körper leicht schräg an der Kante, ich muss die Füße nachsetzen, und mit einem Mal bin ich gezwungen, nach unten zu schauen, direkt in den Abgrund. Für einen Moment bewegt sich gar nichts. Ich verharre in meiner Position und starre mit weit offenen Augen in diese bodenlose Tiefe. »Jetzt steig schon rüber!«, treibt mich mein Vater an und lässt mich damit aus meiner Starre wieder auftauchen. Schnell steige ich mit den Füßen nach, und die Stelle liegt hinter mir.

Ich glaube, dass ich die Ausgesetztheit nie mehr sonst in meinem Leben so intensiv wahrgenommen habe. Es war meine erste Begegnung mit dem Abgrund. Auch wenn ich mich später mit sehr viel größeren Wänden und noch stärker ausgesetzten Kletterstellen konfrontierte, die Intensität der ersten Begegnung übertrafen sie nicht. Die Erfahrung beim ersten Mal, mit der völligen Unwissenheit, mit all meinen unschuldigen Träumen, war einzigartig. Nie wird es gelingen, diese erste Erfahrung zu kopieren, diese Einzigartigkeit zu multiplizieren. Deshalb ist in meiner Erinnerung diese erste Begegnung mit der großen Ausgesetztheit auch heute noch so unvergleichlich lebendig, farbenfroh und klar.

In der letzten Seillänge wurde es nochmals richtig steil, über uns ein Kamin, darüber nur mehr der blaue Himmel. Mein Vater spreizte den ausgesetzten Kamin hinauf und holte mich nach. Nur noch wenige Meter waren zu klettern, aber ich war schon recht mitgenommen und müde, kämpfte mich langsam dem Ende entgegen. Direkt über mir verschwand das Seil, ich stieg der Sonne entgegen, hinein in das warme Licht des Nachmittags. Nur wenige Meter weiter stand mein Vater. Ich war überglücklich. Ich hatte mir das so intensiv gewünscht, hatte gehofft, gezweifelt und hatte es jetzt doch geschafft. Ich fiel meinem Vater in die Arme, unendlich dankbar für das, was ich an diesem Tag mit ihm erleben durfte.

5 Das scharfe Ende des Seils

Nach dieser ersten Klettertour kam es leider noch nicht zu der Regelmäßigkeit, die ich mir gewünscht hätte. Nach wie vor machte Thomas seine Vormachtstellung als Erstgeborener geltend und nahm an den meisten Wochenenden unseren Vater in Beschlag. Erst als ich vierzehn war, hatte sich Thomas vollständig in der Runde der Traunsteiner und Trostberger Kletterer etabliert und war vor allem immer öfter mit dem Mussner Fritz unterwegs. Lange musste ich auf diese Zeit warten, aber dann konnte es endlich richtig losgehen für mich.

Ich hatte natürlich auch schon einen strategischen Plan erarbeitet – einen Plan, mit dem ich möglichst schnell zum vollwertigen Kletterer aufsteigen sollte. Ein paar Routen hatte ich zu diesem Zeitpunkt schon gemacht, aber ich war trotzdem noch kein richtiger Kletterer, denn ich war jeweils als Seilzweiter meinem Vater gefolgt. Nicht umsonst heißt es, am scharfen Ende des Seils zu klettern, wenn man im Vorstieg geht. Nicht nur, dass kein Seil die Richtung vorgibt und man sich seinen Weg, die richtige Route, erst suchen muss, vor allem ist ein Vorsteigersturz im alpinen Gelände immer mit einem hohen Gefahrenpotenzial verbunden. Anspruchsvolle Kletterei ist dabei oft weniger riskant als das vermeintlich leichte Gelände, denn in den schwierigsten Seillängen finden sich vor allem in klassischen Kletterführern immer ausreichend Haken zur Sicherung. Dagegen ist ein Sturz im leichten, geneigten Fels fast immer mit schwerwiegenden Verletzungen verbunden; der Körper wird nicht wie im steilen Gelände sanft durch das Seil aufgefangen, sondern schlägt auf den Absätzen im flacheren Gelände mehr oder weniger hart auf.

Unser Vater war stets bestrebt, uns zu kompletten Bergsteigern auszubilden, und dabei spielt das Vorsteigen im Fels eine zentrale Rolle. In jenem Sommer hatte er mich schon auf mehr Touren mitgenommen als zusammengenommen in den Jahren zuvor, und ich entwickelte langsam ein gewisses Selbstvertrauen. Meine anfängliche Anspannung hatte sich gelegt, ich konnte mich frei bewegen und die Steilheit in vollem Umfang wahrnehmen, ohne dabei nervös zu werden. Es war naheliegend, dass wir dabei vor allem in den Berchtesgadener Alpen und im Wilden Kaiser unterwegs waren – Thomas und ich haben das Glück, in der Nähe eines wahren Kletterparadieses aufgewachsen zu sein. Die Nördlichen Kalkalpen sind ein Traumland aus bestem, steilem Fels, dazu leicht zugänglich und mit Wänden in allen Expositionen, sodass Klettern fast zu jeder Jahreszeit möglich ist.

Im Herbst, bei einer der letzten Gelegenheiten vor dem Winter, waren wir noch einmal im Kaiser, an der Christaturmkante zwischen Hinterer Karlspitze und Fleischbank. Ein altbekannter Klassiker im fünften Grad, nicht allzu lang, trotzdem eine wunderschöne, elegante Kletterei, vor allem wenn man wie wir die Kante direkt erklettert. Es kam ganz plötzlich und völlig überraschend: »Die Seillänge steigst jetzt du vor!«, forderte mich mein Vater auf. Ich war nicht einmal besonders nervös. Laut Topo, das den Verlauf der Route anhand der topografischen Merkmale zeichnerisch darstellte, steckten einige Haken in der Seillänge, die meisten konnten wir sogar schon vom Standplatz aus sehen. Ich hängte mir die Expressschlingen sowie einige Klemmkeile an den Klettergurt und begann zu klettern. Nun stieg in mir doch eine gewisse Spannung hoch, aber es war wohl eher die Erregung, endlich einmal wirklich zu klettern – im Vorstieg unterwegs zu sein, die Freiheit zu erleben, mir meinen eigenen Weg zu suchen, mit der Aussicht, irgendwann überall hingehen zu können, wohin ich wollte. Noch war ich aber froh, dass mein Vater mit dabei war, denn mit seiner Ruhe vermittelte er mir, dass ich dieser Aufgabe vollständig gewachsen sei, und diese Überzeugung übertrug sich auf mich und meinen Kletterfluss. Nach vier Metern schon kam der erste Haken. Ich hatte einen guten Griff in der Hand, nahm die Expressschlinge vom Gurt, hängte sie in den Haken und anschließend das Seil ein. Alles war so natürlich, als hätte ich es schon einmal gemacht. Auch die nächsten Meter, auf denen sich der Fels ein wenig aufsteilte, machten mich nicht nervös. Mittendrin ein Haken, ein Ziel, auf das ich mich konzentrieren konnte, und auch die Griffe waren gut, beim Training an der Burg war ich schon viel Schwierigeres geklettert. Zug um Zug kletterte ich über den steilsten Teil der Kante, ohne Stocken, ohne Zweifeln, und holte meinen Vater nach, der sich für mich nicht weniger freute als ich für mich selbst.

Zu Hause schrieb ich euphorisch in mein kleines Tourenbuch, dass ich das erste Mal im Vorstieg unterwegs gewesen und damit jetzt ein »richtiger« Kletterer war. Und ich träumte weiter, verfolgte weiter meinen Plan. Bereits im Frühjahr wurde es Standard, dass mein Vater mich gerade in den schwierigsten Seillängen immer wieder mal vorausschickte und mir so die Chance gab, mich schnell zu einem selbstständigen Bergsteiger zu entwickeln.

6 Der Kaiser ruft

Der Wilde Kaiser gehört nicht weniger als die Berchtesgadener Alpen zu meiner Bergheimat. Die Steinerne Rinne ist fast so etwas wie ein aufgeschlagenes Buch der Klettergeschichte. Zu Beginn des zwanzigsten Jahrhunderts waren die Bergsteiger aus München und Wien die wohl innovativsten Kletterer der Alpen. Aus der Wiener wie der Münchner Schule kamen Kletterer, die heute aus der Klettergeschichte nicht mehr wegzudenken sind.

Paul Preuß zum Beispiel, der geniale Denker und begabteste Freikletterer der Wiener Schule. Preuß war nicht irgendein Kletterer, er war der bedeutendste Kletterer seiner Zeit: wegen seiner Aussagen, seines Einflusses, seiner Ideen und der Qualität seiner Besteigungen. Preuß predigte den freiwilligen Verzicht auf die Technik. Er sah das Klettern als eine natürliche Fähigkeit des Menschen an und wollte diese Einstellung kompromisslos leben: »In der Selbstbeschränkung liegt die Kunst des Meisters.« Seine Richtlinie war, dass größere Schwierigkeiten auch gesteigertes Können verlangen. Es sollte auf keinen Fall der technische Aufwand sein, der höhere Schwierigkeiten ermöglicht – der Mensch sollte an einem Problem so lange wachsen, bis er diesem gewachsen war. Das waren damals schon die Ideen der Freikletterer unserer Tage.

Von der Münchner Schule her kam Hans Dülfer. Er war um nichts weniger begabt als Preuß, aber durchaus bereit, den ehrenhaften Verzicht zu vernachlässigen. Berühmt sind seine Seilzugquergänge in der Fleischbank-Ostwand, Meisterleistungen ihrer Zeit und Marksteine in der Geschichte. Nicht weniger als in anderen berühmten Gebirgen der Welt wurden im Wilden Kaiser die Grundsteine des modernen Kletterns gelegt, und bis heute ist der Kaiser ein Klettergebiet geblieben, von dem neue Impulse ausgehen.

Im Frühjahr 1984 waren wir wieder einmal in der mittlerweile gewohnten Konstellation unterwegs. Thomas und Fritz wählten sich die Südostverschneidung an der Fleischbank zum Ziel, und ich kletterte mit meinem Vater links daneben die »Wießner/Rossi«. Solche Tage waren immer unheimlich schöne Erlebnisse. Ich war höchst zufrieden, mit jeder einzelnen Tour als Kletterer zu reifen, war absolut glücklich, mit dabei zu sein und dazuzugehören.

Wenn uns das Klettern zu so glücklichen Menschen machte – konnte man es uns verübeln, dass wir an überhaupt nichts anderes mehr dachten? Wenn es nach uns gegangen wäre, dann wären wir jeden freien Tag klettern gegangen. Aber wir wuchsen eben nicht mitten in den Bergen auf, und das empfanden wir gerade in den Ferien als Makel. Wir hatten Zeit ohne Ende, hatten noch viel mehr Motivation – zu dumm, dass alle anderen arbeiten mussten. Da saßen wir nun. In den Sommerferien. In Palling. Die Berge weit weg.

Es war kein leichtes Unterfangen, unsere Mutter zu überzeugen. Der Vater traute uns durchaus zu, dass wir in den Bergen auch allein zurechtkämen und den Überblick behielten. Aber unserer Mutter eine Garantie zu geben fiel ihm dann doch schwer. Klar, durch ihn war es zu dieser ganzen Bergsteigerei gekommen, und wenn etwas passieren würde, dann wäre er es, der sich Vorwürfe machen und gefallen lassen müsste. Trotzdem schafften wir es irgendwie: Unter einigen Auflagen fuhr uns die Mutter in der letzten Ferienwoche in den Wilden Kaiser.

Ich kannte ihn ja schon, den Kaiser, aber immer war der Vater dabei gewesen, diese mächtige Vertrauensfigur. Dieses Mal war alles anders. Als Thomas und ich von der Wochenbrunner Alm zur Gaudeamushütte hinaufstiegen, sah der Kaiser viel steiler aus, abweisender, glatter, und ich bekam tiefen Respekt vor den hohen Wänden. Ich wusste zwar, dass Thomas jetzt schon viele schwierige Routen abgehakt hatte, trotzdem war auch er, wie ich mit meinem Vater, immer mit einem Partner unterwegs gewesen, der wesentlich erfahrener war als er selbst. Mein Bruder war jedoch voller Selbstvertrauen. Ich glaube, er freute sich sogar, dass er endlich einmal die volle Verantwortung übernehmen musste. Ich dagegen war eher überwältigt. Zum Glück war nicht ich verantwortlich, aber diesmal war es eben nicht der Vater, sondern Thomas, der die Verantwortung übernahm, und genau das flößte mir diesen großen Respekt ein. Es war das erste Mal, dass mein Vater nicht dabei war.

Wir spürten genau, dass die Mutter nicht übermäßig begeistert war, als sie uns nach Ellmau brachte. Aber wir hatten unsere Auflagen. Jeden Tag mussten wir abends anrufen und Bericht erstatten. Außerdem war abgemacht, dass ich nur nachsteigen sollte und dass wir keine Route machen durften, die über den fünften Grad hinausging. Dabei war uns beiden schon von vornherein klar, dass wir dieses Versprechen nie einhalten würden. Es einzuhalten wäre für uns eine Tortur gewesen, wie sie Tantalos aus der griechischen Sagenwelt erleiden musste. Inmitten des Wilden Kaisers zu sein und die großen Klassiker des sechsten Grades nicht klettern zu dürfen wäre nicht besser, als mit den Füßen im Wasser zu stehen wie Tantalos: Wasser, das aber immer genau in dem Augenblick zurückweicht, wenn er davon trinken will. Ich glaube, dass unser Vater insgeheim wusste, dass wir uns an diese Abmachung nicht halten würden. Er hoffte lediglich, durch die Einschränkungen unseren grenzenlosen Ehrgeiz zumindest ein kleines bisschen bremsen zu können.

Letztendlich waren wir aber auch brave Buam! Wir hielten uns immerhin daran, uns nur mit Klassikern auseinanderzusetzen. Am ersten Tag legten wir gleich voll los. Am Vormittag kletterten wir die »Göttner« an der Karlspitze, und nachdem wir schon mittags wieder unten im Kar standen, konnten wir es natürlich nicht sein lassen, hinüber zum Bauernpredigtstuhl zu gehen und in die »Alte Westwand« einzusteigen. Bei der ersten Route hatten wir uns noch an die Abmachung, dass ich nur nachsteigen sollte, gehalten. Am Einstieg zur »Alten Westwand« aber wollte ich dann doch meinen Kopf durchsetzen. Thomas gab zwar zu bedenken, dass es der ausdrückliche Wunsch des Vaters gewesen sei, dass er, Thomas, die Verantwortung trage. Aber mein großer Bruder hatte kein leichtes Spiel mit mir. Weder wollte ich die Nummer eins in der Seilschaft sein, noch hatte ich das Gefühl, als Vorsteiger mit Thomas mithalten zu können – aber anders als in der Seilschaft mit dem Vater hatte ich vor allem den Wunsch, dass wir beide, Thomas und ich, irgendwann eine gleichwertige Seilschaft bilden würden. Und irgendwann muss man damit ja mal anfangen.

Es war offensichtlich, dass Thomas nicht unbedingt wohl war, als ich in die erste Seillänge einstieg. Er wusste aber andererseits auch, dass dies ohnehin irgendwann unumgänglich sein würde. Wir machten also unseren Weg durch diese wunderschöne, sehr steile Wand. Mit jeder Seillänge mehr wurde ich aber auch mit etwas konfrontiert, was ich bis dahin in diesem Maß noch nicht kennengelernt hatte: Ich hatte Krämpfe in den Händen und in den Unterarmen. Zum einen wurde die Zahl der gekletterten Seillängen immer größer, zum anderen war die Wand wirklich steil und damit kraftraubend. In der letzten schwierigen Seillänge wurde es dann richtig eng – immer genau dann, wenn ich hinaufgreifen wollte, verkrampften sich meine Hände so, dass ich die Griffe gar nicht nehmen konnte. Ich war fast am Verzweifeln, versuchte ständig, Rastpunkte zu finden, damit sich meine Hände wieder erholen konnten. Totaler Kraftverlust. Klar, dass Thomas ab diesem Punkt ganz selbstverständlich den Vorstieg und damit die Verantwortung übernahm. Ich war am Ende, musste mir das auch eingestehen, und war andererseits froh, dass Thomas die Route absolut souverän zu Ende brachte. Wobei ich auch nicht enttäuscht oder desillusioniert gewesen wäre, wenn wir es nicht geschafft hätten. Ich hatte alles gegeben und war mit dem, was wir erreicht hatten, überglücklich.

Abends, zurück auf der Gaudeamushütte, waren wir schon wieder fleißig am Pläneschmieden. Dem Vater hatten wir am Telefon von der Begehung der »Göttner« an der Karlspitze erzählt. Damit hatten wir die schwierigste der mit ihm abgesprochenen Touren schon gemacht. Worauf er sich veranlasst sah, uns ins Gewissen zu reden: »Piano machen!« Außerdem gab er uns zu bedenken, dass der nächste Tag Regen bringen könnte. Klar wollten wir piano machen! Am nächsten Morgen ging es weiter in die »Neue Südwand« der Hochgrubachspitze. Die Gipfel waren in den Wolken versteckt, wir dagegen umso motivierter. Wir fanden das spannend: in eine Wand einzusteigen, die wir noch nicht einmal sahen. Nach der Hälfte wurde es dann aber auch wirklich spannend. Thomas hatte aufgrund des desolaten Zustands meiner Unterarme ohnehin die Führung übernommen, als es in einer nach rechts hinaufziehenden Hangelschuppe zu regnen begann. Mist! Wir diskutierten hin und her. Schließlich war Thomas auf dem Weg nach unten und kletterte die ganze Seillänge wieder zurück. Kaum war er am Standplatz angekommen, hörte es natürlich zu regnen auf, und wir begannen erneut, uns zu beratschlagen. Die Tour ist zwar sicher noch länger da, wie die anderen immer sagen, aber was soll das schon heißen? Wenn wir die Tour heute machen, dann können wir beim nächsten Mal schon wieder eine andere machen! Wir sind da, die Tour ist da, also machen wir sie!

Und wie froh waren wir über unsere Entscheidung, denn die

nächsten zwei Tage brachten schlechtes Wetter. Alles war perfekt: Wir hatten unsere Tour noch gemacht und waren jetzt von dem vielen Klettern so platt, dass wir ohnehin einen Ruhetag brauchten. Mit der Zeit hatten wir uns die Sympathie des Hüttenwirts erobert und genossen vor allem beim Abendessen eine Vorzugsbehandlung. Denn so jung, wie wir noch waren, so hungrig waren wir auch. Hansjörg Hochfilzer hatte über die Tage genau beobachtet, in welchen Routen wir unterwegs gewesen waren. Einerseits nahm er seine Verantwortung als Hüttenwirt wahr, andererseits gefiel ihm, wie mein Bruder mit mir in die steilsten Wände des Wilden Kaisers zog. Am Abend vor dem letzten Tag setzte er dann sogar noch einen kleinen Preis aus. Thomas und ich hatten uns den »Lucke/Strobl-Riss« am Bauernpredigtstuhl vorgenommen, klassisch bewertet eine Tour im Grad VI–/A0, in freier Kletterei der obere sechste Grad. Das freie Klettern war gerade dabei, die alpinen Wände zu erobern. »Wenn ihr zwoa durch den ›Lucke/Strobl‹ kletterts, ohne dass ia eich an den Hackln festhoids, dann gib i eich oan aus!« Und genau das machten wir. Angespornt durch das Versprechen von Hansjörg setzten wir alles daran: Wir kämpften, waren mehr als einmal am Limit unseres Könnens, aber am Abend konnten wir unseren Preis in Empfang nehmen. Für mich gab's nach wie vor nur Limo. Thomas als der Ältere hatte das Privileg, eine Radlermaß als Preis zu bekommen.

7 Die Huberbuam

Zu der Zeit, als Thomas mit den Trostbergern und den Traunsteinern unterwegs war und ich mit dem Vater meine Touren unternahm, waren wir als Kletterer fanatischer, als wir es heute sind. In unseren Köpfen existierte, egal zu welcher Tageszeit, nur eines: das Klettern. Sosehr uns damals die Leidenschaft für das Klettern schon vereinte, in den Bergen waren Thomas und ich als Seilschaft dann doch noch nicht recht existent. Wir waren beide noch darauf angewiesen, von anderen in die Berge mitgenommen zu werden. Im Grunde genommen war uns das auch egal. Hauptsache, jedes Wochenende ging es in irgendeine Wand!

Was wir in den Bergen noch nicht verwirklichen konnten, lebten wir unter der Woche daheim umso intensiver aus: die Seilschaft. Unter der Mithilfe unseres Vaters hatten wir uns im Heuboden unseres Stalls einen kleinen Klettergarten eingerichtet. Über den ganzen Dachstuhl verteilt gab es Kletterrouten, die wir entweder technisch oder frei klettern konnten. Dazu schlugen wir zu einem großen U umgebogene Nägel, denen wir vorher jeweils den Kopf abgeflext hatten, in die schweren Holzbalken und hatten so perfekte Sicherungen. Entweder wir hangelten die Holzbalken entlang, bis uns die Kraft ausging, oder wir baumelten in den Trittleitern, bis uns schwindlig wurde. Schlingenstände, Pendelquergänge, Abseilen aus dem Dach, fünfzehn Meter lange Hangelquergänge – alles war in unserem kleinen Klettergarten möglich. Nachdem wir ein erstes Mal fasziniert die Bilder der amerikanischen Kultroute »Separate Reality« entdeckt hatten, bauten wir in unserem Heuboden sogar die bayerische Version dieses berühmten, sieben Meter ausladenden Rissdaches nach. Zwar wurde unser Dach schwieriger als das Original und war uns daher auch viel zu schwer, aber wir hatten uns damit ein Projekt geschaffen, das wir als dauerhaftes Ziel anstreben konnten, ein Ziel, das noch weit weg war und uns ständig zeigte, dass wir noch etwas zu tun hatten.

Dann gab es auf dem Hof noch den Boskop-Apfelbaum, einen wunderschönen Baum, mit Ästen in allen Neigungen und in alle Richtungen. In ihn hinein projizierten wir mit unserer Fantasie die wildesten Routen. Und es mussten schon die härtesten sein! »Im extremen Fels« wurde unser Leitfaden, denn das Buch von Walter Pause war damals die Kultlektüre, jeder orientierte sich an dieser Auswahl der hundert bedeutendsten Extremkletterrouten der Alpen. Der Bewertung nach die härteste Route der Pause-Bibel war die Südwand des Torre Trieste in den Dolomiten. Klar, dass die härteste Route an unserem Apfelbaum auch die »Carlesso/Sandri« am Torre Trieste darstellte. Da durften wir dann natürlich nicht mehr um die Äste herumgreifen, sondern beschränkten uns auf die Griffe, welche die knollige Rinde an den Seiten und auf der Unterseite des dicken Astes zu bieten hatte. Nur so wurde es richtig hart, nur so war es richtig gut! Zum Abschluss noch ein extrem langer technischer Zug, für den wir in die letzte Sprosse der Leiter stiegen, und schon hatte die Route ihre VI+/A3, genauso wie das große Original am Torre Trieste.

Selbst dem Pallinger Steinbruch konnten wir noch etwas abgewinnen. Palling hat eine große neugotische Kirche, die aus solidem Nagelfluh erbaut wurde. Nachdem Thomas und ich schon öfter die Kirchenmauern strapaziert und uns wegen der Zweckentfremdung böse Blicke und irgendwann zwangsläufig eine ernsthafte Ermahnung eingefangen hatten, machten wir uns auf den Weg zu dem Steinbruch, in dem vor über 150 Jahren der Nagelfluh abgebaut wurde. Der aufgelassene Steinbruch lag nicht weit vom Dorf, aber mit den Jahren war er ziemlich zugewachsen, sodass uns der Vater nicht allein an diesen Bruchhaufen ließ. Tatsächlich hatte die dreißig Meter hohe Wand extrem alpinen Charakter und wartete gleich mit ein paar absturzbereiten Telefonzellen auf. Viele Tage waren es nicht, die der Vater unserem Treiben an dieser Horrorwand zuschaute – und genau das war wohl unser bestes Druckmittel. Natürlich, auch uns wäre ein richtiger Klettergarten lieber gewesen als diese Bruchwand. Zum nächsten Klettergarten waren es aber von Palling aus gute dreißig Kilometer. Also gestaltete sich die Situation so: Entweder bringt der Vater die Buam in den Klettergarten, oder sie gehen wieder in den Steinbruch …

Mit den zunehmenden Möglichkeiten, in den Klettergarten zu kommen, begann sich unser bis dahin so breit angelegter Horizont an Aktivitäten entsprechend zu verengen. Klettern wurde nicht nur in unserem Denken wichtig, es wurde zum zentralen Lebensbestandteil. Die Handballmannschaft musste immer mehr auf meinen Einsatz als Kreisläufer verzichten. Das Training war okay, aber wenn an den Spielwochenenden schönes Wetter war, dann glänzte ich mit Abwesenheit. Klar, dass das den Mannschaftsgeist nicht förderte, und nachdem wir zwei Spielsaisons so verfahren waren, musste ich das Spielen in der Mannschaft sein lassen. Nicht anders erging es mir beim Kunstturnen, das ich immer sporadischer besuchte. Immer mehr verlor ich mein früheres Niveau, und irgendwann kam dann der Punkt, an dem ich den Anschluss verloren hatte.

Das für mich Bedeutendste war aber, dass ich mir mit den Kletterern auch einen neuen Freundeskreis erschloss. Unter der Woche war ich in der Schule, war voll integriert in die Schulwelt, aber von Freitagmittag bis Montag gehörte ich der Welt der Berge an. Untertags an den Felsen, abends – mittlerweile war ich fünfzehn – in der »Festung«, der Klettererkneipe von Traunstein. In der »Festung« waren Thomas und ich mit einem Mal gar nicht mehr die Rialbuam, sondern die Huberbuam. Natürlich gab es auch in Traunstein viele Hubers, aber die Liste war nicht einmal halb so lang wie die in unserem kleinem Dorf Palling. Und unser Hofname hatte logischerweise in einer Stadt keine Bedeutung. Also waren wir jetzt die Huberbuam.

Lang durften wir in der Kneipe noch nicht abhängen, trotzdem war die Zeit bis zehn Uhr für mich wichtig. Ich spürte genau, dass ich nur dann irgendwann mal dazugehören würde, wenn ich mit dabei war. Klettern ist eben nicht nur Klettern. Klettern ist ein Zusammengehören. Ein ständiges Sichbegegnen, ein konstantes Sichaustauschen. Ich war zwar für die »großen« Kletterer noch fast ein Kind, aber trotzdem wurde ich mit der Zeit ein vertrauter Bestandteil der Clique. Die Weiningerbuam und der Färbinger Peter, der Weizi und der Winni, der Godl und der Dave, der Woidl und der Schübl Sepp, der Sundance, und als Kopf der Truppe der Karl Schrag. Dabei war es gar nicht mal so, dass er schwerer geklettert wäre als die anderen. Aber ihn umgab einfach die Aura, schon an den berühmten Bergen der Welt unterwegs gewesen zu sein. Er stellte für mich so etwas wie eine lebende Verbindung zu den großen Bergen der Welt dar. Annapurna, Cerro Torre, El Capitan ... Der Schragei hatte diese großen Namen in seinem Tourenbuch stehen, und obwohl er mit diesen Namen genauso bodenständig war, wie er ohne sie gewesen wäre, umgab ihn für mich dieser Zauber. Ich konnte ihn sehen, wie er sich die letzten Meter des Achttausenders hinaufquält, in brutaler Kälte. Ich sah vor mir, wie er sich den Eispilz am Cerro Torre hinaufkämpft und wie er in der senkrechten Granitwand des El Capitan klettert.

Klar, es gab Bücher. Ich hatte sie alle schon längst gelesen, die Bücher von Hermann Buhl, Kurt Diemberger, Reinhold Messner und vor allem von Reinhard Karl. Himalaja, Patagonien, Yosemite, die großen Nordwände der Alpen – für uns waren das Geschichten, die wir nicht nur in Büchern nachlesen konnten: Unser Karl, der Karl Schrag, war mitten unter uns. Das für mich Besondere an dieser Clique war, dass ich mit Abstand der Jüngste war. Und umso schöner war der ganz natürliche Umgang miteinander. Ich war zwar jünger als die anderen, aber das ließen sie mich überhaupt nicht spüren, und damit begann ich mich langsam auch ein wenig erwachsen zu fühlen. Ich hatte keine Probleme damit, mich von meinen Eltern zu lösen, und genauso wenig hatten sie ein Problem damit, uns Kinder hinaus in die Welt ziehen zu lassen. Das wirkliche Erwachsensein beginnt erst dann, wenn man seine eigenen Kreise gefunden hat.

8 Auf der Jagd nach Neuland

Schon in der Vergangenheit gab es nichts, was einen Bergsteiger mehr inspirierte als unberührtes Neuland – auf Wegen vorwärtszukommen, die noch kein Mensch zuvor betreten hatte. Als hätte der ewige Fels Jahrtausende auf uns gewartet, um von uns beklettert zu werden. Viele der großen Geschichten, die man über das Bergsteigen nachlesen kann, sind Geschichten von bedeutenden Erstbegehungen. In dieselbe Kategorie fallen die Berichte von Forschern und Entdeckern wie Sir Ernest Shackleton oder Robert Falcon Scott. Ich kann mich nicht mehr erinnern, woher ich dieses Buch hatte, aber ich weiß noch genau, wie sehr mich dieses Abenteuer innerlich berührt hat: wie sich Scott zuletzt mit seinen vier Freunden auf den Weg zum Südpol machte, sie jeden Tag ihr Soll an Kilometern erfüllen, die schweren Schlitten ziehen mussten. Ein langsames, mühsames Vorwärtskommen, nur von dem Ehrgeiz getrieben, als erste Menschen den Südpol zu erreichen, diesen Punkt auf unserer Erde, der wohl mehr als jeder andere für das Unzugängliche, das Unwirtliche und das Unzähmbare steht. Der Mensch, der gegen seinen eigenen Urinstinkt arbeitet, der ihm doch normalerweise raten müsste, sich von derart lebensfeindlichen Bedingungen fernzuhalten.

Umso härter muss es für Scott gewesen sein, am Südpol die Zelte von Roald Amundsen zu finden. Er hatte das Rennen verloren. Amundsens Taktik, auf Schlittenhunde zu vertrauen, war aufgegangen, und nur um einen Wimpernschlag in der Zeitgeschichte hatte Scott das Rennen gegen seinen Kontrahenten verloren. Wie schwer muss es gewesen sein, sich nach diesem hohen Energieeinsatz die Niederlage eingestehen zu müssen! Doch das Rennen war noch nicht vorbei. Mitten in der Antarktis zu sein bedeutete in dieser Zeit, weiter weg von der Zivilisation zu sein als irgendwo sonst. Der Rückmarsch wurde zu einer Tour der Leiden, wohl auch dadurch verstärkt, dass die Motivation durch den gerade erlebten Misserfolg im Keller gewesen sein muss. Scott und seine Freunde schafften die Rückkehr ins Leben nicht mehr. Die Tagebücher, die später bei den nacheinander Gestorbenen gefunden wurden, sind ein erschütterndes Dokument der harten Zeiten, die frühe Erforscher unserer Erde durchzustehen hatten.

So erschütternd diese Geschichte für mich auch war, andererseits faszinierte mich dieses Handeln. Tatsächlich träumte ich damals davon, irgendwann als Forscher in der Antarktis arbeiten zu können. Und nicht nur damals – auch später, als ich bereits in München Physik studierte, war nach wie vor eine meiner Triebfedern, dieses Studium zu verfolgen, zu den unzugänglichsten Regionen der Erde aufzubrechen.

Thomas und ich waren mit Sicherheit nicht versucht, diesen extremen Abenteuern der großen Forscher hinterherzujagen. Aber in gewissem Sinne waren wir genauso auf der Suche nach dem »Unbekannten« – denn zu einem großen Teil ist es doch dieses Aufbrechen ins Unbekannte, was die Faszination des Bergsteigens ausmacht. Oft genug kommt man als Kletterer in die Situation, dass man sich aus dem Bereich des bisher Bekannten hinauswagen muss, die sichere Seite verlassen und eine imaginäre Grenze überschreiten muss, eben die zum noch Unbekannten. Man steht vor der Situation, zu einem neuen, unbekannten Horizont aufbrechen zu müssen. Auch wir, Thomas und ich, suchten diesen Horizont. Unseren ganz persönlichen, senkrechten Horizont.

Zunächst suchten wir ihn an der Südwand des Wagendrischlhorns. Das Wagendrischlhorn ist einer der drei hohen Gipfel der Reiteralm – die Berchtesgadener Alpen bestehen aus sieben großen Gebirgsstöcken, und die Reiteralm ist einer davon. Einen gewissen Namen hat sie als Klettergebiet durch das Mühlsturzhorn, besser gesagt durch die Südkante des Mühlsturzhorns. Dieser Klassiker unter den Routen in den Nördlichen Kalkalpen wurde 1936 von Andreas Hinterstoißer und Toni Kurz erstbegangen. Sie gelangten nur kurze Zeit später zu trauriger Berühmtheit, als sie bei ihrem Erstbegehungsversuch in der Eiger-Nordwand ums Leben kamen. Die Südwand des Wagendrischlhorns ist aus dem gleichen, fantastischen Kalk aufgebaut. Sie ist nicht besonders hoch und steht etwas abgelegen hinter der großen Wand des Häuslhorns. Das und auch ihre glatte, kompakte Struktur haben wohl dazu beigetragen, dass sich erst die Kletterer unserer Generation für diese 300 Meter Fels zu interessieren begannen. Gerade ein Jahr zuvor hatten Berchtesgadener die erste Route eröffnet und ihr den treffenden Namen »Zauberplatte« gegeben. Thomas hatte sich mit dem Mussner Fritz die erste Wiederholung geholt und war ganz begeistert von der Entdeckung der Berchtesgadener. Und: Er war überzeugt davon, dass da noch weiteres kostbares Neuland auf seine Entdecker warten würde.

Thomas brachte auch Bilder von der Tour mit nach Hause, darunter eines, auf dem man jedes Detail der Wand erkennen konnte. Mit dem Projektor warfen wir in seinem Zimmer das Dia an die Wand und diskutierten eifrig, wo »unser« Weg durchführen sollte. Rechts der »Zauberplatte« zeigten sich auf dem Bild wunderbare Wasserrillen, kleine, vom Wasser ausgespülte Rinnen, die wie ein Spinnennetz die Wand durchzogen. Die Kunst bestand darin, in dem unübersichtlichen Netz eine möglichst geschickte Kombination herauszufinden. In einer kleinen Skizze zeichneten wir die besten Möglichkeiten auf. Dieser kleine Zettel sollte uns dann später helfen, falls wir in der Wand nicht mehr weiterkämen.

Der Plan war geschmiedet. Jetzt mussten wir nur noch unsere Eltern davon überzeugen, denn irgendjemand musste uns schließlich dorthin fahren. Thomas war siebzehn, ich fünfzehn – es war klar, dass wir nicht die volle Wahrheit erzählen durften, sonst hätte unsere Mutter das nie erlaubt. Es war Anfang September, eine Woche später würden die Sommerferien vorbei sein. Wir argumentierten, dass wir viel motivierter in den Unterricht starten würden, wenn wir noch einmal eine Tour machen und zufrieden unsere Ferien beenden könnten. Und dass wir ja sowieso nur eine Genusstour machen wollten, die Südwand am Großen Häuslhorn, ein Klassiker im fünften Grad, wunderschön und nicht wirklich schwierig. Durch unsere äußerst schlüssige und logische Argumentation entwaffnet, brachte uns die Mutter tatsächlich am nächsten Morgen in aller Herrgottsfrühe in die Berge. Mit dem hochheiligen Versprechen, vorsichtig zu sein und nichts zu riskieren, verabschiedeten wir uns von ihr und machten uns von Mayrberg aus auf den Weg zur Südwand des Wagendrischlhorns.

Für gut eine Stunde führte uns ein kleiner Weg bis zu einer Felsrinne, die uns dann steil und direkt an den Fuß der Wand brachte. Gut zwanzig Minuten unterhalb machten wir noch einmal halt, setzten uns ins Gras und analysierten im warmen Morgenlicht unser angedachtes Ziel. Während Thomas die Wand von der Begehung der »Zauberplatte« her kannte, war es für mich das erste Mal, dass ich diese 250 Meter Fels direkt vor mir sah. Eine kompakte Wand, nicht allzu steil, dafür in ihrer Struktur sehr geschlossen. Nur ein ganz feines Netz filigraner Wasserrillen überzog den ansonsten scheinbar strukturlosen Plattenpanzer. Das sah wirklich extrem aus! Ich war völlig begeistert – da hatte Thomas tatsächlich etwas ganz Besonderes für uns gefunden. Ich konnte gar nicht glauben, dass dieses so wunderbare Stück Fels noch nie geklettert worden war, dass noch nie jemand auf die Idee gekommen war, diese fantastische Wand klettern zu wollen. Ich war einfach nur glücklich, dass Thomas mich auf diese Mission mitgenommen hatte.

Lang hielt es uns nicht an diesem Platz. Tief steckte in uns diese Unruhe, die man spürt, wenn man sich auf dem Weg ins Unbekannte befindet. Wir stiegen weiter, und schon bald standen wir am Einstieg. Von dort sah unser Ziel gleich noch viel abweisender aus. Eine große Welle aus kompaktem Kalk stieg über uns in den blauen Himmel. Die ersten Meter waren moderat, gegliedert und noch nicht so steil. Der Gedanke, in dieses unbekannte Gelände hineinzuklettern, flößte mir aber trotzdem tiefen Respekt ein. Ich kletterte die ersten vierzig Meter hinauf und bezog genau dort Stand, wo es ganz offensichtlich bald zur Sache gehen würde. Diesmal gab es zwischen uns das stillschweigende Übereinkommen, dass Thomas als der Erfahrenere von uns beiden in den schwierigen Seillängen den Vorstieg übernehmen würde. Ich war schon froh, überhaupt dabei sein zu dürfen, allein das war schon spannend genug für mich.

Routiniert – zumindest wirkte es so auf mich – hängte sich Thomas das Material an den Gurt. Es waren nicht nur, wie sonst üblich, Klemmkeile und Friends dabei, wir hatten dazu noch ein ganzes Sortiment Haken eingepackt. Steil ging es einen feinen Riss entlang, bis dieser sich schließlich in der kompakten Wand verlor. Am Ende des Risses gelang es Thomas, einen Haken zu schlagen. Das Folgende sah schwierig aus. Gespannt verfolgte ich, wie Thomas schräg nach links oben kletterte. »Schaut nicht so schlecht aus!«, kommentierte er, allerdings sah ich von unten alles andere als einfaches Gelände. Er versuchte, den Beginn der ersten Wasserrille zu erreichen. Gut fünfzehn Meter waren es, und wie er die absichern wollte, konnte ich nicht einmal erahnen. Aber Thomas wusste schließlich, was er tat, und tatsächlich, nach gut sechs Metern brachte er mitten in der Platte in einem Loch noch einmal einen Klemmkeil unter. »Der ist hundertprozentig!«, beruhigte er mich. Weiter ging der Ritt durch das unbekannte Gelände, und nach gut einer Stunde, die er in der Seillänge verbracht hatte, erreichte er einen kleinen Absatz direkt am Beginn der Wasserrille.

Ich stieg nach und genoss die Rolle des Unerfahrenen. Im Nachstieg konnte ich ganz ohne Nervosität jeden einzelnen gekletterten Meter bewusst wahrnehmen, jeden Meter, der gerade von Thomas seiner Unberührtheit beraubt worden war. Jahrmillionen brauchte es, bis Milliarden von Lebewesen so viel Kalk aufgebaut hatten, dass wir daran klettern konnten. Mit Sicherheit war das, was wir gerade machten, im großen Zusammenhang, in der Geschichte der Erde, völlig unwichtig. Wir waren nur ein Lichtblitz in der Geschichte des großen Ganzen. Wir kleine Menschen in dieser wilden Wand. Einer Wand, die im Vergleich zur Dimension der Alpen absolut unbedeutend und klein war. Wie die Alpen selbst unter den Gebirgen der Erde wieder nur ein winzig kleines Gebirge waren. Auf einer Erde, die geradezu verloren war in der unendlichen Weite des Weltalls. Ich war mir der Bedeutungslosigkeit unseres Tuns bewusst – und trotzdem, für uns bedeutete es die Welt. Für uns war es etwas ganz Spezielles. Als hätte etwas Jahrmillionen nur darauf gewartet, von uns berührt zu werden.

Direkt über uns setzte eine 25 Meter lange, tief eingeschnittene Wasserrille an, ein absoluter Traum. Allerdings war sie mit Sicherheit auch schwirig in der Absicherung, also überließ ich bereitwillig wieder Thomas die Führung. Ich traute es mir noch nicht zu, souverän in offensichtlich schwierig abzusicherndes Gelände einzusteigen. Dafür sah dann die nächste Seillänge leichter aus als erwartet.

Der große Überhang, der sich direkt über unseren Köpfen herauswölbte, war nicht kletterbar, aber ein schöner Hangelquergang nach rechts ließ offensichtlich ohne große Schwierigkeiten das Problem links liegen. Ich spürte, wie das Blut in meinen Adern zu rauschen begann, als ich rechts hinausquerte. Es gab überall gute Griffe, es war alles andere als schwierig, aber direkt unter mir brach die Wand senkrecht ab, ohne dass sich das Auge an irgendeiner Struktur hätte festhalten können. Schwierig zu sagen, ob ich die Situation genoss oder nicht – es war ein Zustand zwischen ungläubigem Kopfschütteln über das, was ich gerade machte, und Staunen. Mit weit offenen Augen betrachtete ich die Welt um mich herum, sah fast wie ein Unbeteiligter zu, wie ich den nächsten Schritt setzte. Und doch war ich mittendrin, und das spürte ich auch, intensiv, mit einer Flut von Adrenalin, die meine Adern durchströmte.

Gott sei Dank ging die Seillänge wirklich leicht her, und schon nach kurzer Zeit hatte ich die dreißig Meter im vierten Grad hinter mich gebracht. Ich hatte zwar vorher schon die Einstiegsseillänge erstbegangen, aber das war irgendwie nicht das Gleiche. Das hier war jetzt wirklich ausgesetzt gewesen, mitten in der Wand, noch von niemandem geklettert, in jeder Hinsicht der absolute Traum. Genauso traumhaft ging es nun weiter: Über unseren Köpfen zeigte sich eine steile Wand, die von zwei seichten Wasserrillen durchzogen war. Im Vergleich zu dem, was ich gerade durchstiegen hatte, sah das richtig schwierig aus. Das war eine klare Angelegenheit für den Thomas.

Die Passage forderte dann auch all sein Können. Mitten in der Seillänge gab es eine Unterbrechungsstelle, bei der die Wand für nur zwei oder drei Meter absolut senkrecht wurde und die Wasserrillen sich daher verloren. Die letzte Sicherung war schon einige Meter unter ihm, und es war offensichtlich, was ein Sturz bedeutet hätte. Mindestens krankenhausreif! In meinen Gedanken tauchte in diesem Moment das Versprechen an unsere Mutter auf, aber nun steckten wir schon viel zu tief drin. Es half ohnehin nichts, sich jetzt groß den Kopf darüber zu zerbrechen. »Pass auf!«, rief Thomas zu mir herunter. Worauf ich dabei allerdings aufpassen sollte, wusste ich auch nicht, denn bevor seine zuletzt angebrachte Sicherung greifen würde, wäre er schon bei mir auf dem Band gelandet. »Fliegen ist nicht drin«, gab ich zurück. Ein völlig überflüssiger Kommentar. Thomas wusste selbst am besten, dass gerade jetzt ein Sturz nicht in Frage kam. Es ging wirklich zur Sache, ich sah ihm die Anspannung an. Trotzdem kletterte er sauber, suchte nach Griffen, probierte, kam zurück, analysierte neu, bis er schließlich eine Lösung gefunden hatte. Dann ging es schnell. Drei, vier Kletterzüge, und er war oben. Er legte einen Friend in die jetzt tiefe Wasserrille, und die Situation war gerettet.

Die großen Schwierigkeiten lagen jetzt hinter uns. Die Wand war weniger steil und auf der ganzen Breite von einem dichten Netz gut kletterbarer Wasserrillen durchzogen. Ein Abenteuer mehr fand sein Ende, und wir wussten, dass es ein einzigartiges Erlebnis war. Unsere erste Erstbegehung nannten wir »Raunachtstanz«. Für uns war sie super extrem, mindestens der obere sechste Grad, bei schlechter Absicherung.

Gedankenverloren und doch sehr wach stiegen wir ab, marschierten die lange Almstraße von Mayrberg hinab zur Bundesstraße. Per Anhalter machten wir uns auf den Weg nach Hause. Allerdings nicht direkt; zuerst ging es natürlich noch in die »Festung«.

9 Karlstein

Ich kann mich heute noch genau an die Zeit erinnern, als die ersten Artikel über das Sportklettern auftauchten. Es gab eine Ausgabe der Zeitschrift »Bergsteiger«, in der alle Routen des zehnten Grades in Deutschland abgebildet waren. Das waren für mich dann Namen, die ich richtiggehend verehrte. »The Face« von Jerry Moffatt, der erste Zehner in Europa. »Zombie« vom Altmeister Sepp Gschwendtner, der sich die Route selbst zum vierzigsten Geburtstag schenkte. »Das Problem« vom damaligen Newcomer und Shootingstar Stefan Glowacz. Nicht zuletzt all die frühen Meisterwerke von Wolfgang Güllich wie »Kaum Zeit zum Atmen« – wohl in Anlehnung an das Kultbuch »Zeit zum Atmen« von Reinhard Karl – und vor allem »Kanal im Rücken«, die damals schwierigste Route der Welt.

Ich war fünfzehn Jahre alt, und Thomas und ich waren so fanatisch, wie man nur sein kann. Allerdings steckten wir unsere gesamte Energie ins Bergsteigen, und das, was bis zu diesem Zeitpunkt über das Sportklettern zu hören war, löste in uns nicht das wirklich große Interesse aus. Was sollte man an so kleinen Felsen schon erleben können? Das war doch alles nur eine Spinnerei von Kletterern, die felstechnisch leider schlecht weggekommen waren und nicht, so wie wir, eine unerschöpfliche Auswahl großer Wände vor der Haustüre hatten. Warum sollten wir uns mit einer zehn Meter hohen Route zufriedengeben, wenn wir zu den alpinen Wänden keinen Meter weiter fahren mussten?

Dieser Artikel von Wolfgang Güllich eröffnete uns allerdings einen neuen Horizont, den wir bis dahin nicht einmal erahnt hatten. Klettern ist Leistungssport, egal wie hoch die Wände sind. Ob auf tausend, zweihundert oder zehn Metern – beim Klettern wird alles gegeben. Handelt es sich um eine kurze Route, dann sind eben die Griffe umso kleiner, die Bewegungen komplizierter und die Züge weiter. Die Fotos von den verschiedenen Routen zeigten uns eine neue Dimension von Schwierigkeit. Griffe, so klein, dass wir sie bisher als solche gar nicht erkannt hätten, wurden hier von den Helden des neuen Sports durchgezogen. Und Wolfgang Güllich gelang es tatsächlich, mich davon zu überzeugen, dass ein Achttausender nicht zwangsläufig schwieriger zu bezwingen ist als eine sechs Meter hohe Sportkletterei.

Wir hatten ja auch schon mitbekommen, dass sich die Traunsteiner Kletterer immer am Freitagnachmittag trafen, um sich im nächstgelegenen Klettergarten, in Karlstein, für die kommende Alpinsaison vorzubereiten – Sportklettern als Training, als die perfekte Vorbereitung für die wirklich großen Ziele. Also stellten Thomas und ich uns regelmäßig am Freitag nach der Schule an die Straße, um per Autostopp nach Traunstein zu kommen. Auch wir wollten perfekt vorbereitet in die Alpinsaison starten. Karlstein ist ein fast schon idyllischer kleiner Klettergarten. Direkt oberhalb von Karlstein, einem Ortsteil von Bad Reichenhall, gibt es einen größeren Felskopf mit bis zu dreißig Meter hohen Wänden, die in einem schönen, naturbelassenen Wald stehen. Nur die von der Ortschaft abgewandten Wände an der Südseite werden beklettert. Von Karlstein geht man zuerst gut zehn Minuten eine Forststraße hinauf und folgt dabei einem kleinen Tal, das südlich des Klettergartens in die Berge zieht. Dadurch entsteht in nur wenigen Gehminuten eine Abgeschiedenheit, die nicht vermuten lässt, dass man der Zivilisation doch so nahe ist. Geht man die kurze Strecke zum Klettergarten hinauf, lässt man alles hinter sich und findet sich in einem kleinen Paradies wieder. In unserem Paradies, in dem wir in eine für uns so heile Welt eintauchen können.

Das Klettern in Karlstein ist allerdings durchaus anspruchsvoll. Der Kalk ist sehr kompakt und fordert ein fortgeschrittenes Können, will man mit den komplexen Schwierigkeiten zurechtkommen. Unser erstes Mal in Karlstein war daher eher ein wenig frustrierend. Thomas und ich glaubten damals, gar nicht so schlecht im Fels unterwegs zu sein, und konnten im alpinen Gelände mit den anderen meist voll mithalten. Wir waren also durchaus gewohnt, dass wir uns nicht zu verstecken brauchten. Aber in Karlstein war das etwas ganz anderes. Noch nie hatten wir es mit derart komplexen Kletterstellen zu tun gehabt. Die anderen Kletterer dagegen kannten jeden einzelnen Kletterzug. Das war tatsächlich etwas, was mich total überraschte: Ich wäre doch bis dahin nie auf die Idee gekommen, mir irgendeine Kletterstelle zu merken, mir die Technik, die ich an jedem einzelnen Meter Fels angewendet habe, ins Gedächtnis einzuprägen. Warum auch? Unser Bestreben war, in einer Saison so viele verschiedene Routen wie möglich zu klettern. Wir wären auch nie auf die Idee gekommen, eine Route, die wir schon kannten, nochmals zu klettern.

Mit Staunen verfolgte ich, wie Dave, der eigentlich Erwin Praxenthaler hieß, eine Route kletterte. Trotz ihrer kaum erwähnenswerten Länge von nur acht Metern hatte die Tour sogar einen Namen. »Ikarus«, unterer siebter Grad. So, wie Dave die Route hochzog, konnte das gar nicht so schwer sein. Er hatte allerdings die neuesten und besten Kletterschuhe an, die man sich zu dieser Zeit vorstellen konnte: Der »Fire« war damals die Geheimwaffe schlechthin. Eine Geheimwaffe, über die mehr Gerüchte existierten, als es Exemplare auf dem Markt gab. Dave war gerade von Arco, einem der damaligen Hotspots, nach Hause gekommen. Und dort in Arco, da gab es die Geheimwaffe nicht nur als Gerücht, sondern sogar zu kaufen. »Fire« hin oder her, das musste auch so gehen! Und schon war ich in der Route. Allerdings nicht im Vorstieg – geschlossen gaben mir die anderen den Ratschlag, es doch eher mal mit Seilsicherung von oben zu probieren, im Toprope, so der neue Kletterjargon. Meine Güte.

Keine drei Meter machte ich mit meinen klobigen, harten Kletterschuhen, die man heute eher als steigeisenfeste Bergstiefel bezeichnen würde. Ich war der Überzeugung gewesen, dass die Griffe gar nicht so schlecht sein konnten, wie sie aussahen, aber sie waren es doch. Noch dazu lagen sie extrem weit auseinander, und ich selbst war damals noch ein spät entwickelter Zwerg. Zu guter Letzt ließ ich erst dann los, als meine Arme wirklich nichts mehr hergaben. Es nach einer kurzen Pause nochmals zu versuchen war somit gleich von Anfang an keine Option. Es war unglaublich. Die kürzeste Route meines Lebens machte mich schon auf der ersten Hälfte fix und fertig. Das war eine Lehrstunde, wie man so schön sagt, und sie führte mir vor Augen, was es noch alles zu lernen gab. Aber wenigstens Thomas schlug sich ein wenig besser. Er hatte zwar zu kämpfen, aber letztendlich konnte er das für mich völlig Unmögliche durchsteigen.

Damals haderte ich noch oft mit meiner geringen Größe. Ich bin ja auch heute mit 1,69 kein Riese, ich war aber vor allem ein Spätzünder und in meiner Entwicklung mehr als ein Jahr hinter den anderen her. Da ich auch noch mit deutlich Älteren zum Klettern ging, war ich der mit Abstand Kleinste. Je intensiver ich mich nun mit dem Sportklettern beschäftigte, desto öfter befand ich mich in diesem dauerhaften Kampf um die Griffe. Oft empfand ich es als wahnsinnig ungerecht, dass die Griffe für mich immer gerade ein kleines Stück zu weit weg waren, scheinbar unerreichbar, während die anderen sich ganz einfach ein wenig streckten und locker an den Griff kamen. Mein Ehrgeiz hätte es aber nie zugelassen, mich abschütteln zu lassen.

Die »Fata Morgana« ist einer der absoluten Klassiker in Karlstein, damals war sie sogar ein echter Mythos. Eine völlig kompakte Platte, die annähernd senkrecht zwanzig Meter hinaufzieht. Damals mit dem glatten siebten Grad bewertet, war sie eines der Testpieces, an denen sich die Traunsteiner versuchten. Es gab diese wilden Geschichten, dass die Tour nur drei Leute klettern konnten: der Gschwendtner Sepp, der Klausner Rudi aus Berchtesgaden und der Axel Eidam vulgo Fax aus Ruhpolding. Dass der Sepp einer der Besten war, wusste ich schon aus den Magazinen. Vom Rudi und vom Fax erzählten sie, dass das die wohl größten Schränke seien, die man sich nur vorstellen könne. Und der Fax soll sogar auf beiden Armen jeweils zehn Einarmige gekonnt haben. Genauso stellte ich mir die Meister unseres Sports auch vor: absolute Athleten, denen man es schon von Weitem ansah, dass sie den achten Grad klettern konnten.

Ich war zwar eher noch der kleine Huberbua als der echte Athlet, aber ich hätte es mir trotzdem nie nehmen lassen, die »Fata Morgana« selbst zu probieren. Natürlich waren die »unmöglichen« Meter viel zu schwierig, und anfangs hatte es nicht einmal viel mit Klettern zu tun, eher schon mit Im-Seil-Hängen. Aber es machte Thomas und mir schon gar nichts mehr aus, dass wir oft mehr im Seil hingen als tatsächlich kletterten – schnell hatten wir das Sportklettern und die entsprechenden Techniken und Taktiken angenommen. Schließlich machten es die anderen genauso, und weil die alle im Sportklettern besser waren als wir, überzeugte uns das, es ihnen gleichzutun. Genauso war es mit dem Material: Der »Fire« war schon eine Woche später von Freunden aus Arco angeliefert worden, wir hatten dieselben supercoolen Malerhosen wie die anderen und waren überhaupt schon die vollen Sportkletterer.

Was uns aber schon bald von unseren Freunden unterschied, war die Einstellung. Für sie war Karlstein eigentlich nur das Trainingsgelände für die wirklich großen Wände. Für Thomas und mich war es eine eigene Welt, für die wir uns ganz für sich genommen schon begeistern konnten. Auch wenn es keine großen Wände waren: Hier war es der Grad, der zählte. Je härter die Tour, umso besser. Schon bald hatten wir uns eine Rotpunktbegehung der »Fata Morgana« erkämpft und träumten vom siebten und achten Grad genauso wie von den großen Wänden.

Es war aber nicht nur der neue Sport an sich, der uns begeisterte. Es war auch eine neue Lebensform, die sich in und um Karlstein entwickelte. Eine Gemeinschaft von Kletterern, die nicht nur ihren Sport liebten, sondern sich auch einfach gerne sahen, dort in diesem kleinen Klettergarten ihre Freizeit verbrachten, am besten von morgens bis abends. Herumsitzen, sich gegenseitig sichern, dem anderen die schwierigen Kletterzüge ansagen, anfeuern, selbst probieren, vielleicht auch mal selbst wieder eine Route durchsteigen, in der Sonne liegend Pause machen. Ein Spiel, das uns nie langweilig wurde.

Dabei spielte für uns alle auch der Kugelbachbauer eine tragende Rolle. Direkt neben dem Klettergarten befindet sich eine große Almwiese, und am anderen Ende der Wiese steht die Almwirtschaft. Es verging kein Klettertag, an dem wir abends nicht noch die fünf Minuten zum Kugelbachbauern pilgerten, um den Tag entsprechend abzurunden. Und beim Kugelbachbauern wartete auch jedes Mal jemand auf uns: die bayerische Version der Heidi, für uns Kletterer so etwas wie die Mutter der Klettergemeinschaft. So häufig wurden mit der Zeit die Besuche, dass die Heidi schon fast so etwas wie das Zentrum der Klettergemeinde wurde. Sie wusste in der Szene besser Bescheid als irgendjemand sonst und konnte garantiert auch immer die neuesten Geschichten erzählen. Und sie wusste auch, dass wir Kletterer nach einem erfüllten Klettertag mit entsprechendem Hunger und Durst zu ihr kamen. Die Heidi ist eine hervorragende Köchin, und oft genug gab es auch einen Grund zum Feiern, sei es eine neue Route, ein Geburtstag oder sonst irgendetwas. Dann gab es zur Feier des Tages nicht nur ein Bier, sondern durchaus einmal zwei, drei oder auch mehr.

Aus dieser Tradition und der starken Bindung an diesen für uns einzigartigen Ort entwickelte sich dann die Idee, jedes Kletterjahr in Karlstein zu feiern. Das erste Karlsteinfest war ein derartiger Erfolg, dass Thomas und ich schon im Jahr darauf das Fest wieder organisierten. Oft waren es über 200 Kletterer aus der ganzen Umgebung, die beim Kugelbachbauern zusammenkamen, um mit der großen Familie der Kletterer zu feiern, mit bestem Essen, viel Bier und Livemusik von diversen Bands. Feiern ist ein integraler Bestandteil des Lebens und gehört mindestens genauso unverzichtbar dazu wie schlafen, essen, trinken, arbeiten und klettern! Da können auch mal ein paar Bier zu viel dabei sein. Wenn ich mir die vielen Feste über die Jahre anschaue, dann waren wohl eher schon mehr als ein paar Bier zu viel dabei. Aber als Kletterer sind wir wiederum gar nicht versucht, das auf Dauer ausufern zu lassen. Wir wollen ja wieder richtig hart klettern, und wenn wir jeden Tag feiern würden, dann würde dieses Ziel darunter leiden. Es kommt eben immer auf das richtige Maß an, auf das gesunde Gleichgewicht, die viel gerühmte goldene Mitte. Wer nicht zu feiern weiß, wird niemals wirklich leben! Das Karlsteinfest lebt auch heute noch, nach über zwanzig Jahren, und es ist immer noch ein zentraler Bestandteil unserer kleinen Welt.

»Er ist narrisch, aber nicht verrückt«

Andreas Kubin, Chefredakteur der Alpinzeitschrift »Bergsteiger«, über Alexanders Kletterkarriere

Karin Steinbach *Du verfolgst Alexanders Weg, nicht zuletzt in deiner beruflichen Tätigkeit, mittlerweile seit mehr als zwanzig Jahren.*
Andreas Kubin Ja, und sein Weg nötigt mir allergrößten Respekt ab. Alexander hat es geschafft, als Kletterer mit seinen Leistungen in die Klettergeschichte einzugehen, und sein Name wird für immer in den alpinen Geschichtsbüchern stehen.

Wann habt ihr euch kennengelernt?
Ich glaube, ich habe die beiden Huberbuam zum ersten Mal irgendwann Mitte der Achtzigerjahre in ihrem heimatlichen Klettergarten Karlstein gesehen; da waren wir die »Guten«, und die Kids haben zu uns aufgeschaut. Was sich dann aber ganz schnell geändert hat.

Seid ihr auch zusammen geklettert?
Ein gemeinsames Klettern in dem Sinne gab es mit Alexander nie, dazu war er viel zu gut und ich viel zu schlecht. Wir sind halt zusammen zum Klettern gefahren; ich hatte ein Auto und Ende der Achtzigerjahre noch recht viel Zeit. Meist waren wir an den Schleierwasserfällen im Wilden Kaiser, da hatten die Buam ihre großen Projekte und ich meine kleinen. Irgendwann ist dann jeder seine Routen hochgekommen, einer hat den anderen moti-

viert und angefeuert. Es war eine absolut geile Zeit, ohne Neid und Missgunst. Wir waren eine ganze Clique, und keiner hat dem anderen etwas geneidet, im Gegenteil, es war ein toller »Spirit« damals unter den Kletterern.

Wie lange ging das so, warum hat es aufgehört?
Ich glaube, diese »Schleierzeit« dauerte zwei, drei Jahre, da waren wir jede Woche zwei- bis dreimal zusammen unterwegs. Warum es aufgehört hat? Weil jede gute Zeit einmal ein Ende hat! Ich weiß es nicht – vermutlich, weil sich unsere Interessen in unterschiedliche Richtungen entwickelt haben.

Was konntet ihr euch gegenseitig geben?
Ich war immer sehr gern mit ihm unterwegs, weil wir irgendwie emotional ähnlich getickt haben. Vielleicht konnte ich ihm ein bisschen Freund sein? Ich habe auch nie mit Kritik hinter dem Berg gehalten, wenn ich der Meinung war, dass die »Buam« einen Scheiß bauen.

Welche sind für dich die herausragenden Eigenschaften an Alex – beim Klettern und auch darüber hinaus?
In erster Linie seine unglaubliche Willensstärke! Alexander ist kein Naturtalent im Klettern, er hat sich seine Leistungen gezielt erarbeitet: zehn Prozent Inspiration und neunzig Prozent Transpiration, wie es Einstein einmal gesagt haben soll. Vor allem seine analytische Fähigkeit, die es ihm erlaubt, auch Probleme zu lösen, die andere als unmöglich abtun würden. Er ist in vielerlei Hinsicht wie ein sehr guter Schachspieler; das ist er übrigens auch beim Brettspiel. Natürlich hat er als Sportkletterer ein paar physiologische Vorteile, die genetisch bedingt sind, beispielsweise seine gewaltige Erholungsfähigkeit: Er konnte an einem großen Griff mitten im Überhang hängen und so lange schütteln, bis er sich komplett erholt hatte.

Was siehst du kritisch an ihm?
Da wir schon viele Jahre nur noch gelegentlich Kontakt haben, kann ich nur von früher sprechen. Da war er manchmal ein verfluchter Egoist; aber das muss man sein, wenn man kompromisslos auf ein Ziel hinarbeitet.

Sind seine »großen Zeiten« mit Ende dreißig nun vorbei?
Nein, das glaube ich nicht – im Gegenteil, das Klettern hat ihn physisch und psychisch so stark gemacht, dass neue, große Zeiten noch kommen können.

Wo siehst du seine Zukunft?
Ganz sicher in den großen Wänden an den Weltbergen!

Zu Thomas hast du ein weniger intensives Verhältnis. Wo unterscheiden sich die Brüder?
Dazu wurde von anderen schon so viel gesagt! Alexander ist der Rationalist, Thomas der Emotionalist. Alexander steht auf dem Boden der Tatsachen, Thomas schwebt manchmal ein wenig in seiner Traumwelt ...

Was macht die beiden zu so einem guten Team?
Was ich gerade gesagt habe: dass sich da zwei Brüder aus gleichem Blut mit zwei so unterschiedlichen Charakteren zusammenschließen und über ihre unterschiedlichen Fähigkeiten als Seilschaft gleiche Ziele über eine unglaublich hohe Motivation erreichen.

In den letzten zehn, fünfzehn Jahren waren Alexander wie Thomas regelmäßige »Gäste« im »Bergsteiger«. Wie siehst du die Rolle der Medien im »alpinen Zirkus«? Werden die Stars erst durch die Öffentlichkeit zu Stars gemacht?
Im »Bergsteiger« kamen die beiden nicht zu Wort, weil die Leute

auf die Huberischen stehen, sondern weil die beiden immer wieder durch aufsehenerregende sportliche Leistungen auf sich aufmerksam gemacht haben und es nun mal Aufgabe der Alpinjournaille ist, darüber zu berichten. Und einen »alpinen Zirkus« gibt es Gott sei Dank nicht! Ich kann nur für die Alpinjournaille sprechen, nicht für die Yellow Press oder das Fernsehen. Alpine Fachmagazine können keine Stars erzeugen, das tun die Spitzenbergsteiger selbst durch ihre Leistungen; nebenbei passt das Wort »Star« auch nicht so richtig zu den Top-Alpinisten.

Alexander ist einer der wenigen professionellen Bergsteiger Deutschlands. Vom Klettern leben – heißt das nicht, viele Abstriche zu machen in Hinblick auf die Wünsche der Sponsoren, der Medien, weil man sich immer wieder vermarkten muss?
Ich habe zu einer Zeit mit dem Klettern ein paar Mark fünfzig verdient, als die Welt noch in Ordnung war; wie der Druck der Sponsoren auf die Top-Alpinisten heute ist, vermag ich nicht zu beurteilen. Aber ich glaube nicht, dass Alexander sich vom Business verbiegen lässt! Und wenn ich das Gefühl hätte, dann würde ich mir erlauben, ihn anzurufen und ihm sauber die Meinung zu geigen.

Kannst du beurteilen, wie viel Alex aus eigener Motivation macht und inwieweit er auf die Bedürfnisse seiner Sponsoren eingeht?
Ich bin überzeugt, dass Alexander keine einzige seiner großen Touren gemacht hat, um irgendwelche Sponsoren zu gewinnen oder zu befriedigen. Wenn das irgendwann einmal eine Motivation zum Bergsteigen wird, dann können wir die Kiste zumachen und ein Ei aufs Extrembergsteigen hauen. Was aus denen geworden ist, die ihren Alpinismus benutzen wollten, um berühmt zu werden, das zeigen uns ja Bubendorfer und Konsorten; von denen redet heute kein Mensch mehr. Alexander ist ein Kletterer aus Leidenschaft; der lässt sich von keinem Sponsor zu

etwas zwingen, womit er keinen Spaß hätte – davon bin ich überzeugt!

Wie gefällt dir der Film »Am Limit«?
Ich finde, er ist ein toller Dokumentarfilm – allerdings *kein* Kletterfilm, sondern ein ehrlicher Film über zwei »Narrische«, zwei Brüder, die halt zufällig Kletterer sind. Und Danquart schafft es mit seinen Bildern, die ganze »Ver-rücktheit« einer den Normalos verschlossenen Welt eindrucksvoll darzustellen – genauso, wie er es schon in dem genialen Film »Höllentour« mit dem Radsport geschafft hat. Die Dynamik des Kletterns, hier des Speed-Kletterns, ist da natürlich ein weiterer Zugewinn für die Dramatik eines solchen Films. Und dass die beiden mit ihrem Rekordversuch scheitern, macht den Film noch stärker und gibt ihm eine zusätzliche romantische – ich meine dies in der ursprünglichen Bedeutung des Wortes – Facette.

Speed-Klettern erscheint im Film fast ein wenig dubios, als eine relativ gefährliche Variante des Kletterns, weil man zwar die Illusion der Sicherheit durch ein Seil hat, im Falle eines Falles die Absicherung aber so schlecht ist, dass man genauso wenig stürzen darf, wie wenn man solo unterwegs wäre.
Diese Art des Sportkletterns ist nicht dubioser als alle anderen Spielarten, nur schwerer zu verstehen, weil die Logistik und die Technik sehr komplex und kompliziert sind. Speed ist auch nicht gefährlicher als andere Formen des Kletterns – wenn man mal von der Pussy-Variante des Plaisir-Kletterns und vom gut gesicherten Klettern in den höchsten Schwierigkeitsgraden absieht. Du musst nur verrückt genug sein, dich vernünftig darauf einzulassen, dann stirbst du schon nicht dabei.

Für Außenstehende noch schwieriger nachzuvollziehen sind Alexanders Solobegehungen, die ihn letztlich zum Ausnahmekönner machen – auf der einen Seite faszinierend, auf der anderen Seite »verrückt«, weil er ein solches Risiko in Kauf nimmt.

Das kommt darauf an, was man unter »verrückt« versteht; wenn die übliche Wortbedeutung gemeint ist, dann muss ich widersprechen. Denn bescheuert ist Alex keinesfalls, und keines seiner Solos war in irgendeiner Weise unkalkuliert. Alex ist ein eiskalter Rechner, der genau analysiert und sich systematisch bis ins letzte Detail auf seine Grenzbereich-Solos vorbereitet hat. Er hat die einzelnen Züge so lange optimiert, bis ihm das verbleibende Restrisiko gering genug erschien, um damit umgehen zu können. Dass er auch dann noch ein Risiko eingeht, das uns »normalen« Menschen als viel zu hoch erscheint, hebt ihn so stark aus der Masse heraus. Er ist eben ein psychisch und physisch gleichermaßen extrem starker Kletterer, der seine Ängste und Schwächen genau kennt und im Griff hat.

Hast du selbst Solobegehungen gemacht?
Ja, eine ganze Reihe, aber das ist fast ewig her, und es war etwas ganz anderes! Dazu muss man zuerst einmal den Begriff »solo« definieren. Was Alexander macht und auch Wolfgang Güllich gemacht hat, das ist »free solo«. Dabei sind nur die Kletterschuhe und der Magnesiabeutel erlaubt, sonst nichts, kein Karabiner, keine Schlinge, geschweige denn ein Seil. Was wir früher gemacht haben, das waren Alleinbegehungen, bei denen alles erlaubt war, was damals, Mitte der Siebzigerjahre, zum Kletterspiel dazugehört hat, inklusive Hakenzerren und Trittleiterbaumeln. Solches Zeug war mehr gefährlich als schwierig, weil nicht kalkulierbar, also dumm! Sich ohne Seilsicherung an wackligen Haken hochzuziehen ist einfach bescheuert. Eine Zeit lang fand ich es ganz toll, so was zu machen, weil man sich dabei als kleiner Reinhold Messner fühlen konnte. Doch dann kam ja Gott sei Dank das Sportklettern! Später habe ich Free Solos jedes Mal als genialen Lustgewinn empfunden, allerdings mindestens zwei Grade unter

meiner Leistungsgrenze, nur im sechsten und unteren siebten Grad, für mehr war ich einfach zu feige, und Soloklettern kam für mich nur im Gebirge in Frage.

Wie fühlt sich das an, ganz ohne Sicherung in einem solchen Schwierigkeitsgrad mit so viel Abgrund unter sich zu klettern?
Ich weiß nur, dass das Gefühl in den Sekunden, Minuten nach einem erfolgreichen Solo absolut supergeil ist und dass man höllisch aufpassen muss, um diese gewaltigen Adrenalinladungen vorsichtig zu dosieren – sonst rumpelt es irgendwann ganz fürchterlich im Karton, und du liegst in der schwarzen Kiste. Solo ist für mich die Essenz des Kletterns. Weil es beim Solo keine Ausreden mehr gibt. Weil es Klettern pur ist. Weil der Lohn ebenso hoch ist wie der Einsatz. Weil es keine Möglichkeit zum Bescheißen gibt. Weil es absolut geil ist, sich an kleinen Griffen festzuhalten und mit dem Gedanken zu spielen, was wäre, wenn ich jetzt loslassen würde – absolut beknackt!

Woher kommt die unglaubliche mentale Stärke, die Alexander solche Begehungen ermöglicht?
Keine Ahnung, vielleicht hat es der liebe Gott besonders gut mit ihm gemeint? Oder er ist ein psychischer Mutant, dessen Hirnzellen durch die reine Luft im Berchtesgadener Land pathologisch verändert wurden? Nein, im Ernst: Ich habe keine Ahnung; belassen wir's doch dabei, dass er diese mentale Stärke besitzt und sie ihn zu dem macht, was er ist. Übrigens, genau die gleiche mentale Stärke haben in der Alpingeschichte ja schon andere vor ihm bewiesen, ich erinnere an Reinhold Messners Achttausender-Alleinbesteigungen, die einfach unglaublich stark waren, oder an Wolfgang Güllichs Solos von »Sautanz« (IX–) oder »Separate Reality« (5.11d) im Jahr 1986.

Die Huberbuam – schon seit frühester Kindheit zusammen in den Bergen unterwegs.

Zusammen mit meiner Mutter auf Skitour in den winterlichen Berchtesgadener Alpen.

Bergurlaub in den Dolomiten, mit meiner Mutter und meiner Schwester Karina.

Auch heute noch im steilen Fels unterwegs: mein Vater in der »Cassin« in der Nordwand der Westlichen Zinne.

Bei großer Kälte musste schon mal Vaters Daunenjacke herhalten: als Elfjähriger mit Thomas auf dem Weg zum Nordend in der Monte-Rosa-Gruppe.

In klassischen Kaiser-Routen wie der »Wießner/Rossi« (V+/A0) an der Fleischbank gab mir mein Vater seine alpine Erfahrung weiter.

Reversible Sicherungsmittel eröffneten uns eine neue Welt: mit Fritz Mussner bei der Begehung von »Long Schoat« (VIII–) an der Fleischbank.

Zuerst nur Trainingsgelände, doch schon bald eine eigene Welt: der Klettergarten Karlstein (in der »Fata Morgana«, VIII–).

Im Karlstein-Klassiker »Entschluss-kraft« (X–). Getreu dem Vorbild Wolfgang Güllich trainierten wir konsequent und steigerten uns schnell.

Ist das Klettern eine Sucht?
Wenn du unter Sucht eine psychische Deformation verstehst, dann ist Klettern eine von vielen Ausdrucksformen der Sucht nach Adrenalin. Die kann man genauso beim extremen Mountainbiken, beim Gleitschirmfliegen, beim Fallschirmspringen erleben wie beim Klettern – es kommt eben darauf an, wie du gestrickt bist. Für uns ist nun mal das Klettern das Vehikel zum Glücklichsein, denn Kletterer sind nur glücklich, wenn sie unter Adrenalin stehen, also klettern.

Was kann das Klettern einem durchschnittlichen Kletterer, der sich weit weg von den huberschen Schwierigkeiten bewegt, geben?
Keine Ahnung, das muss jeder für sich selbst herausfinden! Ich weiß nur, dass das, was einem das Klettern gibt, komplett unabhängig von Nummern, Namen und Schwierigkeitsgraden sein muss. Lass mich einen amerikanischen Kletterpionier meiner Generation zitieren, Leonard Coyne, den Erschließer des Black Canyon of Gunnison: »It's not the question of fuckin' numbers or egos. It's just the question if you got this fuckin' spirit of the rock – and if you don't, you are a sport climber!« Noch nie hat es jemand besser auf den Punkt gebracht.

10 Erster Besuch in der großen Welt des Sportkletterns

Mit dem Anschluss an die Traunsteiner Klettergruppe eröffnete sich für Thomas und mich die Möglichkeit, größere Reisen zu machen, von jetzt an ohne die Eltern. Wie in vielen anderen Alpenvereinssektionen auch machte sich die Jungmannschaft immer wieder als Gruppe auf, um irgendwo zu klettern. An Weihnachten 1983 stand eine Fahrt nach Buoux an – für Thomas und mich der Traum schlechthin. Buoux wurde damals gerade weltbekannt und war so etwas wie der Nabel der in Frankreich besonders aktiven Sportkletterwelt. Alle, die Rang und Namen hatten, trafen sich in diesem Canyon bei der kleinen südfranzösischen Stadt Apt.

Als der Weininger Hannes uns fragte, ob wir mitfahren wollten, konnte ich es im ersten Moment fast gar nicht glauben. Was für eine Frage! Mittlerweile kletterten wir in Karlstein schon solide unsere Siebener und kratzten auch schon an den achten Grad hin. Da konnte es nichts Genialeres geben, als all die Stars und die berühmten Routen von Buoux auch einmal live erleben zu dürfen. Das war zu jener Zeit, als sich mein ganzes Leben nur noch um das harte Klettern zu drehen begann. Und jetzt hatten wir die Einladung zum Paradies in der Hand.

Es war für mich auch das erste Mal, dass ich ohne Eltern so weit von zu Hause wegfuhr, und das an sich war schon ein Erlebnis für mich, erst recht mit Freunden, die alle viel, viel älter waren als wir beide. Der Weininger Hannes und sein Bruder, der Sepp, der Woidl und der Schübel Sepp, sie packten uns in ihre Autos und nahmen uns einfach mit, durch die Schweiz, nach Grenoble und weiter in den Süden. Irgendwann in der Nacht blieben wir mitten in der Provence stehen und warfen unsere Schlafsäcke auf das Feld. Warum mir gerade das so stark in Erinnerung geblieben ist? Vielleicht nur deshalb, weil alles so anders ablief: Da wurde eben nicht irgendwo ein Hotel gesucht, geschweige denn vorher gebucht. Da wurde kein Campingplatz angesteuert, sondern wir legten uns in unseren Schlafsäcken ins Feld, und am nächsten Morgen ging es wieder weiter. Gut, das war jetzt auch nicht gerade eine revolutionäre Idee, aber was ich so cool daran fand, war, dass das so selbstverständlich passierte. Am Morgen steht man wieder auf, schüttelt den Raureif vom Schlafsack, steigt ins Auto und steuert die nächste Boulangerie an.

Als wir in Buoux ankamen, betrat ich diese neue Welt mit weit aufgerissenen Augen. Die große Welt des Sportkletterns – hier wurden die schwierigsten Routen der Welt eröffnet, beispielsweise die »Rêve de papillon«. Ich entdeckte sofort, dass auch der Gschwendtner Sepp da war. Er war damals einer der besten Sportkletterer, der vor allem in Deutschland den noch jungen Sport in den ersten Jahren entscheidend mitgestaltete. Und nach ein paar Tagen saßen wir in irgendeiner Kneipe von Apt schließlich einfach so am Tisch vom Sepp. Ich glaube, dass ich ihn mit Fragen nur so durchbohrt habe: ob er denn jetzt die »Rêve de papillon« schon gemacht habe, wie groß die Griffe im zehnten Grad seien, was man machen müsse, damit man den zehnten Grad klettern könne ... Aber der Sepp war ganz relaxed und freute sich einfach, mit einer ganzen Horde aus Bayern am Tisch zu sitzen und Rotwein zu trinken.

Dabei erzählte ich ihm auch begeistert, dass wir in Karlstein viele neue Projekte hätten, dass er unbedingt einmal vorbeikommen und sie sich anschauen müsse, ob da vielleicht ein Zehner dabei sein könnte. Der arme Sepp musste sich das alles anhören, aber so ist es nun mal, wenn so ein junger, völlig auf seinen Sport fixierter Kletterer auf sein Idol trifft. Heute muss ich oft schmunzeln, wenn mich Nachwuchskletterer mit solchen Fragen löchern; dann sehe ich mich mit meinem inneren Auge wieder selbst und erinnere mich mit einem Lächeln auf den Lippen an eine für mich längst vergangene Zeit.

Natürlich war es, rein vom Ergebnis her, keine außerordentliche Reise, und wir brachten kaum nennenswerte »Beute« mit nach Hause. Aber das war uns egal. Wir hatten so ziemlich alles probiert, was irgendwie in unserer Reichweite lag, sogar Routen im Grad 7b und 7c, die eigentlich viel zu schwer für uns waren. Aber wir sahen, dass wir so chancenlos auch wieder nicht waren. Diese Reise war für Thomas und mich vor allem eine Inspiration, eine Lehrstunde, in der man gezeigt bekommt, was und wie man es machen kann.

Als wir wieder daheim waren, bauten wir uns im Keller sofort eine Kletterwand. Ganz nach dem Vorbild der Großen unseres Sports kreierten wir unser persönliches kleines Kletterzentrum: eine Boulderwand mit dreißig und sechzig Grad Neigung und sogar ein komplettes Dach. Darauf montierten wir Holzleisten aller Größen, bohrten Zwei- und Einfingerlöcher in die Holzwand und schufen uns so mit billigsten Mitteln ein hocheffizientes Trainingsgerät. Von diesem Moment an wurde trainiert, trainiert und wieder trainiert. Als dann endlich der Frühling kam, machten wir uns entsprechend vorbereitet über die Routen in Karlstein her. Es verging kein Wochenende, an dem wir nicht wieder irgendein Projekt eingerichtet hätten. Die Achter fielen, einer nach dem anderen. Thomas kletterte den ersten Neuner in Karlstein, und ich versuchte eifrig mitzuhalten.

Und dann gab es ja noch Arco. Besser gesagt: Damals hat es angefangen in Arco. Mittlerweile ist diese kleine Stadt im Sarcatal schon seit zwanzig Jahren ein absoluter Kletter-Dauerbrenner. Es ist aber auch alles perfekt: Der Gardasee, das Klima, die unzähligen Felsen, die kleine Stadt Arco, und mit dem 300 Meter hohen Colodri gibt es sogar alpines Klettern in mediterranem Ambiente. Wir besuchten Arco in diesen Jahren so oft, dass alle diese Reisen in meiner Erinnerung zu einem Gesamteindruck verschmelzen. Das Zelten auf dem Campingplatz Zoo, auf dem die Pfaue herumspazierten, der allabendliche Ausflug in die Stadt und der oft fast orientierungslose Rückmarsch, den immer mal wieder einer nicht auf die Reihe brachte, sodass er lieber unter einem Olivenbaum nächtigte. Und jeden Tag die schwierige Entscheidung, in welchem Café der Cappuccino nun besser schmeckt ...

Das Flair von Arco ist tatsächlich nicht zu überbieten, was auch damit zu tun hat, dass man sich akzeptiert und herzlich aufgenommen fühlt. Auch heute noch erinnere ich mich gern an die schöne Zeit in der damals noch sehr kleinen Gemeinschaft der Kletterer, die sich jedes Frühjahr und jeden Herbst dort unten traf, wenn das Wetter daheim mal wieder nicht so wollte, wie wir es gern gehabt hätten. Warum sollte man sich auch auf der Nordseite der Alpen mit dem Dauerregen herumschlagen, wenn im Süden die besten Felsen und sogar richtig alpine Wände unter strahlend blauem Himmel warteten? Arco war der Hit – das Flair, die Felsen, das Wetter und nicht zuletzt auch das Publikum. Arco war ein Treffpunkt der Sportkletterer, wie es auf der Welt keinen zweiten gab. Der Austausch mit all den anderen Kletterern war für uns eben auch wichtig: zu wissen, was die anderen schon gemacht haben, wie es ihnen dabei ergangen ist. Zu sehen, dass man sich nicht verstecken braucht. Es war wohl auch in Arco, als Thomas und ich uns irgendwann sagten: Die anderen, die kochen auch nur mit Wasser. Und wenn die anderen auch nur mit Wasser kochen, dann können wir das, was die anderen machen, auch probieren.

11 Abräumen in den Dolomiten

Ein besonderer Tag für uns Huberbuam war, als Thomas endlich den Führerschein in der Hand hielt. Den Führerschein zu haben hieß, dass wir das machen konnten, was wir wollten! Es gab zwar immer noch das kleine Problem, dass wir unsere Eltern um das Auto bitten mussten. Aber wenn wir wirklich keine andere Gelegenheit hatten, irgendwo bei unseren Freunden mitzukommen, dann konnten wir unsere Eltern schon meistens dazu erweichen, das Auto herauszurücken. Das war vor allem wichtig für unsere größeren Pläne. Die Berchtesgadener Alpen und den Wilden Kaiser hatten wir mittlerweile schon tief durchforstet, wir träumten von den nächsten Zielen. Von den Dolomiten. Was wollten wir da nicht alles klettern!

Drei Zinnen, Torre Trieste, Tofana und die Königin der Dolomiten, die Marmolada – nachdem Thomas jetzt achtzehn war, waren das endlich nicht mehr nur Träume, sondern konkrete Ziele. Auf den Beginn der Sommerferien hin fingen wir an, unsere Eltern zu bearbeiten, ob sie das Auto mal für zehn Tage entbehren konnten. Lange konnten sie unserem Druck nicht standhalten, denn es gibt nichts Unangenehmeres, als zwei Jungs zu Hause aushalten zu müssen, die angenervt sind und null Bock auf gar nichts haben – außer auf Klettern in den Dolomiten. Offensichtlich führten wir uns so unmöglich auf, dass wir bald erreicht hatten, was wir wollten. In der Hoffnung, dass wir nach der Rückkehr aus den Dolomiten zwei ausgeglichene und glückliche Jugendliche sein würden, bekamen wir das Auto eher früher als später.

Wir plünderten die Speisekammer, und unsere Mutter steckte uns noch ein wenig Geld zu, damit wir nicht die ganze Zeit nur auf das Zelt angewiesen wären und auch einmal in einer Hütte übernachten konnten. Dann ging es los: wir zwei, Thomas achtzehn, ich sechzehn, allein in die Dolomiten. Ganz unvertraut waren sie uns ja nicht, mit den Eltern und vor allem mit dem Vater waren wir sicher schon fünfmal beim Wandern und Klettern in den Dolomiten gewesen. Wir kannten die Berge nicht nur aus den Büchern, sondern hatten sie auch schon mit eigenen Augen gesehen und erlebt. Aber wenn man mit einem Mal allein im Auto ist und auf eine dann doch große Reise geht, ist das Gefühl einfach ein ganz anderes. Es war für uns durchaus ein Abenteuer, nicht nur in den Bergen, sondern auch auf der Straße. Selbst in den fremden Orten: Italienisch konnten wir damals beide noch nicht.

Unser erstes Ziel sollten die Drei Zinnen sein. Als Wahrzeichen der Dolomiten und als eine der berühmtesten Bergformationen der Welt hatten wir sie natürlich ganz oben auf die Wunschliste gesetzt. Vor allem waren wir bisher noch nie an den Zinnen geklettert, noch schlimmer: Wir hatten sie schon umwandert, hatten diese brutal steile Welt bestaunen, aber letztlich nicht berühren dürfen. Die Zeit war reif, die Zinnen mussten her!

Dem Ratschlag unseres Vaters folgend, fuhren wir mitten in der Nacht hinauf, um der unverschämt hohen Maut zu entgehen. In absoluter Dunkelheit stellten wir irgendwo neben der Auronzohütte unser Zelt auf. Der Himmel war pechschwarz. Keine Sterne, kein Licht, nichts als tiefdunkle Wolken. Kaum waren wir im Zelt, ging es auch schon los. Eine schwere Gewitterfront schenkte uns voll ein, es blitzte, regnete, hagelte und stürmte, was ging. Wir lehnten uns beide an die Zeltwand, sonst wäre unser Zelt einfach umgelegt worden. Irgendwie hatten wir schon Schiss, aber was sollte uns letztlich schon passieren? Wir würden die Nacht schon überleben! Trotzdem war diese Nacht der Hammer, an Schlaf war überhaupt nicht zu denken. Es war das erste Mal, dass wir die Kraft der Natur so unmittelbar spürten und gleichzeitig auf uns allein gestellt waren. Stunden saßen wir aufrecht im Zelt, den Rücken gegen die Zeltwand gestemmt, gegen die Gewalt des Sturms. Wir konnten ahnen, was es bedeuten würde, jetzt ungeschützt irgendwo oben am Berg zu sein.

Am Morgen, beim ersten Licht, gab unser Zelt den Geist auf. Eine der Nähte platzte auf, und dann wurde es richtig nass und kalt. Es dauerte nicht lange, bis wir aufgaben. Der Sturm tobte ununterbrochen weiter, mittlerweile lagen schon die ersten Zentimeter Schnee, und wir hatten genug. Wir warfen unser ganzes Zeug ins Auto, legten das Zelt um, stopften es in den Kofferraum und liefen zur Auronzohütte hinüber. Den ganzen Tag verbrachten wir damit, uns in der Hütte wieder aufzuwärmen, nacheinander alles zu trocknen und die Nacht abzuwarten. Denn erst in der Nacht konnten wir wieder mautfrei die Straße hinunterfahren. Um zehn Uhr abends machten wir uns wieder auf den Weg nach unten. Wir verließen den Schnee und fuhren hinunter in den Regen. Und es regnete, regnete und regnete. Saukalt, das Zelt im Arsch, was sollten wir machen? Wo sollten wir übernachten? Eine Pension oder ein Hotel war definitiv zu teuer für uns, und das Zelt war, bevor wir es nicht wieder notdürftig flicken konnten, im Regen auch nicht mehr zu gebrauchen.

Langsam kurvten wir Richtung Cortina d'Ampezzo. Es war Thomas, der dann die geniale Idee hatte: eine Seilbahnstation! Perfekt – im Sommer außer Betrieb, ein Dach über dem Kopf, keiner würde uns bemerken, und wir müssten nichts bezahlen. Bald war eine Liftstation direkt neben der Straße gefunden, und wir inspizierten unsere Möglichkeiten. Es gab sogar einen offenen Dachboden, in dem jede Menge Material verstaut war. Wir mussten nur ohne Leiter hinaufkommen. Aber wozu waren wir Kletterer geworden? Minuten später waren wir oben und räumten die Sachen so weit zur Seite, dass wir zu zweit ausreichend Platz hatten. Dort harrten wir zwei Tage aus, verbrachten die Zeit mit Kochen, studierten die Kletterführer und spannen allerlei Träume. Keiner bemerkte uns, wir hausten völlig ungestört, bis die Kaltfront endlich durchgezogen war.

Wieder warteten wir die Nacht ab, um über die Mautstraße zu den Drei Zinnen zu fahren. Diesmal machten wir uns aber erst gegen Ende der Nacht auf den Weg und erreichten um fünf Uhr morgens die Auronzohütte. Mensch, war das kalt! Im Schatten lag überall noch Schnee. Es wurde uns schnell klar, dass an diesem Tag in den Nordwänden noch nichts zu holen war, und wir entschieden uns, zum Aufwärmen die berühmte »Gelbe Kante« an der Kleinen Zinne anzugehen. Endlich Sonne! Und wie warm es gleich wurde – genial. Ein so schöner Tag, dass die lähmende Zeit des Abwartens schnell wieder vergessen war. Wir zwei in den Dolomiten, an den Drei Zinnen. Ein Traum!

Ein weiterer folgte bereits am nächsten Tag, mit der Nordwand der Großen Zinne. Die »Comici« war dann schon etwas strenger, das war kein leichtes Spiel mehr. Mittlerweile hatten sich zwar die Temperaturen wieder normalisiert, und es wurde ein richtiger Sommertag, aber wir hatten nicht bedacht, dass ein Wettersturz im großen Ausstiegskamin der »Comici« einiges an Eis hinterlassen würde. Und das blieb bei den steigenden Temperaturen natürlich nicht an seinem Platz. Kaum hatten wir den schwierigsten und steilsten Teil der Route hinter uns gebracht, waren wir ungehindert dem Eisschlag ausgesetzt. Das hatte für uns einen ähnlichen Erlebniswert wie die Eiger-Nordwand. Damit will ich sagen: Wir empfanden es in diesem Moment nicht gerade als angenehm, aber es war einfach voll spannend. Thomas und ich in der Nordwand der Großen Zinne, den Spuren des genialen Kletterers Emilio Comici folgend, bei diesen Bedingungen. Ja wirklich, ein Traum.

Ein Traum, den wir auch noch an den restlichen acht Tagen weiterlebten, und zwar ununterbrochen. Tofanapfeiler, Rosengarten, Sellatürme, Piz Ciavazes, die »Via Niagara« an der Pordoispitze, die »Vinatzer«, die »Messner«, »Moderne Zeiten« und »Via Fortuna« an der Marmolada. Für den letzten Tag hatten wir uns noch die »Ezio Polo« am Piz Serauta vorgenommen. Am Abend zuvor waren wir nach den »Modernen Zeiten« sehr spät wieder im Tal angekommen, hatten noch kurz gekocht und uns dann mit dem Plan, am nächsten Morgen um fünf Uhr früh zu starten, schlafen gelegt. Nachdem das Zelt nach wie vor in einem katastrophalen Zustand war, hatten wir uns in der Zwischenzeit einfach darauf verlegt, auf den zurückgeklappten Sitzen im Auto zu übernachten. Wecker hatten wir keinen dabei, also vereinbarten wir, uns gegenseitig zu wecken.

Um fünf Uhr morgens wurde ich wach, blinzelte aber nur kurz zur Uhr und dann versteckt zu Thomas, um zu sehen, ob er schon wach war. Nein, er schlief noch. Gut – ich hatte wirklich noch keine Lust zum Aufstehen. Eine Stunde später das gleiche Spiel: Thomas schlief immer noch. Um sieben Uhr war es dann zu spät, da waren wir uns völlig einig. Da hatten wir dann eben verschlafen, wie wir beide feststellten. Irgendwo anders in den Dolomiten hinzufahren, das lohne sich doch auch nicht mehr, sagten wir uns. Also blieb uns gar nichts anderes übrig, als die Heimreise anzutreten. Am nächsten Morgen musste das Auto in jedem Fall wieder zu Hause sein. Ich kann garantieren, für unsere Eltern hatte es sich mehr als gelohnt, uns beiden ihr Auto zu leihen, denn alle unsere unerträglichen Eigenschaften, die wir vorher an den Tag gelegt hatten, waren mit der Reise in die Dolomiten verschwunden.

Irgendwann, viele Jahre später, stellten Thomas und ich beide fest, dass wir damals, als wir für den Piz Serauta hätten aufstehen müssen, tatsächlich beide wach im Auto lagen und jeweils hofften, dass der andere verschlafen würde. Nach der pausenlosen Jagd nach Touren hatten wir es geschafft, so ausgebrannt zu sein, dass die letzte Tour einfach zu viel war. Unsere mitgenommenen Körper hatten letztlich doch die Oberhand über unseren Willen und unsere unersättliche Motivation gewonnen.

12 Der »Weg durch den Fisch«

Thomas und ich waren sehr zufrieden mit dem, was wir in den Dolomiten erlebt hatten. Die Erfahrungen, die wir gemacht hatten, ließen uns in der Folge besser einschätzen, was für uns machbar sein könnte. Langsam, aber sicher reifte in uns die Überzeugung, dass wir uns durchaus etwas zutrauen durften. Wir waren nicht überheblich und auch nicht der Meinung, dass wir jetzt schon alles in den Alpen klettern konnten – aber versuchen sollten wir es zumindest. Deswegen schmiedeten wir bereits unmittelbar nach unserem Trip in die Dolomiten die nächsten Pläne.

Die Marmolada ist die Königin der Dolomiten und ihre Südwand für uns Kletterer ein absoluter Edelstein. Als Thomas und ich die »Via Fortuna« durchstiegen hatten, waren wir auf eine slowakische Seilschaft mit Igor Koller, dem Erstbegeher der Route »Weg durch den Fisch«, getroffen. Igor war für uns einer der großen Namen, denn seine Route galt als eine der anspruchsvollsten in den Dolomiten. Kurz zuvor hatte Heinz Mariacher den »Fisch«, wie wir die Tour der Einfachheit halber nannten, wiederholt. Thomas und ich hatten den Artikel darüber gelesen. Alles an dieser Route klang extrem hart und schwierig. Mit großem Respekt hatten wir nachvollzogen, wie sich Heinz Mariacher mit Cliffhängern hinaufkämpfte. Dem Artikel nach war die Kommunikation sehr eintönig. »Wie geht's?« – »Cliff!« – »Wie schaut's aus?« – »Cliff!« Diese Route stand für Abenteuer, mehr als jede andere in den Dolomiten. Thomas und ich hatten keine Ahnung, ob wir ihr gewachsen sein würden, und das war wohl auch der Grund dafür, warum wir sie bei unserer ersten Fahrt in die Dolomiten nicht angegangen waren. Igor Koller wollte dem jedoch etwas nachhelfen. Er biwakierte mit seinen zwei Freunden, ebenso wie wir, auf dem großen Band oberhalb der größten Schwierigkeiten des »Fischs«. Lange saßen Thomas und ich noch in den warmen Schlafsäcken, welche die Slowaken dabeihatten. Fasziniert hörten wir, was Igor uns über seine Route erzählte, und waren erst recht aufmerksam, als er versuchte, uns klarzumachen, dass auch wir den »Fisch« schaffen könnten. Bis weit in die Nacht zogen sich die Gespräche hin, und wir beide waren auch gar nicht darauf aus, sie zu beenden, denn solange wir noch zusammensaßen, konnten wir an der Wärme der slowakischen Schlafsäcke teilhaben. Irgendwann holte uns das Schicksal dann doch ein; die Slowaken legten sich auf dem bequemen Biwakband zum Schlafen nieder, und wir rollten uns in die Rettungsfolie ein, die wir für das Biwak mitgenommen hatten. Es wurde saukalt, wir froren, aber unsere Gedanken waren schon wieder am Wandern und ließen uns das Biwak leichter ertragen, selbst als die Slowaken laut schnarchten, die Folie die ersten Risse zeigte und wir die Kälte immer unmittelbarer zu spüren bekamen. Bereits beim ersten Licht verließen Thomas und ich diesen wunderbaren Platz und unsere slowakischen Freunde. Wir freuten uns, Igor Koller kennengelernt zu haben, denn ihm verdankten wir, dass wir nach diesem Zusammentreffen weiter dachten, als wir es uns selbst zugetraut hätten. Der Keim war gesät, und die Idee, den »Fisch« zu versuchen, musste nicht lange reifen. Bald würden Thomas und ich das nächste Mal in den Dolomiten sein.

Mit der Bewertung VII/A1, einer Wandhöhe von 850 Metern und 37 Seillängen stand der »Weg durch den Fisch« in dem von Heinz Mariacher herausgegebenen Kletterführer. Das war selbst für die damalige Zeit nicht mehr das absolut Außergewöhnliche. Die »Modernen Zeiten« waren mit VII+ bewertet, und die waren wir ohne irgendwelche Probleme geklettert. Mehr verriet da schon der Artikel von Heinz Mariacher über seine Begehung der Route. Die großen Schwierigkeiten rührten vor allem daher, dass praktisch keine Haken zurückgelassen wurden und die Struktur in diesem Wandbereich extrem kompakt ist. Sicherungen lassen sich meist nur sehr schwierig und in weiten Abständen anbringen. Es ist in erster Linie eine psychisch anspruchsvolle Route, bei der es nicht darauf ankommt, dass man kleine Griffe halten kann oder den neunten Grad beherrscht – hier gewinnt derjenige, der den sechsten und siebten Grad auch ohne Bohrhaken und weit über der letzten Sicherung klettern kann. Derjenige, der seine Angst kontrollieren kann. Derjenige, der weiß, was er kann, und über das nötige Selbstvertrauen verfügt.

Andächtig stiegen Thomas und ich zur Falierhütte auf, der kleinen Hütte am Fuß der gewaltigen Südwand der Marmolada. Dieses Mal leisteten wir uns sogar den Luxus, in der Hütte zu übernachten. Wir wollten nichts dem Zufall überlassen und am nächsten Morgen möglichst ausgeruht starten können. Von Igor Koller hatten wir darüber hinaus den Rat bekommen, mit einer für uns neuen Taktik vorzugehen. Wir kletterten mit einem Einfachseil, an dem gesichert wurde, und einem Halbseil, das wir zum Nachziehen des Rucksacks verwendeten. So konnte auch der Nachsteiger ohne die Last des Rucksacks klettern. Das lief hervorragend. Die Kletterei allerdings war anspruchsvoll, sehr anspruchsvoll. Die meiste Zeit brauchten wir dafür, Sicherungen anzubringen. Risse gab es kaum, und wir sicherten, wie uns Igor geraten hatte, vor allem mithilfe von Tricams, die wir in den für den Marmolada-Fels so charakteristischen Löchern unterbrachten. Am Nachmittag erreichten wir den eigentlichen »Fisch«, eine vier Meter hohe und acht Meter breite Höhle mitten in der senkrechten Wand. Der perfekte Biwakplatz!

Vor uns lagen die schwierigsten Seillängen – genau jene Seillängen, die Heinz Mariacher so eindrucksvoll beschrieben hatte. Jetzt würde es dann wohl voll zur Sache gehen. Die Wand war nochmals ein Stück steiler, völlig kompakt zog der Fels in einem beeindruckenden überhängenden Bogen hinauf. Den Rucksack mit der Biwakausrüstung deponierten wir im »Fisch«, und Thomas machte sich an die erste Seillänge. Dem Topo nach ging es mit Haken und Cliffs am linken Rand der Höhle weiter. Thomas analysierte die Situation. Nach kurzem Überlegen entschied er sich, nicht der Beschreibung zu folgen, und verließ die Höhle an ihrem rechten Ende. Hier konnte er frei klettern, hier gab es mehr Löcher, und damit ließ sich die Seillänge auch wesentlich leichter absichern. Dann setzte er direkt über dem Fisch zu einem beeindruckenden und luftigen Quergang an. Das Ganze entpuppte sich aber als wesentlich weniger schwierig, als es anfangs den Anschein hatte. Gute Griffe in steilem Gelände brachten Thomas zurück zur Originalführe. Er hatte eine geniale Lösung gefunden: Statt mit Haken und Cliffhängern zu kämpfen, hatte er die Schlüsselstelle des »Fischs« in freier Kletterei entschärft.

Auch die zweite Seillänge, die anschließend ich in Angriff nahm, ging schneller als erwartet. Es war zwar das erste Mal in meinem Leben, dass ich mithilfe von Cliffs kletterte, aber die Löcher, in die ich sie setzte, waren tief und solide, und so waren wir mit unserer Mission, die zwei Schlüsselseillängen noch vor dem Biwak zu klettern, schon um fünf Uhr fertig. Hätten wir nicht unser Biwakmaterial im »Fisch« deponiert, hätten wir noch die restlichen zwei Seillängen zum großen Band und vielleicht sogar bis zum Gipfel klettern können. So ging es an den fixierten Kletterseilen wieder hinunter in die Höhle. Aber egal: Wir wussten, dass uns jetzt nichts mehr aufhalten konnte. Ein Biwak noch, dazu zwei schwierige Seillängen am nächsten Morgen, danach 400 moderate Meter, und der »Fisch« gehörte uns.

13 Reiteralm

Die Reiteralm ist so etwas wie eine zweite Heimat für mich, ähnlich wie Karlstein. Die Berchtesgadener Alpen waren das Urgestein, auf dem wir uns bewegten – nur dass diese Berge eben nicht aus Urgestein aufgebaut waren, sondern aus bestem Kalk. Von den Gebirgsstöcken der Berchtesgadener Alpen war uns die Reiteralm am liebsten. Ihre Wände waren nicht nur das Beste an Kalk, was die Nördlichen Kalkalpen zu bieten hatten, nein, sie waren darüber hinaus noch alles andere als vollständig erschlossen. Es gab immer noch unberührte Wände, die ausreichend unerforschtes Neuland boten. Zu guter Letzt lag genau dort, wo die interessantesten Wände waren, die Alte Traunsteiner Hütte, damals das Herz der Sektion, das gemeinsame Zuhause der Kletterer. Die Hütte und all die Kletterabschiede, die dort gefeiert wurden, waren legendär.

Jedes Jahr im November organisierte die Jungmannschaft der Sektion Traunstein ein großes Fest, eben den Kletterabschied. Damit wurde der Abschluss der Klettersaison gefeiert, wobei dies schon längst einem symbolischen Akt gleichkam. Geklettert wurde ja mittlerweile das ganze Jahr, denn wenn im November der Schnee kam, begann nur wenig später die Eisklettersaison. Doch der Kletterabschied hatte noch eine weitere Funktion: Er diente auch dem Gedenken an verunglückte Kameraden. Es war ja nicht so, dass wir Bergsteiger nicht gewusst hätten, was wir tun.

Wir wussten genau, welche Risiken wir eingingen, wenn wir am Berg unterwegs waren. Und wir waren uns sehr wohl bewusst, dass immer wieder einmal einer von uns am Berg bleiben würde. Auch als ich das erste Mal auf der Reiteralm war, wurde ein Totengedenken abgehalten; zum einen, um tatsächlich einem Freund zu gedenken, der im Jahr zuvor noch mitten unter uns war, zum zweiten aber auch, um allen, die auf der Reiteralm zusammengekommen waren, klarzumachen, dass das, was passiert war, jedem hätte passieren können. Der Scharrer Beze, der Schrag Koni, der Sundance, der Dave – im Grunde fand ich es schon erschreckend, wie sich die Liste in der Traunsteiner Sektion jedes Jahr konstant verlängerte. Als wäre es ein böser Fluch. Dave kam auf besonders tragische Weise ums Leben: Bei einer Führung in Neuseeland ließ er seine Gäste einen Bach über eine kleine Seilbrücke überqueren. Er selbst sprang von Stein zu Stein über das Wasser, rutschte dabei aber aus und schlug mit dem Kopf auf einen Stein auf. Weil er das Bewusstsein verlor, wurde er weggespült und ertrank.

Trotzdem wurde im Anschluss an die Schweigeminute gefeiert, und zwar in einem Maße, das man für nicht steigerbar halten würde. Das Bier floss in rauen Mengen, Rücksicht auf das Wohlbefinden des Körpers gab es an diesem Abend nicht. Zu diesem einen Anlass im Jahr vergaß die Klettergemeinschaft, was sie sonst machte. Da war es egal, wie viel trainiert worden war und ob dieser Trainingszustand durch das exzessive Feiern zerstört würde. Alle, Männer wie Frauen, feierten, wankten, fielen und ließen damit die hochleben, die nicht mehr unter ihnen waren.

Der erste Kletterabschied auf der Reiteralm wurde mir natürlich erst erlaubt, nachdem mein Bruder im Jahr davor teilgenommen hatte und unversehrt nach Hause zurückgekehrt war. Das öffnete mir die Tür zur Reiteralm, bedeutete aber andererseits nicht, dass ich das Fest bei vollem Bewusstsein überstehen würde.

Der Abend wurde auch wahrlich rauschend! Als Novize war ich ganz klar das Opfer vieler Versuche, mich mitten ins Geschehen zu befördern. Nichts ging an mir vorbei, ohne dass ich nicht tief hätte hineinschauen müssen. Lange war ich standhaft, ich hatte ja auch schon auf den vielen Festen mit meinen Mitschülern trainiert, aber irgendwann hatte ich meinen eigenen Körper besiegt und kotzte mir vor der Hütte die Seele aus dem Leib. Das Feiern mit Freunden ist eben genauso ein integraler Bestandteil unseres Lebens, wie es die Familie oder die Arbeit ist. Und es ist letztendlich auch einer der Gründe, warum die Sektionen des Alpenvereins diese vielen Hütten in den Bergen gebaut hatten: nicht nur als Unterkunft, um die Berge leichter und bequemer besteigen zu können, sondern auch, um in ihnen zusammenzufinden und das Leben zu leben.

Heute gibt es den legendären Kletterabschied auf der Reiteralm leider nicht mehr. Der Grund dafür ist, dass dem Sektionsvorstand dieses exzessive Feiern auf der ihm hochheiligen Hütte ein Dorn im Auge war. Die Sektion Traunstein des Deutschen Alpenvereins hat mittlerweile über 4000 Mitglieder und unterhält vier Hütten – aber sie hat tatsächlich keine Jungmannschaft mehr. Die Versuchung liegt nahe, die Schuld dafür beim Nachwuchs zu suchen. Die Realität sieht allerdings so aus, dass die Jugend ein aktives Vereinsleben nur dann führt, wenn die Frucht auf aufnahmebereiten Boden fällt. Das Wichtigste ist diesem Verein aber der Service für seine 4000 Mitglieder und der perfekte Zustand seiner Hütten. Das Wachstum der Mitgliederzahlen gibt dem Vorstand selbstverständlich recht. Mir geht es aber um die Qualität und nicht um die Quantität. Zwar hat der Verein mehr Kinder und Jugendliche als je zuvor, er bringt es aber zustande, dass niemand mehr in einer Jungmannschaft aktiv sein will. Auf dem Papier hat er viele Mitglieder, denen es aber nur darum geht, billig auf den Hütten übernachten zu können. Feiern ist nicht vorgesehen, dafür sitzt der Vorstand lieber ganz allein auf seiner

Alten Traunsteiner Hütte. Die in bestem Zustand ist, aber zum Museumsstück verkommt. Armer Alpenverein ...

Der Morgen nach meinem ersten Kletterabschied war natürlich extrem hart, aber irgendwann, nach einer Reparatur-Halben, ging es auch mit mir wieder aufwärts. Die Spuren des Festes wurden beseitigt, und am frühen Nachmittag ging es wieder zurück in Richtung Tal, vorbei an den besten Wänden, die unsere Region zu bieten hat. Waren mir am Abend zuvor, als wir in der Dunkelheit aufstiegen, diese Schätze noch verborgen geblieben, so zeigten sie sich jetzt in voller Pracht. Ein Königreich für unsere Wünsche! Zwar kannte ich die Reiteralm schon durch unsere Erstbegehung auf der Südseite, hatte aber noch nie mit eigenen Augen gesehen, was die Nordabstürze zu bieten hatten. Ich war fasziniert. Vor mir standen Wände, die mich noch immer begeistern, auch heute noch, nachdem ich schon so viele große Wände der Welt gesehen habe.

Im folgenden Sommer legte Thomas zusammen mit Fritz Mussner seine erste neue Linie in die Nordwände. Es entstand »Sundance Kid«, mit VII/A2 eine anspruchsvolle Route, die bis heute noch keine freie Begehung hat. Kurz darauf gelang uns beiden knapp links davon mit »Dave Lost« noch eine weitere Erstbegehung. Wir verwendeten dabei zwar sogar einen Bohrhaken, nichtsdestotrotz verlangt die Tour dem Vorsteiger so ziemlich alles an Moral ab. Mit VII war die »Dave Lost« eben nicht nur schwierig – wir versuchten vor allem, mit den Sicherungsmitteln so sparsam wie möglich umzugehen. Das, was wir mit »Raunachtstanz« begonnen hatten, zogen wir weiterhin durch. Wir blieben uns stets treu. Noch heute verwende ich für eine Erstbegehung bei uns in den Alpen nur so viele Bohrhaken wie unbedingt nötig.

1986 hatten Thomas und ich uns schon ein wenig weiterentwickelt. Es zahlte sich tatsächlich aus, nicht nur ins alpine Gelände zu gehen, sondern auch im Klettergarten die Grenze des

Machbaren auszureizen. Die gute Absicherung erlaubt einem dort, mit allem zu experimentieren. Man kann ans eigene Limit gehen, ja sogar darüber hinaus. Stürze sind im Klettergarten an der Tagesordnung. Es kann gut sein, dass ein engagierter Sportkletterer am Ende eines Tages mit nicht weniger als fünfzig kleinen Stürzen nach Hause kommt. Das Klettern im Klettergarten ermöglicht aber auch, dass man sich mit neuen Techniken auseinandersetzt, neue und unbekannte Bewegungsformen ausprobiert. Das und die Routine, in immer höheren Graden zu klettern, erweiterten unseren Horizont. Wir dehnten ihn aus, wie immer auf der Nordseite der Reiteralm. »Utopia« war unsere erste Erstbegehung im achten Grad, und allein am Namen lässt sich schon erkennen, was uns diese Route bedeutete. Wir wagten uns an eine augenscheinlich utopische Linie heran. Kompakt, auf den ersten Blick ohne Struktur, steil und im klassischen Sinne unkletterbar. Und wir machten weiter. Jedes Jahr etwas mehr, etwas schwieriger.

Im Herbst 1987 knackten Thomas und ich beim Sportklettern in Karlstein die ersten Zehner. Es war klar, dass unser vordringlichstes Ziel war, diesen Grad so bald wie möglich ins alpine Gelände zu übertragen. Tatsächlich gab es zu diesem Zeitpunkt im Gebirge noch keine Route im zehnten Grad. Wir brannten darauf, genau das zu erreichen. Die Reiteralm, das große Felsenreich, das vor unserer Haustür lag, hielt Angebote in Hülle und Fülle bereit. Im Frühjahr entschieden wir uns für eine Wand direkt links des Schrecksattelsteigs, des Wegs zur Alten Traunsteiner Hütte. An dieser 300 Meter hohen, supersteilen Wand des Scharnsteins gab es tatsächlich noch keine einzige Route. Kompakte Struktur und bester Fels – das entsprach genau dem, was wir suchten.

Wir hatten zu kämpfen. Verteilt über zwei Monate verbrachten wir Tage und Tage in dieser Wand. Sie wurde zum echten Grenzgang für uns, aber genau das war es ja, was wir suchten. Am

18. August 1988 hatten wir es endlich geschafft: die Erstbegehung der »Vom Winde verweht«. Die Schwierigkeiten entsprachen genau dem, was wir uns erhofft hatten. Unsere Erstbegehung wurde die erste alpine Route im unteren zehnten Grad, und das nicht nur in den Berchtesgadenern, sondern tatsächlich im gesamten Alpenraum. Aber eigentlich war es ja nicht der Grad, der unsere Routen charakterisierte. Wie bei unseren anderen Erstbegehungen war es die Absicherung, die diese Tour schwieriger machte als die vielen pseudoalpinen Routen, die heute im zehnten Grad eröffnet werden. Doch diese charakteristischen Unterschiede zwischen den Routen werden heute weitgehend vermischt, ein Fehler, der vor allem durch die vielen Fachmagazine gefördert wird. Der Schwierigkeitsgrad ist neben der Wandhöhe die einzige Größe, die angegeben wird. Dabei wäre es für keinen engagierten, kompetenten Redakteur schwierig, herauszufinden, wie anspruchsvoll die Tour wirklich ist. Tatsache ist aber, dass sich die Medien fast ausnahmslos für den Grad selbst interessieren. Wenn da heute nicht irgendetwas vom zehnten Grad steht, dann wird es eben nicht publiziert.

Je jünger unsere Erstbegehungen, umso mehr sollte man darüber Bescheid wissen, wie man mit mobilen Sicherungsmitteln umgeht. Man kann davon ausgehen, dass man, je später die Erstbegehung entstanden ist, mit desto anspruchsvolleren Touren zu kämpfen hat. Wer in eine unserer Erstbegehungen in den Berchtesgadener Alpen einsteigt, der sollte wissen, auf was er sich einlässt. Hier gibt es nichts geschenkt, hier muss man sich seine Sporen wirklich verdienen und sich eine Wiederholung hart erkämpfen. Dafür bekommt man aber etwas Einzigartiges zurück – einen unvergesslichen Tag, eine unauslöschliche Erinnerung. Unsere Routen sind keine Konsumrouten, an die man sich bereits ein Jahr später im Einzelnen kaum mehr erinnern kann.

Dieses ganze Konsumdenken in den Bergen, das Präparieren von Pisten, an denen Kletterer gedankenlos hochturnen können, bedeutet den Verlust unserer Passion. Genau wegen des Abenteueraspekts begeisterte mich das Klettern mehr als alle anderen Sportarten, die ich in meinem Leben bereits ausgeübt hatte. Doch der Kommerz versucht immer mehr, alles zu vereinheitlichen. Das Konsumverhalten, das Freizeitverhalten, alles wird möglichst vereinheitlicht, um dann, bei möglichst hoher Stückzahl, eine maximal hohe Rendite zu erzielen. »Heuschrecken« sind nicht nur ein entrücktes Phänomen der hohen Wirtschaftswelt. Sie greifen unsere Gesellschaft sogar in der Freizeit an, egal ob im Fernsehen, im Kino, bei Büchern oder sonst irgendetwas. Erfolg wird nicht in Qualität, sondern in Quantität gemessen: Lieber möglichst schnell eine hohe Rendite als Nachhaltigkeit, lieber die Quantität von fünf Plaisir-Routen im achten Grad an einem Tag als die Qualität einer anspruchsvollen Route im siebten Grad, die man selbst absichern muss.

Mir tut die heutige Bergsteigergeneration leid. Wenn ich die vielen klassischen Routen sehe, die in den letzten Jahren unter dem Deckmäntelchen der Sanierung eingebohrt wurden, frage ich mich, wo sie das, was Thomas und ich heute machen, erlernen soll, wenn nicht zu Hause, bei uns in den Alpen? Viele der Routen existieren heute gar nicht mehr als klassische Routen, sondern sind schlicht und einfach in Plaisir-Routen umgebohrt worden. Mehr als die Hälfte der lohnenden klassischen Routen in unseren Alpen sind mittlerweile eben nicht saniert, sondern in farblose, langweilige Plaisir-Routen umgewandelt, ihres ursprünglichen Charakters beraubt und damit zerstört worden. Da wird von Sicherheit erzählt ... Arme Kletterwelt! Nicht einmal in den Bergen haben wir noch die Freiheit, zu entscheiden, wohin wir aufbrechen wollen. Wir haben heute die beste Ausrüstung, die man sich nur vorstellen kann, aber es wird tatsächlich versucht, alles andere als den Bohrhaken als unverantwortlich zu verkaufen. Das ist genauso falsch und dumm wie das, was die schlauen Versicherungskonzerne in ihre Policen hineinschreiben: Ab dem fünften Grad ist Klettern Risikosport, Unfälle sind demnach nicht mehr versicherbar. Volksverdummung. Und mitten drin sitzt der Alpenverein. Es wurde viel diskutiert. Bei wie vielen Sitzungen habe ich für das klassische Bergsteigen geworben und wurde doch immer nur wegen meines »elitären« Standpunkts angefeindet. Immer wieder wurde das Argument vorgebracht, dass auch weniger erfahrene Kletterer die Freude an bestem Fels genießen wollen und dass deswegen auch einige der Klassiker entsprechend abgesichert werden sollten. Die Plaisir-Fraktion forderte ihren gerechten Anteil an dem schönen Fels der Alpen, den die klassischen Routen aus ihrer Sicht vollständig okkupieren. Heute weiß ich, dass es völlig unsinnig war, irgendwelchen Kompromissen zuzustimmen. Heute sieht das Bild so aus, dass es bei uns kaum noch klassische Routen gibt, die nicht vollständig eingebohrt sind. Die ehemals so große Vielfalt wird uniformiert. Die Routen werden standardisiert, alle drei bis vier Meter ein Bohrhaken. Mit fünfzehn Expressen und einem Doppelseil kann man heute (fast) alles klettern, egal ob in Südfrankreich, in der Schweiz, im Allgäu, im Kaiser oder in den Berchtesgadener Alpen. Die Varianz der früher so charakterstarken Routen schwindet, der maximale Unterschied reduziert sich auf das, was man heute an Unterschieden in den Produktpaletten der verschiedenen Supermarktketten findet. Es ist letztlich egal, bei welcher Kette wir was einkaufen: In den Supermärkten gibt es mehr oder weniger überall das Gleiche, der einzige Unterschied liegt nur noch im Preis. Beim alpinen Klettern wird es in Zukunft nicht anders aussehen. Die grenzenlose, schon fast religiöse Verehrung des Bohrhakens als Sicherungsmittel zerstört die Vielfalt. Die Kletterführen, welche die Regionen der Alpen zu bieten haben, gleichen einander im gleichen Maße wie das Fressen einer Fast-Food-Kette. Egal, wo ich klettern gehen werde: Ich weiß, was mich erwartet. Alle drei, vier Meter ein Bohrhaken, fünfzehn Expressen pro Seillänge. Manche Routen gehen im sechsten, siebten Grad, manche eben erst im achten oder neunten Grad her, obwohl: Selbst das wird in modernen Plaisir-Routen vereinheitlicht, denn wenn der siebte Grad überschritten wird, dann werden eben die Bohrhaken im Meterabstand gesetzt und alles zu VII oder eben VII/A0 gemacht. Man kann ja keinem Kletterer zumuten, dass er nach einer anstrengenden Arbeitswoche eine Klettertour wegen zu hoher Schwierigkeiten abbrechen muss.

Tatsächlich schaut es heute so aus, dass bei uns in den Alpen als Sicherungsmittel fast nur noch der Bohrhaken eingesetzt wird. Der Normalhaken dagegen wird von der Plaisir-Fraktion nur allzu gerne als kriminell gefährlich eingestuft. Bei dieser Entwicklung ist zu befürchten, dass irgendwann die Rechtsprechung und die Versicherungen reagieren und Klettern an Normalhaken als grob fahrlässig einschätzen werden. Ich hatte in der Vergangenheit das Vergnügen, an den vielen Diskussionen teilzunehmen, bei denen es genau um das Thema Sanierungen von klassischen Routen ging. Oft genug wurden dabei wir Traditionalisten als die Radikalen hingestellt: ein elitärer, narzisstischer und egoistischer Haufen, der andere nicht an den vertikalen Freuden teilhaben lassen will. Und trotzdem versuchte ich, in Diskussionen eine Vereinbarung zu finden, die für alle tragbar wäre, denn in den Alpen gibt es ehrlich gesagt genug Raum für alle Interessen. Plasir-Routen, klassische Routen und Abenteuerrouten könnten nebeneinander existieren, ohne einander zu beeinträchtigen.

Doch die Diskussionen führten ins Leere, denn Papier ist geduldig. Die Plaisir-Fraktion ignorierte alles, was am grünen Tisch vereinbart wurde, und die Entwicklung nahm – und nimmt auch heute noch – ungebremst ihren Lauf. So ist es heute völlig normal, dass klassische Routen eingebohrt und anschließend der Öffentlichkeit als saniert verkauft werden. Die Konsequenz ist, dass nach richtigem oder falschem Verhalten an sich nicht mehr gefragt wird, was dem Verlust der Ethik gleichkommt. Aber genau ohne diese kann das Bergsteigen nicht existieren.

Genau zu diesem Zweck hat sich ja ursprünglich einmal das Individuum im Kollektiv des Vereins organisiert, um gemeinsam eine Linie zu verfolgen. Ein Verein ist eine Vereinigung Gleichgesinnter, sonst könnte ich als Bergsteiger genauso gut dem FC Bayern München beitreten. Für mich persönlich war der Alpenverein als abstrakte Größe zunächst einmal ein Treffpunkt. Der aber mittlerweile für mich vornehmste und wichtigste Dienst des Vereins ist die Pflege des gemeinsamen Erbes. Und mein Verein lässt es zu, dass gerade in unserer Zeit dieses Erbe vergewaltigt und zerstört wird! Noch keine Generation zuvor hat es fertiggebracht, unser alpines Erbe zu zerstören – meine Generation wird die Zerstörung in wenigen Jahren erledigt haben. Ich persönlich würde mich in zwanzig Jahren schämen, wenn ich mir eingestehen müsste, dass ich damals für den Erhalt dieses Erbes nichts getan hätte.

Deswegen werde ich, solange ich am Leben bin, zumindest dafür sorgen, dass mit meinen Routen diese Gleichschaltung nicht passieren wird. Irgendwann werde ich, wie die meisten Erstbegeher der heute klassischen Routen, nicht mehr leben. Deshalb halte ich zumindest hier, in diesem Buch, unmissverständlich fest, dass in meinen Erstbegehungen jegliches Anbringen zusätzlicher Bohrhaken gegen meinen ausdrücklichen Willen wäre und ich eine solche Tat zutiefst verurteilen würde.

14 Erstbegehungen auf unsere Art: hart und puristisch

Alpine Erstbegehungen waren Ende der Achtzigerjahre für Thomas und mich nach wie vor das Maß der Dinge. Daneben waren wir intensiv im Sportklettern engagiert und hatten schon längst, unabhängig vom alpinen Treiben, unsere Sportkletterprojekte, die wir mit voller Energie verfolgten. Diese immer weiter anwachsende Konzentration zeigte ihre Wirkung. Im Frühjahr 1989 konnte ich einen für mich persönlich bedeutenden Schritt verwirklichen, indem ich erstmals den oberen zehnten Schwierigkeitsgrad kletterte, zu einer Zeit, als es nicht mehr als drei Routen im unteren elften Grad gab. Schön langsam war ich auf Tuchfühlung mit der Grenze des bisher Machbaren gegangen.

Trotzdem hatte mich der Sportkletterzug noch nicht voll erfasst. Nach wie vor galt meine unbedingte Liebe den Erstbegehungen in alpinen Wänden, und es verging kein Jahr, in dem Thomas und ich nicht an irgendeinem unserer Projekte in den Berchtesgadener Alpen arbeiteten. Unsere Felsheimat ist an sich alles andere als berühmt. Der Wilde Kaiser, das Rätikon oder die Dolomiten hatten über die Jahre einen wesentlich höheren Bekanntheitsgrad unter den Kletterern erworben. Das hängt im Wesentlichen mit der Mentalität der Berchtesgadener Kletterszene zusammen, einer Szene, die noch nie darauf aus war, dass ihr Gebiet bekannt wird. Hier in Berchtesgaden ist man am liebsten unter sich. Das Gebiet der Berchtesgadener Alpen ist zu einem

großen Teil Nationalpark, in dem das Klettern zwar grundsätzlich erlaubt ist und es bis heute auch keine Sperrungen gibt. Allerdings gibt es im Nationalpark durchaus empfindliche Zonen, in denen es schon einiges zum Verhandeln gab, um den Kletterern weiterhin den Zugang zu allen Felsen zu sichern. Deswegen ist den Berchtesgadenern auch jeder Kletterer, der andere Regionen besucht, lieber als der, der ihre geliebten Berge heimsucht.
Im Jahr nach »Vom Winde verweht« wechselten wir das Gebiet. Die Berchtesgadener Alpen werden aus insgesamt sieben Gebirgsstöcken gebildet; neben der Reiteralm und dem Untersberg ist für die Kletterer der Hohe Göll ein Glanzstück. Die Westwand ist eines der großen, klassischen Ziele und weist mit dem Großen und dem Kleinen Trichter zwei sehr charakteristische Formationen auf: zwei riesige, inmitten einer senkrechten Wand eingelassene Schluchten, die sich nach unten hin trichterförmig verengen, um dann mit kompakten, überhängenden Wänden abzubrechen. Zwischen den Trichtern befindet sich der schlanke Trichterpfeiler und rechts des Kleinen Trichters der massigere, noch steilere Westwandpfeiler – Namen, die den Inbegriff des extremen Kletterns in den Berchtesgadener Alpen verkörpern. Thomas und ich interessierten uns vor allem für den Westwandpfeiler. Noch gab es keine direkte Linie durch diesen beeindruckenden Wandteil. Strukturlos, abweisend und steil zieht er nach oben. Doch hier war es nicht nur die Schwierigkeit, die wir suchten, es war vielmehr die Eleganz der Linie, die besondere Schönheit der Westwand des Hohen Gölls.

Der 12. September 1989, für die meisten Menschen ein Dienstag wie zahlreiche andere auch: zur Routine gewordene Handlungen, Aufstehen, schnell einen Kaffee, und dann, soweit möglich, pünktlich in die Arbeit. Glücklich derjenige, der zum Klettern gehen kann! Doch gleichen wir Kletterer nicht auch Arbeitern, die am Morgen zu ihrer Baustelle gehen? Unsere Baustelle heißt heute wieder einmal Göll-Westwand. Insgesamt vier Tage haben Thomas und ich in den vergangenen zwei Wochen am Hohen Göll »gearbeitet«, um die direkte Linie am Westwandpfeiler erstzubegehen. Nun ist sie fertig, und wir haben ihr den Namen »Scaramouche« gegeben. Oder doch nicht ganz fertig? Nein, für mich ist sie noch nicht fertig, sie wartet noch auf ihre eigentliche Begehung: rotpunkt – in einem Tag ohne Sturz in freier Kletterei vom Einstieg bis zum Gipfel. Wenn ich es heute schaffen würde, dann wäre dieser Dienstag kein Dienstag wie jeder andere, sondern ein ganz besonderer Tag, der einen großen Traum Realität werden lässt.

Bereits gestern ist Thomas dieser Coup gelungen, während ich die Stunden als Zivildienstleistender im Notarztwagen oder auf der Rettungswache verbrachte. Doch heute habe auch ich meine Chance. Um sieben verlasse ich die Zivildienstwohnung und mache mich auf, meinen Kletterpartner, den Alder Steff, abzuholen. Als wir bei der Scharitzkehlalm aus dem Auto steigen, ist der Parkplatz noch menschenleer. Eineinhalb Stunden später stehen wir vor dem, was für mich in diesem Moment den sprichwörtlich zu Stein gewordenen Traum darstellt. Der Ort ist mir mittlerweile vertraut geworden. Am Wochenende haben Thomas und ich noch zusammen in der Route trainiert, versucht, die einfachsten und kraftsparendsten Lösungen zu den einzelnen Kletterstellen zu finden, um dann später, bei der Rotpunktbegehung, alles perfekt zu beherrschen, genauso wie der Turner darauf hofft, all die über lange Zeit trainierten Elemente seiner Kür im Wettkampf fehlerfrei aneinanderreihen zu können. In Gedanken versuche ich noch einmal, die schwierigsten Stellen der ersten Seillänge nachzuvollziehen. Die Schlüsselstelle: zuerst den Untergriff mit links, auf rechts wechseln, mit links hinauf zu dem winzigen Einfingerloch, rechts der Zangengriff. Hoch antreten, anpressen und dynamisch in den Untergriff. Einhängen der nächsten Zwischensicherung.

Steff nimmt mich in die Sicherung, während ich mir die Kletterschuhe anziehe, meine Hände chalke und versuche, mich auf die Aufgabe zu konzentrieren. Auf die Aufgabe, die ich aufhabe ... Ein wenig nervös komme ich an der Schlüsselstelle an, hänge den ersten Bohrhaken ein – und ziehe durch. Es läuft perfekt, ich habe einen guten Tag erwischt, und kurz darauf macht sich Steff ans Nachkommen. Er ist selbst ein starker Kletterer, und aus diesem Grund ist er heute auch mitgekommen. Er will das »Meisterwerk« von Thomas und mir befühlen und selbst Hand anlegen. Und er wird nicht enttäuscht. Klar, dass er die Seillänge nicht gleich aufs erste Mal durchsteigen kann, aber er hat höchste Freude daran, sich die einzelnen Kletterstellen anzuschauen, und ist begeistert von der Qualität der Kletterei. Ich bin froh, dass der Funke auch auf meinen Partner übergesprungen ist und sein Mitkommen nicht nur eine Serviceleistung für mich ist, sondern ihm ebenso Freude bereitet wie mir.

In der zweiten Seillänge folgt noch einmal ein denkwürdiger Moment. Auf den letzten Metern zum Standplatz hin wartet eine echt schwierige Stelle, nicht steil, dafür klettertechnisch umso schwieriger. Irgendwie habe ich die beim Training perfekt ausgearbeitete Sequenz durcheinandergebracht, und schon stehe ich fast auf Abflug. Noch einmal will ich aber nicht abfliegen. Schon tauchen in meiner Erinnerung die Bilder von meinem Sturz während der Erstbegehung auf. Genau an dieser Stelle flog ich, nicht weniger als zwölf Meter. Ich wollte aber nicht aufgeben, und zehn Minuten später konnte ich mich die Stelle im nächsten Anlauf hinaufkämpfen. Nur kurze Zeit später war es dann aber endgültig vorbei. Kaum ließ der durch den Sturz ausgelöste Schock nach, konnte ich den linken Fuß nicht mehr belasten, denn ich hatte mir beim Sturz das linke Sprunggelenk massiv geprellt. Wir seilten zum Wandfuß ab, wo mich Soldaten, die zufällig anlässlich einer Bergrettungsausbildung dort waren, abtransportierten. Jetzt drehen sich meine Gedanken um diese Bilder und wollen nicht loslassen. Langsam beginnt das Zittern, es bleibt nicht mehr viel Zeit. Ich muss mich zusammenreißen! Jetzt durchziehen, egal wie. Es zumindest versuchen. Und irgendwie kann ich durchschalten, vergesse das Drumherum, mache das, wofür ich hergekommen bin: Ich ziehe durch und bleibe tatsächlich am Fels.

Erst viel weiter oben, in der vorletzten Seillänge, wird es nochmals spannend. Wieder einmal habe ich die perfekte Sequenz wohl nicht ganz genau abgespeichert, ein kleiner Fehler, ein wenig Pech, und schon hänge ich im Seil. Steff schaut mich ganz verdutzt an, damit hatte er genauso wenig wie ich gerechnet, denn kurz zuvor hatte ich gesagt, dass wir mit der gerade vorher gekletterten Seillänge das Gröbste hinter uns gebracht hätten. Mit einem Mal wird es eng. Die Kraft lässt ohnehin langsam nach, und ich muss fast die gesamte Seillänge noch einmal klettern. Also wieder zurück zum Standplatz, wieder von vorne, und als ich an der Stelle angekommen bin, ist mir schon klar, dass nichts mehr geht. Zu kurze Pause, keine Erholung, die Kraft ist dahin. Mannomann, so kurz vor dem Ziel! Jetzt gibt es nur noch eines: warten. Die Zeit wird knapp, um sechs Uhr müsste ich zum Nachtdienst einchecken. Egal. Fünfzehn Minuten müssen sein. Ich kann nicht nur wegen dieses Zeitdrucks den ganzen Tag hinschmeißen.

Der nächste Versuch. Obwohl ich die Kraft für die Seillänge eigentlich gar nicht mehr habe, bekomme ich es diesmal klettertechnisch optimal auf die Reihe. Ich habe das Gefühl, meine körperlichen Grenzen längst überschritten zu haben, und wundere mich selbst, wie ich immer wieder zum nächsten Griff komme, wie ich immer wieder den Kampfgeist aufbringe, nicht loszulassen. Ich hole das Letzte aus mir heraus, schaffe es, Steff kommt nach, und eine Stunde später sind wir ganz oben, am Ausstieg. Pause gibt es keine, ich bin sowieso schon zu spät dran. Das Glücksgefühl ist da, aber ich habe keine Zeit, es zu genießen. Abseilend rauschen wir zurück zum Einstieg, rennen hinunter ins Tal, und in wilder Fahrt geht es zum Dienst, den ich auf die Minute genau um sechs Uhr antrete.

Thomas und ich waren uns damals nicht wirklich sicher, wie wir die »Scaramouche« bewerten sollten. Die Schwierigkeiten, die wir in der Route antrafen, waren aus unserer Sicht durchaus mit Sportkletterrouten im unteren zehnten Grad zu vergleichen. Gleichzeitig wussten wir aber auch, dass die Bedingungen im alpinen Gelände gern dazu verleiten, den Schwierigkeitsgrad nach dem persönlichen Empfinden höher einzustufen. Wir beide wählten den vorsichtigen Weg, indem wir die erste Seillänge mit dem oberen neunten Grad bewerteten. Für die gesamte Route gaben wir allerdings die Bewertung IX+/X– aus, womit wir ausdrücken wollten, dass sich die Schwierigkeiten der »Scaramouche« nicht auf die der ersten Seillänge reduzieren lassen. Auch wenn nominell die erste Seillänge die Krux darstellt, so sind während einer Rotpunktbegehung eher die letzten Seillängen entscheidend. Diese Seillängen sind zwar an sich mit IX, IX– und nochmals IX– leichter, aber wenn man am persönlichen Limit unterwegs ist, dann werden genau diese Seillängen durch die zunehmende Ermüdung durchstiegsentscheidend.

Viele Jahre später – es waren tatsächlich nicht weniger als siebzehn Jahre – hatte ich das Vergnügen, an diesen Ort zurückzukehren. Lange Jahre trug ich dieses Bild in mir, den oberen, steilen Pfeiler in der Göll-Westwand. An der Stelle, wo die »Scaramouche« nach rechts hinauszog, um auf der letzten Seillänge über den klassischen Westwandpfeiler auszusteigen, wollte ich gerade hinauf, und das eigentlich nicht nur wegen der Linie, sondern vor allem wegen der fantastischen Felsqualität. Leicht überhängend und in einem Schwung zieht der Pfeiler nach oben. Glatter, kompakter Fels, aber übersät mit runden Löchern. Am Stil unserer Erstbegehungen hatte sich über die Jahre nichts geändert, nach wie vor erschließen Thomas und ich unsere Erstbegehungen mit einem möglichst minimalen Einsatz von Bohrhaken. Was sich aber über die Jahre dann doch verändert hatte, war unser allgemeines Niveau, das wir immer weiter ausgebaut hatten, und so befindet sich im »Kleinen Feigling«, dem direkten Ausstieg der »Scaramouche«, auch pro Seillänge nicht mehr als jeweils ein Bohrhaken. Dreißig Meter lange Seillängen im neunten Grad und nicht mehr als eine oder zwei Sicherungen pro Seillänge – da geht es nicht mehr darum, ob man den elften Grad beherrscht. Da wollen die Nerven beherrscht werden! Nur wer fünfzehn Meter über der letzten Sicherung noch einen kühlen Kopf bewahren kann, wird hier Erfolg haben. Eigentlich wäre ja die erste Seillänge der »Scaramouche«, die ich heute ohnehin mit dem unteren zehnten Grad bewerte, rein nominell die Schlüsselstelle der gesamten Route. Und doch ist sie es nicht. Obwohl die isolierten Schwierigkeiten des »Kleinen Feiglings« fast einen ganzen Grad darunter liegen, bilden diese Seillängen doch die Schlüsselstelle der gesamten Route. Hier geht es eben um Schwierigkeiten, die sich nicht mehr mit einem Schwierigkeitsgrad ausdrücken lassen, die aber doch viel höher liegen als die rein klettertechnischen.

In den siebzehn Jahren, die zwischen der »Scaramouche« und dem »Kleinen Feigling« vergingen, hinterließen Thomas und ich eine breites Sortiment an Routen in diesem Stil. Bekannt wurde dabei eigentlich nur die »End of Silence«, die Thomas im Jahr 1994 als Erster rotpunkt kletterte und die damals zu den schwierigsten alpinen Felstouren gehörte. Thomas und ich hatten diese Route am Feuerhorn im Jahr 1990 erstbegangen, zu einer Zeit, in der wir der Aufgabe, eine derart schwierige Linie in »unserem« Stil zu erschließen, noch nicht ganz gewachsen waren. Deswegen hat sie für unsere Verhältnisse relativ viele Bohrhaken, was allerdings nicht heißt, dass sie auch nur das Geringste mit einer Plaisir-Route zu tun hätte. Im Gegenteil, auch in der »End of Silence«

heißt es oft genug, weit von den Sicherungen wegzusteigen. Aber letztendlich überwiegen die rein klettertechnischen Schwierigkeiten im glatten zehnten Schwierigkeitsgrad im Vergleich zum moralischen Anspruch dieser Route.

Ganz anders steht es mit den weiteren Routen am Feuerhorn, die Thomas und ich im Jahr 2003 rotpunkt kletterten. Die »Firewall« im zehnten und vor allem die »Monstermagnet« im neunten Schwierigkeitsgrad sind Routen, in denen der moralische Aspekt überwiegt. Da muss man zuerst einmal schauen, dass man überhaupt hinaufkommt, man muss weit über der letzten Sicherung seinen Weg finden, denn hier geben keine Bohrhaken die Richtung an. Die wenigen Sicherungspunkte, die in diesen beiden Routen zu finden sind, stecken in so großen Abständen, dass man von dem einen aus nur selten den nächsten zu sehen bekommt. Hier ist nur derjenige erfolgreich, der genügend Erfahrung mit dem Klettern im alpinen Gelände besitzt, der selbstständig herausfindet, wo der Weg des geringsten Widerstands verläuft. Es hat nur derjenige eine Chance, der bereit ist, sich weit ins unbekannte Gelände vorzuwagen und sich in eine gewisse Gefahr zu begeben, um sich dann mit seinem Können wieder selbst daraus zu befreien. Auch wenn die Wände in den Berchtesgadener Alpen nicht wirklich hoch sind, hier, in diesen »kleinen« Bergen, findet sich auch heute noch, mitten in unserer Zivilisation, das viel zitierte Abenteuer, mehr als an jedem Normalweg eines Achttausenders oder an den superharten alpinen Sportkletterwegen unserer Tage. Hier gilt es noch, sich freiwillig in Gefahr zu begeben, sich zu bewähren und ihr wieder zu entkommen.

15 Bergführerprüfung

Meine Eltern gehören einer Generation an, die noch nicht die Möglichkeit hatte, eine umfangreiche Ausbildung zu genießen. Beide wuchsen während des Zweiten Weltkriegs und in der Nachkriegszeit auf einem Bauernhof auf. In den Kriegszeiten waren die Bauern noch diejenigen, die am wenigsten zu leiden hatten. Während zum Ende des Krieges hin überall die Versorgung zusammenbrach, hatten die Bauern immer noch ihre Reserven, und so wie es uns meine Großeltern und Eltern erzählten, war die Versorgung zwar nicht gerade üppig, aber auf dem Hof gab es immer genug. Es war klar, dass mein Vater den Hof der Großeltern zu übernehmen hatte, nicht nur, weil es die Tradition verlangte, es war an gar nichts anderes zu denken. Mein Vater wollte das Gymnasium besuchen, er wollte aus diesen Zwängen heraus. Letztendlich hatte er aber keine Chance: Zu offensichtlich waren Verpflichtung und Verantwortung, zu eindeutig war der Weg vorgegeben, als dass er einfach so hätte ausscheren können.

Während des Wirtschaftswunders in der Nachkriegszeit verlor sich in nur wenigen Jahren der Vorteil der Bauern, der sich gerade in Krisenzeiten wie in einem Krieg zeigt. Während die Wirtschaft in Deutschland einen steilen Aufstieg verzeichnete, blieben die Bauern immer weiter zurück. Nur wer über viel Land verfügte, konnte in der zunehmenden Industrialisierung der Landwirtschaft überleben. Wie mir meine Mutter erzählte, drängte sie meinen Vater oft dazu, die Bergführerausbildung zu machen und nach Berchtesgaden zu ziehen. Doch so einfach lässt sich eine Landwirtschaft auch nicht aufgeben. Da waren der Hof, die Großeltern, die Familie mit uns Kindern, und so wurde der Schritt, von dem auch mein Vater so lange träumte, letztendlich dann doch nicht gemacht. In einem ließen sich meine Eltern aber nicht beirren: Sie wollten uns Kindern die Ausbildung ermöglichen, die ihnen selbst verwehrt war. Thomas und ich bekamen genauso wie unsere Schwester Karina die Chance, uns so weit ausbilden zu lassen, wie wir wollten. Wir wurden dazu motiviert, alles wahrzunehmen, was sich an Möglichkeiten bot.

Wir besuchten alle drei das Gymnasium und studierten in München. Für mich war das Studium in jeder Hinsicht eine Erweiterung meines Horizonts, meines Lebens. Oft genug werde ich gefragt, was mir mein Studium der Physik und mein Abschluss als Diplomphysiker für mein heutiges Leben gebracht haben. Wie für so viele Dinge im Leben gibt es darauf keine klare Antwort, die den Nutzen zwangsläufig und eindeutig belegt. Ich kann nur sagen, dass der Nutzen viel größer ist, als man auf den ersten Blick vermuten würde, und auch wenn ich das erlernte wissenschaftliche Wissen nie direkt auf mein Leben anwenden konnte: Ohne das Studium hätte ich nie diese Arbeitsweise, diese Art zu denken erlernt. Oft lernt man eben auf Umwegen mehr, als wenn man direttissima auf sein Ziel hinsteuert. So gesehen kann ich sagen, dass ich als Kind zuerst das praktische Arbeiten auf dem Bauernhof erlernt und dabei über Jahre die Arbeit im heimischen Wald übernommen hatte. Später bekam ich als Physiker eine theoretische Ausbildung, etwas, was zwar auf den ersten Blick für das Leben nichts bringt, was aber eine extrem wichtige Schule für mein Denken und meinen Geist war. Etwas, was ich seitdem permanent, egal wo im Leben, unbewusst anwende. Und ich kann heute meinen Eltern gar nicht genug danken für diese breite praktische und theoretische Ausbildung, die sie uns ins Leben mitgegeben haben.

Die Absicht, uns Kindern eine möglichst umfassende Ausbildung zu ermöglichen, war wohl auch der Grund, warum die Eltern Thomas und mich dazu motivierten, neben dem Studium auch noch den Beruf des Bergführers zu erlernen. Außerdem war mein Vater der Meinung, dass wir als Bergsteiger auch persönlich davon profitieren würden, wenn wir die Ausbildung zum Bergführer durchliefen. Ich kann das nur bestätigen. Durch die Ausbildung zum Bergführer wurde mein Hintergrund viel breiter; wir hatten nicht mehr nur unseren Vater als Lehrmeister, sondern zahlreiche Ausbilder. Nach der Grundausbildung zum Bergsteiger durch unseren Vater waren Thomas und ich auf uns selbst gestellt; wir waren unsere eigenen Lehrer und erarbeiteten uns selbst umfassendes Können und Wissen. Aber wir sollten noch in einem erheblichen Maß davon profitieren, dass wir unser Wissen mithilfe des reichen Erfahrungsschatzes der Bergführerausbilder erweitern konnten.

Wer aber jetzt erwarten würde, dass die Ausbildung zum Bergführer für Thomas und mich ein leichtes Spiel gewesen wäre, der täuscht sich. Ich glaube, sagen zu können, dass ich in meinem Leben noch nie etwas besser konnte als das Bergsteigen. Und trotzdem hatte ich während der dreijährigen Bergführerausbildung mehr zu kämpfen als bei irgendeiner anderen Ausbildung. Ich hatte bis zu diesem Zeitpunkt das Glück, mich noch nie bei irgendetwas schwerzutun, weder in der Schule noch in der Ausbildung zum Rettungssanitäter während des Zivildienstes, noch während des Studiums. Das war dann mit einem Mal bei der Bergführerausbildung anders. Heute, in der Retrospektive, glaube ich, dass ich an einem guten Teil der Probleme, auf die ich während der Ausbildung stieß, selbst schuld war.

Ich war immer schon ein durchaus unbequemer Zeitgeist und konnte im Prinzip nie meinen Mund halten, wenn ich etwas als unkorrekt oder ungerecht empfand. Schon in der Schule hatte ich mit bestimmten Lehrern meine Schwierigkeiten. Oft wäre es einfacher und vernünftiger gewesen, meine Klappe zu halten und einem Konflikt aus dem Weg zu gehen. Doch je größer die Kluft beispielsweise zwischen meinem Deutschlehrer und mir wurde, umso sturer folgte ich meiner eigenen Auffassung, was gerecht ist und was nicht. Unbeirrbar und unbelehrbar stellte ich mich dagegen, gerade dann, wenn versucht wurde, meinen Widerstand zu brechen. Leider hatte ich das Pech, dass gerade dieser mir am meisten verhasste Lehrer mich ganze neun Jahre durch das Gymnasium begleitete. Es war eine Antipathie, die sich mit den Jahren immer weiter verschärfte: Was anfangs noch unterschwellig und diffus war, hatte über die Jahre genügend Zeit, sich zu entwickeln. Und dabei war ich definitiv stur. Ich gab keinen Millimeter nach und wollte einfach nicht akzeptieren, dass ich, auch wenn ich etwas als ungerecht empfand, immer noch der Schüler war und damit meinem Lehrer Folge zu leisten hatte.

Es gab zwei Gründe, warum ich mich nach der Schule für die Verweigerung des Kriegsdienstes entschied. Zum einen war es eine Gewissensfrage. In der schriftlichen Verweigerung führte ich an, dass ich es nicht mit meinem Gewissen vereinbaren könne, jemandem, mit dem ich irgendwann zusammen am Berg unterwegs war, später einmal im Feld gegenüberzustehen und ihn als Feind töten zu sollen. Doch es gab für mich noch einen weiteren Grund. Mir war klar, dass ich im System des Militärs Probleme haben würde. Unbedingten Gehorsam gibt es in meiner Welt nicht. In keinem Fall hätte ich einem schwachsinnigen Befehl Gehorsam geleistet, egal welche Konsequenzen das gehabt hätte. Wie das enden kann, hatte ich anhand des Schicksals eines Schulfreunds meines Bruders erfahren. Der hatte die meiste Zeit seines Dienstes im Bau verbracht und war nach Dienstende schließlich sogar in der zivilen Welt vorbestraft.

Ich kannte mich mittlerweile gut genug und konnte ahnen, dass es mir nicht besser ergehen würde. Daher wählte ich, trotz der mit zwanzig Monaten viel längeren Dienstzeit, den Weg des geringsten Widerstands. Was nicht heißt, dass ich selbst im Zivildienst nicht ab und zu angeeckt wäre. Für einen der hauptamtlichen Rettungssanitäter waren wir Zivildienstleistende nicht mehr als Schmutz und wurden daher auch wie der letzte Dreck behandelt. Ein Dienst mit ihm war eine Zumutung, und postwendend reichte ich die erste schriftliche Beschwerde beim Zivildienstbetreuer ein. Und da war er, der kleine Vorteil des Zivildienstes: Ich musste nicht unbedingten Gehorsam leisten, der Wachleiter kam tatsächlich meinem Wunsch nach und teilte in Zukunft die Dienste so ein, dass ich dem besagten Hauptamtlichen im Dienst nie mehr begegnete.

Bei der Bergführerausbildung hatte ich es aber mit einer völlig anderen Situation zu tun. Ich war es, der etwas von den Ausbildern wollte, nämlich den Abschluss als Bergführer, und daher hätte ich gut daran getan, mein Auflehnen gegen etwaige Ungerechtigkeiten etwas weniger heftig auszuleben. Es gab durchaus einige Momente, in denen ich meinen Ausbildern unnötigerweise meinen Sturschädel zeigte.

Als Anwärter führt man während der Ausbildung immer wieder Lehrproben durch, unterrichtet sich quasi gegenseitig. Das Ergebnis wird im Anschluss vom Ausbilder mit der Gruppe besprochen, bewertet und verbessert. Als bei meiner Übungslehrprobe der Ausbilder – auch Ausbilder sind Menschen! – ganz einfach in seinen Träumen versunken war, konnte ich es mir nicht verkneifen, ihn ein wenig bloßzustellen. Ich hörte einfach auf, mit meiner Lehrprobe fortzufahren, und wir warteten geduldig zehn Minuten lang, bis es dem Ausbilder auffiel. Als in einer späteren Situation vom Chefausbilder mehr Aufmerksamkeit seitens der Aspiranten gefordert wurde, konnte ich mich nicht zurückhalten, in der großen Runde gerade auf diese Szene anzuspielen. Das war unnötig, nicht angebracht, ich hatte es aber wieder einmal nicht geschafft, mir auf die Zunge zu beißen.

Als das Wetter für die Ausbildung in den Dolomiten zu

schlecht war, wurde der Kurs für einige Tage nach Arco verlegt. Das kam den Sportkletterern natürlich gelegen – kaum angekommen, hingen wir schon in den Felsen. Am nächsten Morgen war um neun Uhr eine Bergrettungsausbildung in Massone, einem der Klettergebiete in Arco, angesetzt. Die Sportkletterer unter uns waren natürlich schon um sieben da, um uns, bevor der lange Ausbildungstag begann, so richtig plattzumachen. Weil um halb zehn immer noch keiner der Ausbilder da war, machten wir einfach mit unseren Touren weiter. Kurz vor zehn Uhr kam die gesamte Ausbildertruppe an. Ich war gerade am vierten Bohrhaken einer 7c+. Prompt kam die Aufforderung, sofort runterzukommen, um mit der Ausbildung beginnen zu können. »Jetzt pressiert's aa nimma«, kam von mir zurück – ich dachte gar nicht daran, ausgerechnet jetzt abzubrechen. Wir hatten eine Stunde gewartet, jetzt konnten die wohl die fünf Minuten warten, bis ich mit meiner Tour fertig war. Eigentlich war dieser Gedankengang gerechtfertigt, aber eben auch nicht wirklich konfliktentschärfend.

Einer der vorläufigen Höhepunkte war eine Lehrprobe, die ich, nachdem der Kurs wieder in die Dolomiten zurückverlegt worden war, im Grödner-Joch-Haus hielt. Ich hatte aus gutem Grund das Thema Erste Hilfe gewählt. Nachdem aber meine Lehrprobe völlig zerpflückt wurde und mir dann sogar noch mitgeteilt wurde, dass ich mal wieder einen Erste-Hilfe-Kurs machen sollte, um mein Wissen auf den neuesten Stand zu bringen, wurde mir schwarz vor Augen. Ohne mitzuteilen, welche Ausbildung ich gerade durchlaufen hatte und was ich in den vergangenen zwei Jahren im Zivildienst gemacht hatte, ließ ich mit wenigen, aber geschickt gewählten Ausdrücken durchblicken, wer hier über das fachlich fundierte Wissen verfügte. Die aufgeheizte Besprechung meiner Lehrprobe endete abrupt, als ich meinem Gegenüber die Frage stellte, ob er denn auch zu den »immer besonders gschaftigen Bergwachtlern« gehöre. Mit diesem Kommentar hatte ich mir das Leben während der Bergführerausbildung wohl endgültig schwer gemacht. Und es ging munter so weiter. Noch hatte ich ja ein paar Tage, um die Stimmung richtig aufzuheizen, und ich ließ keine Möglichkeit mehr aus, um irgendwelche Missstände gnadenlos direkt und ungefiltert anzuprangern.

Zwei Wochen später kam der Tross zum Eiskurs in Chamonix an, und dieses Mal war ich kurioserweise einer der Lieblinge des Ausbildungsleiters. Nur zu dumm, dass einige Ausbilder mit dem Leiter genauso wenig auskamen wie ich mit ihnen. Wir Aspiranten konnten uns kaum halten, als sich unsere Ausbilder bei der »Musterführung« am Midi-Plan-Grat offen und ungehalten darüber stritten, wie geführt werden sollte. Während der Ausbildungsleiter demonstrierte, dass wir eine gewisse Passage am kurzen Seil führen sollten, kam von den anderen Ausbildern der Kommentar, dass das, was da gerade gezeigt wurde, nichts anderes als ein glatter Sechser sei. Nach dieser »Musterführung« konnten die gesamten folgenden zwei Wochen Ausbildungskurs logischerweise nur noch vergiftet sein, und am Ende gab es nicht mehr viele Ausbilder, mit denen ich gut konnte.

Bei den gleichen Ausbildern hatte ich allerdings auch meine Prüfungen abzulegen. Aber was sollte es da schon für ein Problem geben? Ich war in meinem Leben noch nie bei einer Prüfung durchgefallen, also sollte gerade beim Bergsteigen aber schon gar nichts schiefgehen können. Der Felskurs war letztendlich kein wirkliches Problem, wenn ich mich auch wunderte, wie man auf die Idee kommen konnte, mein persönliches Können mit einer Zwei zu bewerten. Aber über so unwichtige Dinge machte ich mir keine großen Gedanken.

Der Hammer kam dann eine Woche später, beim Prüfungslehrgang Eis in Zermatt. Dummerweise war einer von den zwei Prüfern genau derjenige, mit dem ich am wenigsten gut zurechtkam, und zum Prüfungszeitpunkt war unser Verhältnis schon so gestört, dass wir uns auch nach außen hin nicht mehr hinter Freundlichkeit versteckten. Freude an meinem Los hatte ich nicht, aber jetzt musste ich eben die Rechnung für den unbequemen Umgang mit den Ausbildern bezahlen. Da musste ich jetzt durch. Nächster Tag. Normalweg auf das Zinalrothorn. Um fünf Uhr ging's los. Wie auch sonst während der Ausbildung zeigte ich, was in meinen Beinen steckte, und dementsprechend schnell liefen wir zum Einstieg. Mein »Kunde« machte anstandslos mit. Am Einstieg machte ich das Seil auf, und wie es der Teufel will, gab es gerade jetzt einen Seilverhau. Eisig schweigend betrachtete der Prüfer, wie ich fluchend das Seil verwünschte, und so nervös, wie ich war, brauchte ich gleich mal fünf Minuten, bis es weiterging. Ich hasste die Situation, verfluchte den Tag und die ganze Prüfung, fand einfach alles zum Kotzen. Erst ab dem Prüferwechsel fühlte ich mich wieder ein wenig wohler. Als es aber beim Abstieg nochmals einen Prüferwechsel gab und ich wieder den ungeliebten »Gast« ans Seil nehmen musste, spürte ich, dass die ganze Prüfung schon gar keinen Sinn mehr hatte: Nachdem er schon gar nicht mehr wirklich auf meine Kommandos achtete, konnte ich schon ahnen, wie er meine Prüfungsleistung bewerten würde.

Einen Tag später ging es dann zum Abschluss der Prüfung noch zur Lehrprobe. Eine Lehrprobe abzuhalten ist durchaus eine Sache, die mir liegt. Und so, wie die Lehrprobe gelaufen war, hatte ich den Eindruck, dass sie ganz in Ordnung gewesen war. Damit wäre ich nach den Prüfungskriterien eigentlich in jedem Fall aus dem Schneider gewesen, egal wie mein ungeliebter Prüfer die Führungstour bewerten würde.

Das Urteil kam einen Tag später in Zermatt. Führungstechnik Vier, zusammengesetzt aus Zwei und Sechs. Lehrprobe Sechs. Damit war ich in der Führungs- und Lehrtätigkeit durchgefallen. Persönliches Können Vier. Durchgekommen. Bei der Führungstechnik war mir klar, dass es da nichts zum Diskutieren gab – das wusste ich spätestens seit der genialen »Musterführung« unserer

Ausbilder am Midi-Plan-Grat. Aber warum die Lehrprobe? Themaverfehlung! Die Aufgabe wäre gewesen, mit meiner Gruppe das Gehen auf Firn zu »verbessern«, nicht zu »schulen«, wurde mir erklärt. Ich gab zurück, dass unsere Prüfer den Prüfungskatalog nicht dabeihatten und uns das Thema somit mündlich und damit »unscharf« mitteilten. Tatsächlich lag in diesem Fall der Fehler wirklich nicht bei mir, sondern bei den Prüfern. Ich spürte in mir diese unendliche Ohnmacht. Vor Wut hatte ich Tränen in den Augen, hatte schwer mit mir zu kämpfen, um nicht im nächsten Moment diesen ganzen Haufen zusammenzuschreien.

Das Prüfungsergebnis Sechs war anfechtbar, und das hätte ich auch am liebsten noch am gleichen Tag gemacht, wenn mir von positiv gesinnter Seite nicht klargemacht worden wäre, was das für Konsequenzen hätte. Ich hätte bei demselben Ausbilderteam, dessen Ergebnis ich anfechten würde, die Nachholprüfung ablegen müssen. Ich musste erkennen, dass ich mich in diesem Fall wohl würde beugen müssen. Am Ende war ich an einem Punkt angekommen, an dem ich klein beigeben musste.

Ein Jahr später gab es nochmals eine kleine Aufwallung. Wieder hatte ich bei der Auslosung gerade meinen »Lieblingsausbilder« gezogen. Ich ging zum Ausbildungsleiter und sagte geradeheraus, dass ich in diesem Fall nicht zur Prüfung antreten würde. Natürlich hatte ich nicht das Recht, willkürlich einen ausgewählten Prüfer zu verweigern. Alles war gerecht zugegangen, ich hatte einfach Pech gehabt. Aber ich wusste, dass ich mit diesem Prüfer keine Minute mehr am Berg verbringen wollte – lieber hätte ich alles, die gesamte Ausbildung, hingeworfen.

Eine Stunde musste ich warten, bis mir der Prüfungsleiter Sepp Gloggner mitteilte, dass ich bei ihm und bei Christoph Schellhammer die Prüfung ablegen könne. Ich dankte ihm und nahm dieses Angebot natürlich mit Freude an. Ein Jahr später war ich Bergführer.

16 Der Einstieg in den elften Grad

Man kann nicht sagen, dass uns das Sportklettern in die Wiege gelegt wurde. Unser Vater ist Alpinist, daher wurde uns von seiner Seite das klassische Bergsteigen vermittelt. Hohe Berge, große Wände bestimmten für lange Zeit unsere Träume, und doch schaffte es die Sportkletterrevolution, dass Thomas und ich unser Interessengebiet immer mehr in Richtung des reinen Sportkletterns verlagerten. Anfang der Neunzigerjahre kam es sogar so weit, dass ich mich auf das reine Sportklettern reduzierte. Ich hatte mir in den Kopf gesetzt, in Karlstein alles, was möglich ist, zu klettern. Tatsächlich hatten wir großes Glück mit unserem kleinen Karlstein. Obwohl das Gebiet nicht gerade weitläufig ist, ist es doch in lauter kleine Wände gegliedert, die Felsstruktur erlaubt das Klettern fast überall und vor allem in allen Graden.

Betrachtet man heute den Klettergarten mit seinen gut 120 eigenständigen Routen und die Popularität, die diese kleinen Felsen unter den einheimischen Kletterern genießen, dann fällt es einem schwer, sich vorzustellen, dass Karlstein, als ich zum ersten Mal hierherkam, praktisch unbekannt war. Damals, Anfang der Achtzigerjahre, waren Thomas und ich noch nicht einmal volljährig, und die große Begeisterung für das Sportklettern hatte uns noch nicht vollständig erfasst. Doch mit jedem Tag, den wir dort verbrachten, wurde die Leidenschaft größer, und wir waren nicht allein: In Karlstein trafen sich bald viele, die alle von derselben Krankheit gezeichnet waren. Klettern war noch nicht annähernd die anerkannte Sportart, die es heute ist, und in den Augen der Bergsteiger waren wir sowieso Spinner, die bei bestem Wetter an diesen Moosblöcken herumkratzten, anstatt wirklich bergsteigen zu gehen. Unser Lebenswandel muss den meisten Uneingeweihten in der Tat seltsam vorgekommen sein. Auch der normalen Bevölkerung war es nicht zu vermitteln, dass uns die großen Wände nicht mehr weiter interessierten. Eine zehn Meter hohe Tour, das war es, was uns Sportkletterern die Welt bedeuten konnte.

Mit Müßiggang hatte die Sportkletterbewegung allerdings überhaupt nichts zu tun. Im Gegenteil: Die Sportkletterer bestiegen zwar nicht die großen Berge, aber für ihren Sport gaben sie alles. Diese Energie übertrug sich und motivierte viele andere, die sich für diesen Sport gewinnen ließen und das Klettern allmählich von seinem Schattendasein als Randsportart erlösten.

Als Thomas und ich 1982 das erste Mal in Karlstein auftauchten, gab es gerade mal fünfzehn Routen. Damit waren die offensichtlichsten Linien geklettert, entlang von Schwachstellen, über die man auf dem Weg des geringsten Widerstands durch die bis zu dreißig Meter hohen Wände kam. Nach den ersten, oft noch frustrierenden Erfahrungen waren wir schon bald so weit, dass alles, was Karlstein an Routen zu bieten hatte, von uns abgehakt war. Nachdem die meisten der Schwachstellen bereits erschlossen waren, mussten wir uns jetzt den neuen, weniger offensichtlichen und vor allem schwierigeren Linien zuwenden. Und was es da alles gab! Überhänge, Kanten, Verschneidungen mit kleinen Leisten, die nur danach verlangten, geklettert zu werden – wenn man nur genau schaute, ein fast unendliches Potenzial an Möglichkeiten. Die Energie war ansteckend, wenn sich im Frühjahr alle Kletterer aus der Umgebung wieder in Karlstein zusammenfanden, mit dem gemeinsamen Ziel zu klettern, und zwar noch härtere Linien als im Jahr zuvor.

Es war dieses einfache, auf so wenige Sachen reduzierte Leben: Karlstein, Kugelbachbauer, und der Tag oder das Wochenende war perfekt. Es war für uns alle eine bedeutsame Zeit, in der wir zu einer richtiggehenden Szene zusammenwuchsen. Aus dem spontanen Zusammentreffen am Fels entstanden viele lebenslange Freundschaften. Dabei waren wir alle voll motiviert, alles aus uns herauszuholen, entwickelten uns zu Leistungssportlern, die langsam, aber sicher genauso hart trainierten wie andere Spitzensportler auch. Unser Trainingszentrum lag damals daheim in unserem Keller, vor allem aber auch in Felix Sittons Wohnung am Traunsteiner Stadtplatz. Er war einer unserer besten Freunde und hatte die Möglichkeit, in seiner großen Wohnung einen Raum für unser Training freizuräumen. Wir bauten eine Wand ein, eine wahre Folterkammer, in der wir uns im Winter meist fünfmal die Woche trafen, um im nächsten Jahr noch einmal einen Grad härter klettern zu können. Wir wollten eben auch dort oben ankommen, in den höchsten Graden klettern. Uns den großen Traum erfüllen, die schwierigsten Routen der Welt klettern zu können.

1991 führte Wolfgang Güllich mit der Begehung der »Action Directe« im Frankenjura den glatten elften Grad in die Kletterwelt ein. Die damals mit Sicherheit schwierigste Route der Welt setzte einen vorläufigen Endpunkt in der rasanten Entwicklung der Höchstschwierigkeit im Sportklettern. Die erste Route im unteren zehnten Grad war 1983 von dem Engländer Jerry Moffatt geklettert worden. Ab diesem Zeitpunkt gab Wolfgang Güllich das Ruder nicht mehr ab. Allein er zeigte sich für die weitere Verschiebung der maximalen Schwierigkeit zuständig. »Kanal im Rücken« im glatten zehnten, »Punks in the Gym« im oberen zehnten, »Wallstreet« im unteren elften und zuletzt die heute schon berühmt-berüchtigte »Action Directe« im glatten elften Grad waren jeweils die weltweit ersten Routen ihrer Schwierigkeit.

Nicht ohne Grund zeigte sich Wolfgang Güllich als der Protagonist der Höchstschwierigkeit im Sportklettern: Er war einer der Ersten, die systematisch Trainingsmethoden aus anderen hoch entwickelten Leistungssportarten auf das Klettern übertragen haben. Wolfgang Güllich war definitiv unser Guru, und er machte der ganzen Welt klar, dass sich ohne professionelles Training der elfte Grad nicht erreichen lässt.

Das erste besondere Ziel erreichte ich im Jahr 1989, als ich ein erstes Mal den oberen zehnten Grad klettern konnte und damit gleichzeitig auch das Tor zum elften Grad aufgestoßen hatte. Ich wusste, dass ich es irgendwann schaffen würde, ich musste nur das perfekte Ziel für mich finden. Und ich hatte das Glück, dass Karlstein tatsächlich noch immer gut für Neuland war. Am sogenannten Schlangenfels fand ich eine Linie, die in der Schwierigkeit weit über dem lag, was ich bisher an Routen im oberen zehnten Grad geklettert war. »Shogun« ist gut zwanzig Meter hoch und typisch für die Art der Kletterei in Karlstein. Mit reiner Kraft kommt man in der geschlossenen Struktur dieser Felsen nicht weit. Alle Routen sind hochkomplex, verlangen ein Maximum an Bewegungsgefühl, und nur allzu oft sind die optimalen Lösungen für die einzelnen Kletterstellen alles andere als trivial und schwer zu finden. Die Schlüsselstelle der »Shogun« ist zwar auf den ersten Blick einfach konstruiert – eine konkave, völlig glatte Wand, die, nach oben immer überhängender, wie eine sich gerade aufbäumende Welle wirkt und in der eine schmale Verwerfung diagonal nach rechts oben zieht –, doch so offensichtlich die Linie ist, so komplex ist es, sich an dieser Struktur überhaupt festzuhalten. Nur ein ständiges Sichverspannen unter Einbezug aller noch so kleinen Strukturen führt zum Erfolg – wenn man die dazu notwendige Feinmotorik und Kreativität besitzt.

Ich beschäftigte mich in der mir zur Verfügung stehenden Zeit maximal intensiv mit dieser mir selbst gestellten Aufgabe, das Ziel erschien mir erreichbar, und eigentlich hätte sich im Jahr 1990 dieser Schritt zum elften Grad ergeben sollen. Aber erstmals in meinem Leben standen mir gewisse Pflichten im Weg: Noch war ich mitten in meiner zwanzigmonatigen Zivildienstzeit und war dabei als Rettungsassistent mit einer Sechzigstundenwoche im Einsatz. Die Voraussetzungen waren alles andere als optimal, und selbst mit der höchsten Motivation konnte ich nicht in so großem Umfang Gas geben, wie ich es für den Sprung in den elften Grad gebraucht hätte. Ich musste mich in Geduld üben und eine bessere Zeit abwarten. Das war für jemanden wie mich, für den damals der elfte Grad die Welt bedeutete, alles andere als einfach.

Doch im Jahr darauf war ich als Student in München, und so ergab sich für mich eine neue Chance. Das Studentenleben erfüllte in jeder Hinsicht das, was ich für meine Träume brauchte. Einerseits hatte ich das Studium und somit eine Aufgabe, die verhinderte, dass ich vor lauter Zeitüberfluss im Müßiggang endete. Andererseits konnte ich das Studieren tatsächlich schon fast nebenher betreiben, war nicht mehr als zweimal in der Woche an der Universität und bekam es trotzdem geregelt, dass ich alle Prüfungen bestand. Und vor allem: In München gab es jede Menge motivierte Kletterer, die in meiner kleinen Sendlinger Studentenbude mit mir trainierten. Ganz klar, der elfte Grad würde bald fallen.

1991 war es dann so weit. Ich konnte die »Shogun« nach vielen Versuchen klettern und wusste, dass diese Route solide im unteren elften Grad anzusiedeln war. Tatsächlich gab es zu dieser Zeit erst eine Handvoll Routen in diesem Grad, und auch wenn Wolfgang Güllich mit seiner »Action Directe« die Latte inzwischen schon wieder höher gelegt hatte, war ich so glücklich, als hätte ich einen kleinen, ganz privaten Olympiasieg errungen.

17 Der Schleierwasserfall – mein Paradies

Letztendlich war die »Shogun« überfällig, und es war wohl eher dieser hohe Erwartungsdruck an mich selbst, der mich diesen Erfolg so hart erarbeiten ließ. Als ich sie dann endlich klettern konnte, war das wie eine Befreiung. Die Welt war für mich wieder in Ordnung, und so tauchte ich auch wieder bereitwillig in die Welt der Universität ein. Im Winter hatte ich studientechnisch immer viel zu tun – um dann im Sommer möglichst viel Zeit für meine Projekte freischaufeln zu können.

Tatsächlich gab mir das Gefühl, jetzt ganz vorne mit dabei zu sein, nochmals einen speziellen Schub in der Motivation, und die drei Jahre, die auf die »Shogun« folgten, stellten wohl den diszipliniertesten Abschnitt meines Lebens dar. Ich war nur noch der Leistungssportler, alles andere hatte sich in vollem Umfang meinen Zielen unterzuordnen. In diesem Zusammenhang führte ich auch das Systemtraining ein.

Noch einige Jahre zuvor hatten Thomas und ich, wie die meisten in unserer kleinen Kletterwelt, kein fundiertes Wissen über Training. Sogar noch in den Anfangszeiten des Sportkletterns galt es bei uns nicht selten als uncool, fürs Klettern zu trainieren. »Ein guter Kletterer benötigt kein Training«, war die Meinung der Meister. Und wirklich, bis zu dem Zeitpunkt, als das Sportklettern die Alpen erreichte, waren nicht selten eine gute Technik und vor allem eine gute Moral ausreichend, um die härtesten der meist nicht stärker als senkrecht geneigten Alpintouren zu klettern. Aber die Zeiten hatten sich geändert. Die schweren Routen wurden zunehmend überhängend, sodass sich die Kletterer mehr und mehr Gedanken über ihren Sport und das dafür nötige Training machen mussten.

In den ersten Jahren des Sportkletterns war das beste Training das Bouldern selbst, ganz egal, ob dabei an Felswänden oder an meist indoor gelegenen Boulderwänden geklettert wurde, und immer noch ist es eine der effektivsten Methoden, die spezifische Kraft für das Klettern zu trainieren. Eine weitere, mittlerweile weltbekannte Methode zum Maximalkrafttraining war das Campus-Board, eine Idee des sagenhaften Trainingsprofessors Wolfgang Güllich. Aber darüber hinaus gab es natürlich auch noch andere, die sich intensiv mit der Materie beschäftigten. Einer davon war Rudi Klausner, der langjährige Trainer der deutschen Sportkletternationalmannschaft.

Entlang seiner Idee eines systematisch aufgebauten und kletterspezifischen Trainings entwickelten Thomas und ich Anfang der Neunzigerjahre eine Boulderwand mit systematisch angeordneten Griffen, der wir naheliegenderweise den Namen System-Board gaben. Prinzipiell ist es dem Campus-Board nicht unähnlich, die Griffe sind ebenso systematisch angeordnet; der große Unterschied ist, dass wir nicht wie am Campus-Board nur hangeln, sondern den ganzen Körper in das Training einbeziehen konnten. Das trug der Tatsache Rechnung, dass Klettern ein Sport ist, bei dem eine maximale Kraftübertragung, der letztlich entscheidende Schlüssel zur Leistungsfähigkeit am Fels, nur durch ein perfektes Zusammenspiel der Muskelkette zwischen Fingerspitzen und Zehen möglich ist. Das erste System-Board realisierten wir dann in unserer Sendlinger Studentenbude.

Dreimal in der Woche Training am System-Board, zweimal in der Woche normales Bouldern und einmal in der Woche reines Oberkörpertraining: Thomas und ich hatten nie irgendwelche strikten, schriftlich fixierten Trainingspläne oder gar einen Trainer. Doch hatten wir uns über die Jahre ein derart hohes Wissen über Trainingslehre angeeignet, dass wir ohne Verlust die Freiheit genießen konnten, ohne Trainer auszukommen. Das Wichtigste beim Training ist und bleibt die Motivation. Fehlt die Motivation, dann hilft der beste Trainer nichts. Es war definitiv eine sehr intensive Zeit, in der sich die von uns wahrgenommene Welt sehr stark auf das Training und auf unsere anvisierten Ziele reduzierte. Aber es war eine wunderbare Phase, voller Energie, voller Lebenslust.

Mit dem Beginn des Physikstudiums in München änderte sich auch mein Wirkungskreis. Durch die Veranstaltungen an der Uni und meine diversen Studentenjobs war ich so weit an München gebunden, dass ich, mit Ausnahme der Semesterferien, definitiv von dort aus operieren musste. Gerade zu diesem Zeitpunkt hatten Tiroler Kletterer am Fuß des Wilden Kaisers eines der besten Sportklettergebiete der Welt entdeckt: den Schleierwasserfall. Als Vorbereitung zur Erstbegehung der »Shogun« (XI–/8c) konnte ich 1991 als Erster Gerhard Hörhagers Meisterstück am Schleierwasserfall, die »Mercy Street« (X+/8c), wiederholen – eine der besten Routen der Welt, eine dynamische, kraftvolle Kletterei, die am linken Rand eines wilden, weit überhängenden Torbogens nach oben zieht. Da mein Ausgangsort mittlerweile sowieso München war, schaute ich mich an den noch fast jungfräulichen Überhängen des Schleierwasserfalls nach eigenen Projekten um.

Das Klettergebiet besteht im Hauptteil aus einem riesigen, rund achtzig Meter hohen und gut zwanzig Meter überhängenden Felsendom. In der Mitte des Doms fällt das Wasser eines munteren Gebirgsbaches als Schleier in die Tiefe, um sich weit von der Wand entfernt in einer Gumpe wieder zu sammeln. Im unteren Teil des gewaltigen Felsendoms gab es schon einige Routen, die jeweils nach fünfzehn bis zwanzig Metern an einer natürlichen Bruchstelle endeten, genau dort, wo es richtig steil wurde und gut fünfzehn Meter ausladende Dächer fast waagrecht in den Horizont zogen. Alle diese Überhänge waren noch unberührt. Was für eine Zeit! Das war das Paradies für mich: ein Land voller surrealistischer Linien, Überhänge, die ich in einer solchen Dimension noch nicht gesehen hatte, lauter Projekte, die nur darauf warteten, von mir geklettert zu werden.

Vorerst hatte ich es aber noch auf eine Linie knapp rechts von Hörhagers »Mercy Street« abgesehen, eine fantastische Linie, die genau dem Verlauf des weit überhängenden Torbogens folgt. Die »Résistance« (XI–/8c) war 1992 allerdings nur der Auftakt für das, was in den Jahren darauf folgen sollte. Denn die großen Preise am Schleierwasserfall lassen sich an den zentralen Überhängen des großen Felsendoms holen, nirgendwo sonst.

Zwei Jahre später war ich schließlich so weit. Auf der Höhe meines Könnens, über Jahre rein auf das Sportklettern konzentriert, war ich bereit, das Beste, was in mir steckt, zu geben. Mitten durch den riesigen Überhang des Schleierwasserfalls hatte ich mir zwei Linien eingerichtet, an denen ich arbeitete. Ich hatte mein Studium so weit im Griff, dass ich den gesamten Sommer fast ungebremst dem Klettern nachgehen konnte. Die zwei Ruhetage pro Woche, die mein Köper zur Erholung brauchte, waren genug, um das für die Universität Nötige zu erledigen. Für alles andere hatte ich eben keine Zeit. Und auch kein Interesse: Ich war in einem engen Tunnel unterwegs, dessen Ausgang ich erst wieder finden würde, wenn ich meine für dieses Jahr gesteckten Ziele erreicht hätte.

Die »Weiße Rose« (XI/9a) ist eine der Traumlinien, die durch den gesamten Zentralüberhang des Felsendoms ziehen. 35 immer steiler werdende Meter, zum Ende hin dachartig, führen zum langsamen Übergang ins wieder senkrechte Gelände. Während der extrem steile Teil des Überhangs noch vergleichsweise gut strukturiert ist, stellt der Übergang die Schlüsselstelle dar. Die ansatzweise vorhandenen Griffe sind so weit voneinander entfernt, dass nicht gleich klar ist, welcher Griff wie zu benutzen ist. Die richtige Lösung will erst mal gefunden werden ... Am Schluss müssen die einzelnen Bewegungen so miteinander verbunden werden, dass man irgendwie am Fels bleibt, gleichzeitig aber auch Schwung nehmen kann, um die eineinhalb Meter zum nächsten Griff zurückzulegen. Zwei Wochen lang hatte ich diese Sequenz schwierigster Züge automatisiert und perfektioniert, dann kam ein erster Durchbruch: Isoliert konnte ich die Schlüsselstelle der »Weißen Rose« ein erstes Mal durchsteigen. Sie ist wahrscheinlich die komplexeste Kletterstelle, die ich jemals gelöst habe. Durch die vielen Versuche lernte mein Körper die Bewegungen immer besser kennen, und jedes Mal stand ich ein bisschen besser am Fels. Ich wusste nicht wirklich, was ich besser machte, ich wusste nur, dass mein Körper in der Lage war, zu lernen und sich diese komplexen Bewegungsabfolgen anzueignen. Trotzdem brauchte ich nochmals gute vier Wochen, bis mir der endgültige Durchstieg gelang und ich damit meine erste Route im glatten elften Schwierigkeitsgrad eröffnet hatte.

Die »Weiße Rose« ist eine meiner schönsten Touren, und das nicht nur wegen ihrer Schwierigkeit, sondern auch weil sie einen ganz besonderen Namen trägt. Damals, als ich der Route ihren Namen gab, führte mich mein Weg oft über den Geschwister-Scholl-Platz zur Universität. Der Platz ist Hans und Sophie Scholl gewidmet, die als Mitglieder der Widerstandsbewegung »Weiße Rose« gegen den Nationalsozialismus kämpften und am 22. Februar 1943 hingerichtet wurden. Oft stand ich auch in den Vorlesungspausen im ersten Stock der Universität und blickte nach unten in den Lichthof der Eingangshalle. Von derselben Stelle hatten die Geschwister Scholl am 18. Februar 1943 Flugblätter in die Halle geworfen, die zum Widerstand gegen den sinnlosen Krieg des Naziregimes aufrufen. Die Blätter flatterten zu Hunderten durch die Luft, während Hans und Sophie Scholl über die Treppen Richtung Ausgang flüchteten. Sie wurden jedoch vom Hausmeister beobachtet, der sie erkannte und die Geschwister verhaften ließ. Vier Tage später waren sie tot. Ich versuchte mir vorzustellen, wie Sophie die Blätter ablegt und schließlich hinunterwirft – die Universität sah damals praktisch genauso aus wie heute, und den Ort des Geschehens zu sehen berührte mich jedes Mal wieder. Vor dem Mut der Mitglieder der »Weißen Rose« habe ich tiefen Respekt, den ich mit der Namensgebung meiner Route am Schleierwasserfall ausdrücken wollte.

Gut einen Monat nach der Erstbegehung der »Weißen Rose« konnte ich noch eine weitere große Route eröffnen, die »Black Power« (XI/8c+), die nur wenige Meter weiter rechts wie eine Zwillingsschwester durch den Felsendom zieht. Somit waren im September 1994 meine Träume so weit erfüllt, dass ich mir überlegen musste, welchen Weg ich weitergehen sollte. Träume sind die Triebfeder für neue Visionen. Träume geben dir den Mut, immer wieder neu aufzubrechen. Sie verleihen dir die Kraft, alles zu geben, um das Ziel zu erreichen. Ich hatte jetzt im Sportklettern einen Horizont erreicht, bei dem ich mich fragen musste, wohin ich eigentlich noch gehen wollte. Für mich konnte der Weiterweg nicht darin bestehen, noch weitere zehn Routen in diesem Grad zu klettern. Mein Leben verlangte eine derartige Disziplin, dass ich eine neue Motivation finden musste. Etwas Neues, für das ich mich frisch begeistern konnte. Deswegen führte mich mein Weg auch wieder weg vom elften Grad und dorthin zurück, woher ich eigentlich gekommen war, zurück in die Berge.

Als Student konnte ich es mir 1995 erlauben, im Sommer ein ganzes Semester auszulassen und zu den großen Bergen der Welt zu reisen. Ich hatte alle Prüfungen so weit durch, dass mir an der Universität nichts anbrennen würde, und so war ich nicht mehr in Sportklettergebieten unterwegs, sondern im Yosemite und im Karakorum. Das war genau das, was ich brauchte – frische Luft, neue Wände, nicht nur im wörtlichen, sondern auch im übertragenen Sinn: Wände in ganz neuen Dimensionen. Dadurch wurde meine Motivation wieder in dem gleichen Maße entfacht, in dem ich fünf Jahre zuvor das Feuer für das Sportklettern in mir gespürt hatte.

Trotzdem kehrte ich noch einmal in die Welt des Sportkletterns zurück. 1996 hatte ich alle Hauptdiplomprüfungen abgelegt und arbeitete abschließend zwölf Monate lang am Lehrstuhl für Theoretische Meteorologie an meiner Diplomarbeit. Ich hatte ein interessantes Thema gewählt, nämlich die Verbindung der LIDAR-Technik mit der Fotometrie. LIDAR (Light Detecting And Ranging) ist eine Messanordnung, bei der man mittels eines gepulsten Laserstrahls die in der Atmosphäre stattfindende Rückstreuung misst, um höhenaufgelöst die Zusammensetzung der Atmosphäre zu bestimmen. Das hört sich kompliziert an und ist es auch, denn die sogenannte LIDAR-Gleichung ist unterbestimmt. Eine Möglichkeit, die Unterbestimmtheit zu eliminieren, ist die Kombination mit der Fotometrie, da das Integral über den Rückstreukoeffizienten der gesamten Atmosphäre die optische Dicke ergibt – genau das also, was man mit der Fotometrie bestimmt. Sogar mit den Bergen war ich während meiner Diplomarbeit ein wenig verbunden, denn ich musste für Messungen mehrmals auf die Zugspitze, um dort oben, in der annähernd »freien Atmosphäre«, das Fotometer zu kalibrieren. Durch die Arbeit, die mich einerseits sehr interessierte, war ich andererseits aber stark an München gebunden und hatte nur wenig Bewegungsfreiheit. Trotzdem gelang es mir, mein Leben so einzurichten, dass ich mit der Situation glücklich wurde. Professor Quenzel und vor allem mein Betreuer Jörg Ackermann hatten Verständnis für meine Ziele und ließen mir die notwendige Freiheit, sodass ich trotz der Diplomarbeit weitgehend ungehindert von München aus meinem Sport nachgehen konnte. Große Berge oder anderweitige Projekte im Ausland lagen natürlich nicht in meinem Wirkungsbereich, weiter als bis zum Schleierwasserfall reichte er nicht. Unter den gegebenen Umständen durfte ich aber mehr als zufrieden sein – nach wie vor war der Schleierwasserfall für mich ein Paradies, und er ist es auch heute noch.

Durch den zentralen Felsendom gab es noch eine letzte Möglichkeit für ein richtig hartes Projekt. Etwas, für das ich noch einmal, ein letztes Mal, alles in die Schale werfen würde, bevor ich nach dem Abschluss des Studiums dem Ruf der großen Berge folgen könnte. Nach 35 Meter anstrengender Kletterei im zehnten Grad erreichte ich in meinem neuen Projekt vor der Schlüsselstelle einen guten Rastpunkt. Wie an den benachbarten Routen »Weiße Rose« und »Black Power« befindet sich die Schlüsselstelle genau am Übergang in die weniger überhängende Wand, die den großen Felsenbogen nach oben hin abschließt. Und wie bei der »Weißen Rose« musste ich bei meinem neuen Projekt extrem lange an der komplexen Schlüsselstelle arbeiten. Aus dem Überhang heraus war mit der rechten Hand ein extrem kleiner Seitgriff zu angeln und dann ein unglaublich weiter, dynamischer Zug nach links hinauf in ein kleines Zweifingerloch zu machen. Nach zwei Wochen hatte ich die Bewegungsabfolge gefunden und konnte langsam an Durchstiegsversuche denken. Doch der Erfolg lässt gerade bei langen Routen mit derart harten Schlüsselstellen so weit über dem Einstieg oft lange auf sich warten.

Immer wieder kletterte ich die lange, anstrengende Strecke bis zum Rastpunkt. Und immer wieder scheiterte ich an der Schlüsselstelle. Das Klettern wurde zur wahren Tortur für die eigene Psyche. Immer wieder scheiterte ich an der Erfolgsangst, der Angst, wieder einmal knapp vor dem Erfolg zu stehen, ihn fast schon greifen zu können – nur um dann doch wieder einen Meter vor der Ziellinie zu versagen. Zigmal hatte ich bereits die vielen Züge bis zur Schlüsselstelle aneinanderreihen können, mich immer wieder dazu überwunden, erneut in die Route einzusteigen, nachdem ich zwanzigmal ganz am Ende gescheitert war. Der Sprung zum nächsten Griff war aber auch extrem weit und das Fingerloch sehr klein und schwer zu treffen. Immer wieder hatte ich nur den Rand des Lochs erreicht, und langsam begann ich daran zu zweifeln, dass es beim nächsten Mal klappen würde. Warum sollte es auch? Ich war zum Sprung bereit, aber mit meiner Kraft am Ende, und das Fingerloch war so klein, dass ich es kaum sah. Doch wenn sich diese Gedankenspirale weiterdrehte, würde ich diese Route nie schaffen! Es gab nur einen Weg zum Erfolg: Selbstvertrauen – das Vertrauen in mich selbst, dass ich es kann.

Ich stehe in der richtigen Ausgangsposition. Zuerst muss ich den Körper absenken, um auf einer längeren Strecke beschleunigen zu können. Jetzt brauche ich nicht mehr zu denken, kann es auch gar nicht mehr – jetzt geben alle Muskeln im Körper gleichzeitig hundert Prozent. Die Bewegung ist perfekt einstudiert, gegen die Schwerkraft fliegt der Körper in einer Welle nach oben, die linke Hand schnellt mit doppelter Geschwindigkeit zum anvisierten Griff. Im toten Punkt presse ich meine Finger in das Loch, in dem nur zwei Kuppen Platz finden, ein extrem hoher Druck baut sich auf, die Finger beißen sich im Fels fest. Für einen kurzen Moment verharrt der Körper regungslos am Fels, ich presse, was das Zeug hält, mir wird schwarz vor Augen, ich warte ab, was passiert. Ich bleibe am Felsen hängen, ich mache die Augen auf, setze den linken Fuß und ziehe durch, zum ersten guten Griff.

Über sechs Wochen hatte ich an der Erstbegehung von »Open Air« (XI/9a) gearbeitet. Es war wahrlich eine schwere Geburt, am Rande meiner Möglichkeiten, genau deswegen aber auch so genial. Sie verlangte mir nicht nur alles an Kraft ab, sondern auch alles an Kreativität und Bewegungsgefühl, was ich mir über die Jahre im High-End-Bereich des Sportkletterns angeeignet hatte. Vor allem in mentaler Hinsicht war es für mich der Gang an meine absoluten Grenzen. So gesehen drücken gerade die beiden Routen »Weiße Rose« und »Open Air« am Schleierwasserfall das aus, was ich der Kletterwelt als »Meisterwerk« hinterlassen konnte.

»Open Air«: Synonym für Menschenmassen, Exzesse, Alkohol

und Sound. Eigentlich nichts, was mit meiner Route zu tun hätte. Doch wer einmal die Schlüsselstelle klettert, wird diese für eine Sportkletterroute erstaunliche Ausgesetztheit spüren. Vierzig Meter über dem Boden und 25 Meter überhängend – die Dimensionen des Felsendoms zusammen mit dem Wasserfall verleihen dieser Route ihre außergewöhnliche Ausgesetztheit. Und: »Open Air« ist eine Freiluftveranstaltung. Konzerte im Freien haben etwas Eigenes, es geht nicht nur um die Musik, es geht um die Veranstaltung als solche. Das Rahmenprogramm und noch viel mehr das Publikum können ein Open Air zum unvergesslichen Erlebnis machen – oder zu einem, das man lieber wieder vergisst. Auch beim Klettern an der »freien Luft« ist das Erlebnis nicht das Klettern allein, sondern es setzt sich aus mehreren Faktoren zusammen. Die Natur ist der wohl offensichtlichste Baustein: Wer steht nicht bei winterlichem Schönwetter statt im Talnebel lieber am Schleierwasserfall und beobachtet gegen die Sonne blinzelnd das Farbenspiel des frei fallenden Wassers? Aber auch das Publikum entscheidet, ob man sich am Felsen wohlfühlt oder nicht. Falscher Ehrgeiz und Missgunst sind oft der Grund für negative Stimmung, sie sind ein schlechtes Umfeld für befriedigende Leistungen. Aber ein Tag mit meinen Freunden am Schleierwasserfall – was will man mehr?

18 »Salathé«: Tausend Meter senkrechter Granit

Mit dem glatten elften Schwierigkeitsgrad, dem Erreichen des ultimativen Grades 9a, hatte ich nicht nur die damals wohl schwierigsten Sportkletterrouten der Welt eröffnet, sondern ich hatte auch das erreicht, wovon ich als Kletterer immer geträumt hatte: meinen persönlichen Gipfel. Es ist ein unwahrscheinlich schöner Moment, das zu realisieren – wahrzunehmen, dass man weiter nicht mehr gehen muss. Und das nach den vielen Jahren, in denen ich alles dem Diktat des Erreichens der Höchstschwierigkeit unterstellt hatte. Wie sollte es weitergehen? Ich hätte, wie so viele andere, in ein großes Loch fallen können. Doch für mich war das Erreichen meines persönlichen Gipfels ein Moment, in dem sich vor mir ein neuer Horizont öffnete. Endlich hatte ich wieder freie Sicht auf all die anderen Dinge. Es war nicht nur ein neuer Horizont, sondern ein Horizont voller neuer Ziele.

Natürlich hätte ich auch versuchen können, den Weg des Sportkletterns weiterzugehen, durch extremen Aufwand vielleicht noch eine Stufe weiterzukommen. Aber ich spürte, dass ich an den Grenzen des für mich Machbaren angekommen war. Tatsächlich musste ich in den Jahren zuvor vieles opfern, um meine Sportkletterziele erreichen zu können. Stets musste ich meinem Willen Extremes abverlangen, um meinen Körper in die Verfassung zu bringen, die es mir erlauben würde, im elften Grad klettern zu können.

Ich gehöre nicht zu den modernen Kletterern, die spindeldürr an den kleinsten Griffen hängen und denen man auf den ersten Blick nie ansehen würde, dass sie zu derartigen Leistungen fähig sind. Ich habe von Natur aus einen schweren Körperbau, um nicht gleich von Blockbauweise zu sprechen. Und ich habe anscheinend einen hervorragend funktionierenden Fettstoffwechsel. Ich kann tagelang ohne Essen auskommen, ohne Energie zu verlieren; ich lebe ohne Kraftverlust ganz einfach von meinen Fettspeichern. Das ist ideal für lange, alpine Unternehmen, für Expeditionen. Für das Sportklettern hat es aber den Nachteil, dass ich alles, was ich esse, sofort in meinen Fettspeichern anlege. Um im elften Grad unterwegs zu sein, musste ich ein Kampfgewicht von 62 Kilogramm erreichen. Wenn man mich heute mit meinen 75 Kilo anschaut, kann man sich kaum vorstellen, wo ich mir das Gewicht abhungerte.

Ich lebte aber auch wie ein Asket. Wer mich nicht kannte, hätte mich leicht für magersüchtig halten können. Rein von meinem Verhalten her war ich es auch, aber ich selbst wusste es besser, denn ich liebte das Essen wie eh und je. Deswegen war es ein stetiger harter Kampf mit mir selbst – nur um ganz oben im elften Grad anzukommen. Ich verzichtete aber auch auf alles, was dazu beigetragen hätte, mehr Muskeln zu entwickeln, denn egal, was ich mache, ich neige immer dazu, eher massig zu werden. Deswegen war gerade in den Jahren des intensiven Sportkletterns jegliches Rucksacktragen für mich tabu, denn die für das Sportklettern nutzlose Beinmuskulatur war bei mir sowieso schon massiv genug. Auch sonst ließ ich die Finger von jeglichem Muskelaufbautraining, denn ich hatte schon bei meiner vorhandenen Armmuskulatur stets meine liebe Mühe damit, sie auszutrainieren. Bei mir kam es vielmehr darauf an, die intramuskuläre Koordination der vorhandenen Muskeln auszureizen und gleichzeitig zu hungern wie ein Magersüchtiger. Ich kam mir in diesen Zeiten manchmal wie eines der abgehungerten Supermodels aus den Hochglanzzeitschriften vor.

Doch ich hatte meine Ziele erreicht und war mir sicher, dass ich über das Erreichte hinaus nicht mehr weiterkommen würde. Jeder weitere Elfer, den ich bei einer Fortsetzung dieses Weges noch klettern würde, wäre keine Erweiterung des bisher Erlebten, und dieses Wissen machte mich frei. Ich war nicht mehr länger in dem alles vereinnahmenden Prozess gefangen, ich hatte den Punkt erreicht, von dem aus ich die Freiheit vor mir sehen konnte. Die Freiheit, aufzubrechen, wohin ich wollte.

Auch wenn ich zwischendurch den Eindruck erweckt hatte, ein reiner Sportkletterer zu sein: Ich hatte meine Wurzeln nie verloren. Im Herzen war ich immer Bergsteiger geblieben. Meine Aktionen waren zeitweise, aber mein Horizont war nie rein auf die kurzen Sportkletterrouten begrenzt. Ich musste einfach, um meine Ziele zu erreichen, für gewisse Zeit auf die anderen Bereiche meiner Leidenschaft verzichten. Jetzt war die Zeit gekommen, das nachzuholen. Nach wie vor war der Traum in mir lebendig, an die großen Wände und auf die großen Berge unserer Erde zu gehen.

1995 eröffnete sich für mich eine günstige Gelegenheit. Ich hatte das Vordiplom abgeschlossen und die zwei wichtigsten Scheine in der theoretischen Physik abgelegt. Damit hatte ich an der Universität Oberwasser. Ich war gut in der Zeit und konnte es mir leisten, ein Semester sausen zu lassen. Das Einzige, was ich an der Uni zu tun hatte, war, mich für das neue Semester wieder anzumelden und den Studentenwerksbeitrag zu überweisen. Ansonsten konnte ich von März bis zum Beginn des Wintersemesters tun und lassen, was ich wollte.

Ich wollte große Wände klettern, und mein größter Traum war die Wand des El Capitan, dieses unglaublichen Granitmonolithen im Yosemite Valley. Beeindruckende Wände machen seit mehr als hundert Jahren das Yosemite zu einem Mekka des Klettersports. Die großen Erfolge in den Sechzigerjahren, die Begehungen der großen Granitwände des El Capitan und des Half Dome, hatten das Valley erstmals ins Rampenlicht der Kletterwelt gerückt. 1958 eröffnete Warren Harding mit der »Nose« am El Capitan den ersten Bigwall überhaupt, drei Jahre später zog Royal Robbins mit der Erstbegehung der »Salathé« nach, etablierte bis Mitte der Sechziger das Bigwall-Klettern und eröffnete dabei die damals schwierigsten Felsrouten der Welt. Mit seinen Erstbegehungen im Yosemite, dem kompromisslosen Stil seiner Wiederholungen sowie der Entwicklung neuer Techniken im Bigwall-Klettern setzte er die Zeichen der Zeit – und kämpfte um sie. Royal Robbins war für mehr als zwanzig Jahre die unumstrittene Leitfigur des amerikanischen Kletterns. Robbins war nicht nur ein überaus talentierter Athlet, mit seinem Charisma und seinem Weitblick prägte er den Stil des Extremkletterns der Neuzeit, das Bigwall-Klettern.

Die Siebzigerjahre bedeuteten erneut eine Revolution im Klettersport. Nicht mehr die großen Wände waren das Maß aller Dinge, Routen wie »Midnight Lightning« und »Separate Reality« wurden die Symbole, Kletterer wie Ron Kauk und John Bachar die Idole der neuen Generation. Freiklettern hieß die Botschaft der immer größer werdenden Gemeinschaft der »Yosemite Climbers«: Sie setzten künstliche Hilfsmittel nur zur Sicherung ein, nicht zur Fortbewegung. Kletterer aus allen Kontinenten fanden sich alljährlich im Camp 4 zusammen, um der »wichtigsten Nebensache der Welt« nachzugehen – dem Klettern.

Schon lange bevor ich das Camp 4 dann tatsächlich selbst kennenlernte, war ich in Gedanken viele der großen Routen im Yosemite geklettert, war aus der horizontalen Welt der Normalsterblichen ausgestiegen, nur noch einem Ziel folgend, dem Ende der Route. Je mehr sich mir auf dem Weg dorthin in den Weg stellen würde, desto nachdrücklicher würde die Erinnerung sein. Mit Reinhard Karls Büchern als Wegweiser träumte ich vom fünfzig Meter langen Quergang ausschließlich an schlechten Haken und Skyhooks, ich stellte mir vor, wie ich halb verdurstet, mit blutigen

Fingern und verschwitzter, zerrissener Kleidung den Ausstieg, das Ende meines Trips zu einer anderen Lebensform, erreichen würde.

Jetzt stand ich unmittelbar davor, diese Träume Wirklichkeit werden zu lassen. Mit meiner Reise ins Yosemite wollte ich mir aber nicht nur den einen Traum erfüllen, sondern gleichzeitig auch den Weg zu meinem nächsten Traum ebnen. Im Sommer desselben Jahres plante ich, eine Expedition zu den Granittürmen der Latokgruppe im Karakorum zu unternehmen, und das legte nahe, das Klettern im Granit systematisch zu erlernen. Im von Löchern und Leisten geprägten Kalk hatte ich zwar einige der schwierigsten Routen der Welt erstbegangen, aber das Rissklettern im Granit verhält sich zum Klettern im Kalk ungefähr so wie das Turnen am Seitpferd zum Turnen am Reck. Solide Vorbereitung war angesagt, oder auch knallhartes Training, wenn man es so nennen will.

Ich machte mich also auf den Weg ins Gelobte Land der Kletterer und hatte schon genaue Vorstellungen davon, in welcher Weise ich mir meine Träume erfüllen wollte. Klar, die Bigwalls waren mein Ziel. Doch ein Bigwall für sich allein genommen war es nicht. Es reichte mir nicht mehr, irgendeine Route am El Capitan auf irgendeine Weise zu klettern. Ich hatte diesbezüglich sehr konkrete Vorstellungen, denn mittlerweile war ich bereits viel zu sehr Freikletterer, um mich mit weniger als einer freien Begehung zufriedenzugeben. Nur kurz zuvor hatte Lynn Hill die erste Rotpunktbegehung der »Nose« realisiert, warum sollte ich nicht alles investieren und eine freie Begehung der berühmten »Salathé« versuchen?

Mitte April 1995. Ehrfürchtig stand ich im Staub des legendären Camp 4. Englisch war nur eine der vielen Sprachen auf dem ehrwürdigen Campground. Kletterer aus allen Ländern der Welt waren ins Yosemite gereist, um zu klettern – genauso wie ich im Valley war, um endlich meine Träume wahr werden zu lassen.

Und ich wurde nicht enttäuscht. Auch wenn ich in diesem Moment die Helden der vergangenen Tage vergeblich suchte, so fand ich an jeder Ecke etwas vom Zauber der alten Zeit, in jeder Route ließ sich etwas von der berühmten Vergangenheit des Yosemite-Kletterns nachvollziehen.

Hoch oben am El Cap: »Sous le toit« – ein winziges Band vierzig Meter unter dem großen Dach am Beginn der berühmten Headwall der »Salathé«. Auf weniger als einem Quadratmeter haben Gottfried Wallner und ich uns zum Biwak eingerichtet. Der Platz reicht nicht einmal für einen von uns zum Liegen. Trotzdem versprechen wir uns ein angenehmes Biwak, nebeneinander kauern wir in unseren Schlafsäcken, die Nacht präsentiert sich warm und wolkenlos. Wolkenlos! Ich drehe mich gerade in die vielleicht beste Schlafposition, als es plötzlich, im wahrsten Sinne des Wortes aus heiterem Himmel, in Strömen zu regnen beginnt. Noch bevor sich Gottfried aus seinem Schlafsack befreien kann, ist der Spuk auch schon wieder vorbei – und wir sind nass. Schweigend sitzen wir nebeneinander, fassungslos starren wir nach oben in die Dunkelheit. Ich suche im Rucksack gerade nach der Taschenlampe, als uns ein zweiter Sekundenschauer heimsucht. Verflixt noch mal! Dann, im Lichtkegel der Taschenlampe, sehen wir das Übel: Hundert Meter über und fünfzig Meter rechts von uns endet an einem riesigen Dach rechts der »Salathé«-Headwall ein Schmelzwasserstreifen. Während des Tages blieb uns dieser Wasserfall verborgen, der starke Talwind im Valley hatte das kühle Nass in die entgegengesetzte Richtung geschickt. Doch mit Sonnenuntergang wechselte die Windrichtung, und der Bergwind sorgte jetzt in unregelmäßigen Abständen für Schauer und zunehmende Durchnässung.

Dabei hatte ich eigentlich vom Wasser schon mehr als genug. Seit meiner Ankunft im Yosemite Valley war das Wetter geprägt von Regen, Schnee und Überschwemmungen. »Below normal temperatures and above normal chance of rain«: Ungewöhnlich kalt und mehr Regen als üblich, so lautete seit sechs Wochen der Wetterbericht in den Zeitungen, und ausnahmsweise traf er genauestens zu. Entsprechend sah der El Capitan einer senkrechten Piste für Wasserfälle ähnlicher als dem genialen Kletterbrocken, den ich erwartet hatte. Beim »Ear«, einer ohrförmigen, vom Berg abgesprengten Schuppe, war ich an diesem Tag ein erstes Mal durchs Wasser geklettert, am späten Nachmittag ein weiteres Mal in der Wasserfallseillänge unter dem »Block«, einem Biwakplatz 700 Meter über dem Talboden. Nachdem uns auch der »Block« nicht sicher genug vor diversen Wasserfällen schien, glaubten wir, auf dem »Sous le toit« – unter dem Dach – genannten winzigen Band sicherer und besser aufgehoben zu sein. Aber an Schlafen ist nicht zu denken, und am Morgen ist kein Zentimeter mehr trocken. Alles ist durchnässt: der Schlafsack, die Kleidung, das Klettermaterial, die Seile, die Schuhe ... Mit dem ersten Licht quälen wir unsere unterkühlten und steifen Körper durch die Ausgesetztheit der Headwall, der letzten Seillängen der »Salathé«. Ausgelaugt steigen wir gegen Mittag auf dem Gipfelplateau aus. Endlich warmes Sonnenlicht, endlich das Ende der Schinderei! Und dennoch ist dieser erste Trip durch die »Salathé« eine wertvolle Erfahrung: Ich weiß jetzt, dass mein Traum möglich ist, eine der ganz großen Routen der Welt frei zu durchsteigen.

1988 hatten Todd Skinner und Paul Piana für enormes Aufsehen innerhalb der Szene gesorgt, als sie die erste freie Begehung der »Salathé« für sich reklamierten. Über einen Zeitraum von mehreren Wochen wollten sie dabei alle Seillängen frei geklettert sein, doch die Szene meldete Zweifel an. Mit 5.13a bewerteten Skinner und Piana die lange und schmale Verschneidung vor dem El Cap Spire, einem weit von der Wand abstehenden Turm in zwei Drittel der Wandhöhe. Doch diese Seillänge hat es in sich. Viele, auch prominente Kletterer sind an ihr gescheitert. Offen-

Die Freikletterbewegung eroberte sich neues Terrain in Buoux, Verdon oder Arco: »Ecographie« (X–), einer der Klassiker der Verdonschlucht.

Nach vielen Versuchen eröffnete sich mir 1991 mit »Shogun« (XI–) das Reich des elften Grades.

»Dessous« (X–) zeigt alles, was die Verdonschlucht zu bieten hat: grauen Fels, große Überhänge und beeindruckende Ausgesetztheit.

Der Schleierwasserfall – ein Paradies des elften Grades. Im Schlüsselzug meiner bisher unwiederholten Route »Open Air« (XI).

Die bewegungstechnisch wohl komplexeste Stelle, die ich je gelöst habe, ist der Schlüsselzug der »Weißen Rose« (XI).

Zwei monolithische Granitfluchten prallen im Neunzig-Grad-Winkel aufeinander: Piaztechnik in der Headwall-Verschneidung der »Salathé«.

Am Beginn der langen Reise durch die Headwall der »Salathé« am El Capitan.

Der 7108 Meter hohe Latok II mit seiner 2200 Meter hohen Westwand, die in Gipfelfalllinie durchstiegen wurde.

Nach zehn Tagen Leben in der Senkrechten erreichten Toni Gutsch (Mitte), Conrad Anker, Thomas und ich den Gipfel.

sichtlich ist die Verschneidung weit schwieriger, als gemäß der von Skinner vorgeschlagenen Bewertung anzunehmen wäre. Diese faktisch grobe Fehleinschätzung am oberen Limit der damaligen Kletterkunst hatte die Zweifel an einer durchgehend freien Begehung der »Salathé« im Jahr 1988 weiter verstärkt. Doch schon von den El Cap Meadows, den riesigen Wiesen am Fuß des El Capitan, war mir der breite Riss aufgefallen, der etwa sechs Meter links der originalen Verschneidung nach oben zieht. Eine feine, nach links abfallende Untergriffschuppe würde die luftige Querung ermöglichen, im unteren neunten Grad, von der Originalführe weg in einen fünfzig Meter langen, bestialisch anstrengenden Körperriss. Damit hatte ich die erste Schlüsselstelle entschärft. Blieb noch die Headwall. Auch wenn ich dort oben aufgrund der Unterkühlung nach unserer grandiosen Wasserfall-Biwaknacht keinen Meter frei hatte klettern können, so sah ich trotzdem die Machbarkeit meines Projekts. Es gab keinen Zweifel, die Headwall – und damit auch die »Salathé« – war für mich frei kletterbar.

Sonniges Kalifornien! Es regnete, es schneite, ich wartete eine ganze Woche lang im Talgrund des Yosemite Valley, bis Petrus endlich ein Einsehen zu haben schien. Der Wetterbericht prophezeite für die kommenden Tage zwar wechselhaftes, insgesamt aber doch gutes Wetter. Ich war bereit: Bepackt mit dem Kletterzeug, der Biwakausrüstung und Essen für fünf Tage – insgesamt mehr als dreißig Kilo auf dem Buckel – stieg ich allein über die East Ledges zum Gipfel des El Capitan auf. Kaum hatte ich den Biwakplatz unter einem kleinen Felsdach auf der Gipfelhochfläche erreicht, da stand ich – wie sollte es auch anders sein – im Wettersturz. Für einen solchen Fall war ich leidlich schlecht ausgerüstet, hatte weder Zelt noch wasserabweisende Kleidung dabei. Unter dem Dach war ich zwar vor dem Regen einigermaßen geschützt, meine Bekleidung war aber trotzdem bald völlig durchnässt. Mitten in der Nacht kam Wind auf, schon kurze Zeit später wirbelten mir Schneeflocken um die Ohren, ein Wettersturz mit massivem Schneefall stand mir bevor. Wollte ich die drohende Unterkühlung vermeiden, musste ich mir etwas einfallen lassen; also machte ich mich im Schneetreiben auf die Suche nach einem trockeneren Biwakplatz.

Mit Glück entdeckte ich bereits nach kurzer Zeit eine kleine Höhle, einen idealen Platz; etwas Geschützteres konnte ich hier auf der ansonsten nackten Hochfläche des El Capitan sowieso nicht finden. Das Verlies war jedoch bereits belegt: von einem großen, bereits mumifizierten Vogel, der diesem Platz einen recht morbiden Charakter verlieh. Mit einem Stock durchbohrte ich dessen pergamentartige Haut und transportierte ihn vor den Höhleneingang. Als ich den Vogel dann an seiner zukünftigen Ruhestätte niederlegen wollte, brach er mit einer kleinen Staubwolke in sich zusammen.

Zwei Tage verharrte ich in meinem kargen »Hotelzimmer«, mich wegen der Kälte ständig massierend, grübelnd und auch zweifelnd, bevor mich endlich das vorhergesagte Schönwetter erlöste. Die folgenden Tage war ich dann ausschließlich mit dem Einstudieren der Kletterzüge in der Headwall beschäftigt. Nach den Berichten von Todd Skinner wurde die Headwall in drei Seillängen, zweimal 5.13a und einmal 5.13b, frei geklettert. Der Standplatz zwischen den ersten beiden Seillängen war jedoch kein No-hand-rest, sondern genau das Gegenteil: ein ausgesprochener Schlingenstand, den ich für eine Rotpunktbegehung unbedingt vermeiden musste. Deshalb würde ich die ersten zwei Headwall-Seillängen zu nur einer zusammenhängen. Darüber hinaus hatte ich vor, die »Salathé« als Gesamtes, in einem Stück, rotpunkt zu klettern: in möglichst wenigen Tagen alle Seillängen sturzfrei und im Vorstieg, inklusive dem im Rissklettern geforderten Anbringen der Sicherungsmittel.

Die Headwall. Eine Wand in der Wand, der Schlüssel zur »Salathé«. Den Anfang bildet ein v-förmiger Riss. Kleinste Schuppen an den abgerundeten Kanten lassen hier freie Kletterei zu. Den Beginn des Hauptrisses erreicht man schließlich mit einem dynamischen Zug, 900 Meter über dem Talboden, doch an den haltlosen Blick in die unglaubliche, saugende Tiefe hatte ich mich längst gewöhnt. Siebzig Meter ohne Unterbrechung durchzieht der Riss die Headwall. Bis zum ersten No-hand-rest, der nach 55 Metern das Ende der ersten Freikletterseillänge bedeutet, dominieren dann vor allem offene Handklemmer die Schwierigkeiten. Die zweite, wesentlich kürzere Seillänge setzt mit einem exquisiten Fingerriss an und verengt sich nach einem zweiten No-hand-rest zu einer Rissspur, die nur durch Wandkletterei zu überwinden ist. Harte Arbeit also. Am Ende des Tages in der Wand flogen mir aber schon wieder die Schneeflocken um die Ohren, und fluchtartig verließ ich den El Capitan vor dem nächsten Wettersturz.

Warten auf Schönwetter, einen Tag, zwei Tage, eine ganze Woche lang. Endlich stieg ich wieder auf, diesmal jedoch ohne auf den Komfort eines Zeltes zu verzichten. Wie ein Turner seine Kür, so studierte ich noch einmal alle Kletterzüge ein, bis mich, wie vereinbart, zwei Tage später der Yosemite-Veteran Mark Chapman besuchte. Er hatte sich bereit erklärt, mich beim Vorsteigen der schwierigsten Seillängen zu sichern. Wir seilten die obersten fünf Seillängen zum Beginn der Headwall ab. Ich war nervös, verdammt nervös. Dennoch begann ich die erste Seillänge konzentriert. Schnell war alles um mich herum vergessen: Die Gedanken auf den nächsten Kletterzug fokussiert, der Gesichtskreis verengt, sah ich nur noch den nächsten Klemmer, den nächsten Griff. Schließlich platzierte ich drei Meter vor dem Stand meinen letzten Klemmkeil. Mit letzter Kraft zerrte ich am Seil, versuchte es einzuhängen, doch ich hatte keine Power mehr. Die letzte Sicherung lag bereits einige Meter unter mir, und die nächsten Meter waren die schwierigsten! Egal, ich wollte es versuchen, und jetzt gab es nur eines: die Flucht nach vorne mit einem riesigen Sturz im Nacken. Alles vergessen, weitermachen, durchziehen ... »Hey you guy, this run-out was fuckin' crazy, man!« Mark gratulierte mir und schüttelte dabei den Kopf. Zwei Stunden später feierten Mark und ich am Gipfel mit Budweiser und Chips die erste Rotpunktbegehung der wohl besten Seillängen der Welt.

Ich war jetzt für den endgültigen Durchstieg bereit. Natürlich regnete und schneite es erst einmal wieder, schließlich stand ich aber dann doch wieder am Fuß des El Cap, diesmal mit dem Fotografen Heinz Zak. Der erste Versuch endete im Wettersturz, Petrus hatte wieder kein Erbarmen und spülte uns mit einem Wolkenbruch ins Tal. Also wartete ich im Valley, bis die Meteorologen endlich das Ende der »Regenzeit« ankündigten.

Zum x-ten Mal stieg ich jetzt schon das flache erste Wanddrittel der »Salathé« hinauf. An der legendären »Hollow Flake«, einem dreißig Meter langen Körperriss ohne Sicherungsmöglichkeit, holten wir eine langsamere Seilschaft ein, die sich seit geraumer Zeit darin festgebissen hatte. Also Blinker raus und überholen! Doch mangelnde Einsicht erschwerte dieses Manöver: »It's my only week of vacation and all I wanna have is fun!« Zum »Fun« gehörte offensichtlich, auf gar keinen Fall von einer anderen Seilschaft überrollt zu werden. So endete der Überholvorgang im Chaos und kostete beiden Parteien Zeit und Nerven.

Zeit und Nerven kostete aber auch der heute als »Monster Offwidth« berühmt-berüchtigte Körperriss vor dem El Cap Spire. Ein Riss der übelsten Sorte: knapp zu schmal, um mit dem Körper im Berg zu verschwinden, und viel zu breit, um irgendein Körperteil wirkungsvoll zwischen den parallelen Risswänden zu verklemmen. Sicherungsmittel? Vergiss es, für diese Rissbreite sind alle Sicherungsmittel zu klein. Bei vierzig Metern ohne Sicherung dient das Seil einzig der Moral, die potenzielle Sturzhöhe wird eklatant. Das Vorwärtskommen gestaltet sich abartig anstrengend, abartig nervig und abartig zeitaufwendig. Ein Horror:

Zentimeter für Zentimeter schrubbst du dich der Erlösung entgegen, es ist ein einziger Kampf, und es ist vor allem die Konfrontation mit dem viel zitierten Abenteuer, das wir in dieser vertikalen Welt suchen. Um 18 Uhr erreiche ich schließlich den El Cap Spire, ausgepumpt und fertig, aber froh, dass ich diese Seillänge hinter mich gebracht habe. Fünf Seillängen über uns liegt der »Block«, als nächster Biwakplatz unser Tagesziel. An der letzten großen Hürde, der 5.12d-Seillänge kurz davor, passiert es. Zwei Minuten hänge ich an kleinen Leisten, kann mich nicht mehr an die richtige Lösung der Kletterstelle, eines Überkreuzzugs, erinnern. Mit zunehmender Nervosität verschwimmt die Vorstellung von der richtigen Bewegungsabfolge, verzweifelt kämpfe ich, die Muskeln brennen. Irgendwann ist es aus, ich kippe nach hinten aus der Wand, das Seil zerrt an meinem Klettergurt. Das darf doch nicht wahr sein! Dreimal muss ich ansetzen und ausprobieren, bis ich die richtige Lösung dieser Stelle wieder finde. Noch einmal zurück. Noch ein Versuch, die gesamte Seillänge sturzfrei zu durchsteigen, bevor es dunkel wird. Ich kehre zurück zum Stand, habe aber keine Zeit zur Erholung. Die einbrechende Dunkelheit lässt mich nicht ruhen, die Arme sind müde, aber ich muss ... Der Überkreuzzug gelingt, weiter, nur noch die überhängende Verschneidung hinauf. Die Arme geben fast nichts mehr her, immer wieder krampfen die Finger. Das Einzige, was noch halbwegs funktioniert, ist meine Beinarbeit, und mit ihr rette ich mich regelrecht über die abschließenden Meter hinweg. Bereits im Dunkeln richten wir uns auf dem »Block« für das Biwak ein. Es war knapp geworden, aber ich habe es durchgedrückt und weiß, dass ich damit eine große, entscheidende Hürde in Richtung Ziel genommen habe.

Der nächste Tag, nur noch zehn Seillängen über uns, wir haben also viel Zeit. Ich lasse es ruhig angehen, erst gegen Mittag lege ich los. Noch etwas steif gehe ich die erste Seillänge zum »Sous le toit« an. Obwohl nicht allzu schwer, nimmt sie mich doch gewaltig in Anspruch, und es dauert, bis ich erleichtert spüre, wie das frische Blut den Müll vom vorigen Tag aus den Unterarmen spült. Am Beginn der Headwall bin ich natürlich wieder extrem nervös, und so kommt es, wie es kommen muss: Bereits nach wenigen Metern kippe ich beim dynamischen Zug in den Hauptriss aus der Wand. Ich ärgere mich über mich selbst. Aber ich muss mich zur Ruhe zwingen, sonst schaffe ich es nie! Langsam komme ich runter, die Anspannung verschwindet, und ich starte die Seillänge erneut.

Nach den Erfahrungen beim Testlauf mit Mark Chapman plane ich, auf das Legen der vorletzten Sicherung zu verzichten, um Kraft für das Anbringen und Einhängen der letzten Sicherung zu sparen. Ich will diesmal an der Schlüsselstelle keinen Run-out, der »fuckin' crazy« ist. Alles läuft rund, aber als ich diese letzte Sicherung platziere, rutscht plötzlich die im Riss verklemmte Hand. Ich brauche nicht hinunterzuschauen, um zu wissen, dass mir ein Zwanzig-Meter-Sturz bevorsteht. Ich spüre den Sturz eiskalt im Nacken, presse meine Finger noch stärker in den Riss, mit einer Kraft, von der ich nicht weiß, woher ich sie nehme. Adrenalin? Motivation? Alles reduziert sich auf diesen Riss, in dem meine Finger klemmen. Die tausend Meter des El Capitan reduzieren sich für mich jetzt nur noch auf diese Züge, der Riss wird zum Mikrokosmos in der haltlosen Unendlichkeit seiner Granitwände. Mit voller Kraft bohre ich die Fingerspitzen in den feinen Riss, ohne Rücksicht auf den Schmerz. Das ist Masochismus pur. Vier solche Züge an den Fingerspitzen, und du begreifst nichts mehr. Aber es geht, und die Schmerzen in den Fingern lösen sich in Freude auf: Adrenalin macht betrunken, und ich glaube, das bin ich jetzt.

Oben, am Ausstieg der »Salathé«, auf der Hochfläche des El Capitan, nehme ich mir noch einmal die Zeit und schaue ins Yosemite Valley zurück. Ich beginne mit meinen Augen noch einmal die Linie nachzuverfolgen, die ich gerade eben rotpunkt durchstiegen habe. Tief sauge ich die Stimmung in mich ein, inhaliere das Gefühl, eine der großen Herausforderungen der modernen Freikletterei gelöst zu haben. Mit weit geöffneten Augen schaue ich ins Valley und sehe doch nichts – ein Film läuft in mir ab, ein Film über einen Tanz durch tausend Meter Granit.

19 Latok II: Bigwall auf 7000 Metern

Dass ich kleiner Bayer als Provinzler und Hinterwäldler die Rotpunktbegehung der »Salathé« einfahren konnte, das war für mich sensationell. Ich hatte davon geträumt, hatte gehofft, aber genauso gezweifelt. Jetzt aber war es wahr, und ich hatte das geschafft, was ich als den Aufbruch ins nächste Paradies bezeichnen könnte. Darüber hinaus hatte mein Erfolg noch den Begleiteffekt, dass ich mich nun im Granit bewegte, wie wenn ich nie etwas anderes getan hätte. Genau das war ja der Anlass gewesen, warum ich in jenem Jahr nach Kalifornien gereist war: Ich wollte mich der harten Yosemite-Schule unterziehen. Im von Löchern und Leisten geprägten Kalk hatte ich zwar einige der schwierigsten Routen der Welt erstbegangen, aber das Rissklettern im Granit hat mit dem natürlichen Greifen und Steigen, wie man es vom Kalk her kennt, herzlich wenig zu tun. Das, was ich bis zu diesem Zeitpunkt im Granit von Chamonix geklettert war, war von der Schwierigkeit her nicht der Rede wert und hatte noch nichts mit dem echten Rissklettern zu tun. Das aber war der Schlüssel: Ohne Rissklettern ging in großen Granitwänden gar nichts, und das legte nahe, das Klettern im Granit systematisch zu erlernen. Eine bessere Schule als die Bigwalls des Yosemite konnte ich mir nicht vorstellen.

Klettertechnisch ging ich also gut vorbereitet in den Herbst 1995, für den ich mir zusammen mit einigen Freunden die Westwand des Latok II vorgenommen hatte. Dieser Gipfel im pakistanischen Karakorum ist mit seinen 7108 Metern eine beeindruckende Felsburg, und seine 2200 Meter hohe Westwand war eine absolute Herausforderung. Die symmetrisch aufgebaute Felspyramide erhebt sich majestätisch am Ende eines langen Gletschertales und wird genau in ihrer Mitte von einem riesigen Eiscouloir durchrissen. Oberhalb der Wandmitte zieht das Couloir nach links oben in Richtung Grat, während darüber ein einziger senkrechter Ozean aus Granit in Richtung Gipfel führt. Das war eine der großen Herausforderungen, die das Bergsteigen heute noch bot. Noch nie war ein Bigwall oberhalb von 6200 Metern geklettert worden. Mit der Westwand des Latok II würden wir das Bigwall-Klettern erstmals auf eine Höhe von über 7000 Metern bringen. Das war es, was mich an der Sache reizte: etwas Neues, Unbekanntes. Etwas, was zuvor noch niemand versucht hatte.

Doch 1995 war unser Traum schnell zu Ende geträumt. Wir hatten uns verrechnet. Wir hatten geglaubt, dass wir im Karakorum besser am Ende der Saison klettern würden, dann wäre, wie wir uns ausrechneten, die steile Westwand des Latok II sicher eisfrei, was uns das Klettern erleichtern würde. Ich war noch zu unerfahren in so großen Wänden, sonst hätte ich gewusst, dass das riesige Couloir, durch das wir aufsteigen mussten, um den Beginn des Bigwalls zu erreichen, mit jedem Sommertag gefährlicher wurde. Als wir schließlich vor der Wand standen und erkannten, wie brutal und unberechenbar der Steinschlag im Westwandcouloir war, blieb uns nichts anderes übrig, als unser Ziel zu verwerfen. Doch so schnell wollte ich nicht aufgeben. Ich wusste, ich würde zurückkehren. Oft kommt man eben erst mit einem Umweg zum Erfolg, und gerade große Projekte im Himalaja und Karakorum erfordern eine vorhergehende Erkundung. Ich spürte, wie wichtig es war, Erfahrungen zu sammeln, und genau das wollte ich 1995 tun.

Nachdem wir uns von der Westwand des Latok II verabschiedet hatten, machten wir uns als Alternative an den die Westwand links begrenzenden Nordwestgrat. Rechtzeitig vor einem Wettersturz brachen wir unseren Versuch ab. Diese Entscheidung zeigte mir, wie wichtig es ist, in den Bergen auf seinen siebten Sinn zu hören: Als wir wieder zurück in der Zivilisation waren, erfuhren wir, was sich am Tag unseres Rückzugs am nur dreißig Kilometer entfernten K2 abgespielt hatte. Sieben Bergsteiger, unter ihnen die nach ihrem Erfolg am Everest zu Weltruhm gelangte Engländerin Alison Hargreaves, starben im Sturm – sie wurden buchstäblich vom Berg gefegt. Wir dagegen zogen uns rechtzeitig zurück und konnten die Zeit sogar noch nützen, um zwei wunderschöne Granittürme zu besteigen. Der Ogre Thumb und der Spaldang boten schwieriges Klettern bis zum unteren neunten Grad, auf über 5000 Metern: feine Gipfel und ein gutes Training.

Wieder daheim, ging das Leben zunächst wieder seinen gewohnten Lauf. Ich hatte wunderschöne Monate draußen in den Bergen verbracht, und anders, als mir alle prophezeit hatten, hatte ich überhaupt keine Probleme, in den Uni-Alltag zurückzufinden. Nichtsdestotrotz sollte dieses Urlaubssemester aber noch weitreichende Folgen für mein Leben haben, denn die Reisen, die ich in dieser Zeit unternommen hatte, leiteten gewissermaßen eine Wende in meinem Leben ein.

Bisher war das Klettern für mich nichts anderes als ein reines Hobby gewesen, etwas, wofür ich zwar hochprofessionell trainierte, was mir aber andererseits, abgesehen von meiner persönlichen Genugtuung, nichts einbrachte. Im Gegenteil: Ich musste für meine Reisen erst einmal das nötige Geld aufbringen, um mir meine Träume zu erfüllen. Das änderte sich nach der Rotpunktbegehung der »Salathé«, die für mich der erste Erfolg war, der nicht nur in der spezialisierten Sportkletterwelt Anerkennung fand. Die Fotos aus der »Salathé« gingen um die Welt, und mit einem Mal wurde ich international bekannt. Heinz Zak und ich wollten mehr als einfach nur »schnell« gemachte Erinnerungsfotos. Unbewusst hatten wir eine neue Zeit eingeleitet, indem wir nach der Rotpunktbegehung nochmals in die »Salathé« zurückkehrten, um richtig gute Aufnahmen zu machen. Wir scheuten keine Mühe, steckten drei Tage Arbeit hinein und hörten erst dann auf, als Heinz das Gefühl hatte, die perfekten Bilder im Kasten zu haben. Wenn man heute die Alpinmagazine betrachtet, dann sind Aufnahmen dieser Qualität mittlerweile Standard. Dass wir von einer so großen Wand wie der des El Capitan solche Fotos mit nach Hause brachten, war damals aber neu.

Es war also mit Sicherheit nicht nur mein eigenes Verdienst, dass mir mit der ersten Rotpunktbegehung so etwas wie der internationale Durchbruch gelang. Genauso wichtig waren die fantastischen Bilder von Heinz. Mit der »Salathé« begann sowohl für ihn als Fotografen wie auch für mich als Kletterer in jeder Hinsicht eine fruchtbare und erfolgreiche Zusammenarbeit. Jetzt waren es nicht nur einzelne Meldungen, die irgendwo mit zehn Zeilen erläuterten, welche kleinen Leisten ich gerade wieder durchgezogen hatte, jetzt wurde um große Artikel angefragt. Sechs Seiten, acht Seiten, zehn Seiten. Nicht ein irgendwo im Innern des Magazins verstecktes Foto, sondern ganze Fotostrecken, und die Titelseite gleich noch dazu. Die Bilder aus der »Salathé« erschienen weltweit auf nicht weniger als vierzehn Titelseiten.

Da verwundert es nicht, dass mich irgendwann ein Sporthändler wegen eines Vortrags anfragte. Ich hatte wenig Vorstellung davon, wie ich diesen Vortrag gestalten sollte und was ich dafür verlangen konnte, ich vertraute einfach meinem Instinkt. Als hätte ich die größte Routine darin, sagte ich sofort zu, und als Honorar gab ich tausend Mark an. Zu meiner Überraschung kam eine prompte Zusage, und schon war ich mittendrin im Geschehen. Selbstverständlich begeisterte mich die Idee, wie ich ab nun als Student zu meinem Geld kommen würde. Das Jobben in den Kneipen und Sportgeschäften war damit Vergangenheit, vor allem, als ich bemerkte, dass durchaus breites Interesse an so einem Vortrag bestand. Ohne große Mühe aufzuwenden, hatte ich schnell nicht weniger als fünfzehn Vorträge für den Winter vereinbart. Plötzlich musste ich mir nicht mehr überlegen, wie ich mir meine nächste Reise finanzieren sollte. Das Einzige, was mich in diesem Moment noch bremste, war das Studium. Am liebsten wäre ich ja gleich im Jahr darauf zum Latok II zurückgekehrt, aber bis zum Abschluss des Studiums konnte ich mir kein weiteres Semester freinehmen. Da war die Diplomarbeit, da kamen die Diplomprüfungen. Ich wollte, konnte aber nicht. Doch umso länger ich auf die Erfüllung meines Wunsches warten musste, umso größer war mein Wille, es beim nächsten Mal zu schaffen. Im Frühjahr 1997 wurde es ernst. Im Mai würde ich die letzte Prüfung zum Diplomphysiker ablegen, und bis dahin war ich nicht nur mit dem Lernen beschäftigt, sondern darüber hinaus noch mit der Organisation der Expedition zum Latok II. Von den Teilnehmern der letzten Expedition wollte keiner so recht daran glauben, dass wir an dieser gigantischen Wand Erfolg haben würden, deswegen war ich auch der Einzige, der die Motivation hatte, zu ihr zurückzukehren. Trotzdem fand sich aber ein für diese Wand perfektes Team, das im Kern aus meinem Bruder Thomas, dem Münchner Toni Gutsch und dem kalifornischen Yosemite-Kletterer Conrad Anker bestand. Wir alle hatten Erfahrung mit Bigwalls, und ich wusste, dass das der Schlüssel zum Erfolg sein würde.

Islamabad, Pakistan. »Briefing«, so heißt das ultimative Vorsprechen beim Tourismusministerium, bei dem letztendlich die Erlaubnis erteilt wird, in Richtung Berge aufzubrechen. Wir hatten in den ersten fünf Tagen in Pakistan alles sorgfältig vorbereitet und gingen davon aus, dass wir noch am Nachmittag, direkt nach dem Briefing, mit dem Bus in Richtung Skardu, der Provinzhauptstadt Baltistans, aufbrechen konnten. An diesem Tag war aber die Laune des Ministers leider schlecht. Obwohl ich schon zwei Monate zuvor dem Tourismusministerium die Personalien sämtlicher Teilnehmer zugeschickt hatte, fehlten jetzt beim Briefing die Unterlagen von Conrad. Ich kochte, hätte den Minister am liebsten erwürgt, aber es half nichts. Ich musste Ruhe bewahren. Aus den Augenwinkeln beobachtete ich den Ventilator an der Decke, der dem gestressten Minister mit frischem Wind den rauchenden Kopf kühlen sollte und der dabei so manche der losen Blätter von den Akten auf den Boden beförderte. Ich zeigte dem Minister sein Antwortschreiben, in dem er mir die Personalien der anwesenden Teilnehmer bestätigt hatte. Sichtlich unbeeindruckt teilte er mir mit, dass das an der Situation auch nichts ändere und wir trotzdem die Überprüfung von Conrads Personalien durch den Secret Service abwarten müssten. Somit dürften wir die Hauptstadt heute auf keinen Fall verlassen. Und der Bus wartete schon! Gnädigerweise erhielten wir vom Minister schließlich das Angebot, dass der Bus mit dem Material und der Mannschaft losfahren könne, ich als Leiter der Expedition hingegen mit Conrad noch warten müsse, bis der Secret Service grünes Licht gegeben hätte. Wir würden ein zusätzliches Trekking-Permit für die Fahrt nach Skardu bekommen, und damit wir dabei nicht von der Strecke abkämen, wurde uns zusätzlich ein Guide verordnet.

Am nächsten Tag erhielten Conrad und somit auch ich bei wesentlich besserer Laune des Ministers tatsächlich die Erlaubnis, den anderen nachzureisen. Aus Kostengründen nahmen wir samt unserem Guide den öffentlichen Bus. Das ist sehr billig, extrem eng, höchst interessant und sehr intensiv: Der Kontakt zu den Pakistani wird wortwörtlich hautnah, nach 24 Stunden ist einem der spezielle Geruch diverser Sitznachbarn genauso vertraut wie der eigene. In der Nacht wurde es noch spannender: Nachdem unser Fahrer völlig übermüdet einem anderen Bus das Heck deformiert hatte, kam es zu einem Handgemenge. Fünfzig erhitzte

Pakistani standen sich gegenüber, stritten und schlugen sich über die eigentlich eindeutige Schuldfrage. Den Fahrern ging es allerdings weniger um die Schadensregulierung als vielmehr um die persönliche Ehre, die es zu verteidigen galt. Nach einer Viertelstunde spritzte die kampfbereite Menge auseinander, und unser Guide zog mich am Hemd zurück in den Bus: »Gun, gun!« Fast wie im Wilden Westen: Die beiden Fahrer standen sich wortlos und alleine mit jeweils einem Revolver gegenüber, bereit zum Shoot-down, doch nichts passierte. Nach einer Minute schrien sie sich wieder gegenseitig an, steckten die Waffen ein und drehten sich die Rücken zu. Ich bin viel zu sehr Mitteleuropäer, als dass ich nicht erleichtert aufgeatmet hätte. Gott sei Dank ging es weiter. Der Anlasser wurde gequält, das Getriebe vergewaltigt, und mit einer schwarzen Rußwolke drückte unser Fahrer noch einmal seinen Zorn aus. Mit leicht ramponiertem Bus setzten wir die Fahrt fort. Raues Land, raue Sitten.

Als es Tag wurde, fuhren wir schon längst hoch über der imposanten Indusschlucht. Nach der drückenden Schwüle in Rawalpindi wurde es jetzt trocken und heiß, hier waren wir bereits in der Hochgebirgswüste. Die ersten Gebirgszüge des Himalaja fangen so viel Feuchtigkeit ab, dass es dahinter das ganze Jahr über kaum Niederschlag gibt. Es war nur schwer vorstellbar, dass hier irgendwo Schnee fiel und vergletscherte Berge herumstanden. Im Innern des Busses herrschte nach wie vor Saunaklima. Sechzig Mann erzeugten eine Menge Schweiß, und weil die Fenster nicht zu öffnen waren, stieg die relative Feuchtigkeit auf nahezu hundert Prozent. Ausgebrannte Busse lagen als Spätfolgen eingeschlafener Busfahrer weit unten an den Ufern des Indus und gaben Zeugnis ab von der Lebenseinstellung der Pakistani: »Inshallah« – so Gott will, kommen wir heil an. Oder auch nicht. Ein voll besetzter Bus in der Hand eines ständig einschlafenden Fahrers ... Mit Vollgas ging es nach Skardu, wir waren machtlos.

In Skardu erwarteten mich im »K2-Hotel« Ismail und Kassim,

wie bereits zwei Jahre zuvor bei meiner ersten Latok-Expedition. Ismail war wie Kassim eigentlich Koch für unsere Expedition, doch er organisierte auch alles andere. Mit seiner Hilfe waren bereits das Kerosin und die ganzen restlichen Lebensmittel besorgt worden. Schon tags darauf konnte es losgehen. Am Zaun des Hotels drückte sich eine ganze Schar Baltis herum, wie immer, wenn eine Expedition anrückt. Sie kamen, um Arbeit als Träger zu ergattern. Ich verhandelte mit Ismail den Preis für ihn, für Kassim und für die Träger, und noch am Abend kamen die Jeeps für die Weiterfahrt am nächsten Morgen. Bereits vor Sonnenaufgang ging es los. Dieser frühe Aufbruch musste sein, denn auf den hundert Kilometern durch die Schlucht des Braldu passiert die Schotterpiste mehrmals Gletscherbäche, die während der Nachmittagsstunden massiv anschwellen und unpassierbar werden.

Die Bralduschlucht führt mitten in das Zentrum des Karakorum. Wer vom Karakorum spricht, denkt an gewaltige Berge, die von ebenso gewaltigen Gletschern und einer einzigartigen Eislandschaft umgeben sind. Mag der Klang des Wortes anderes suggerieren, die Bedeutung ist ernüchternd: In der Turksprache heißt Karakorum nichts anderes als »schwarzes Geröll«. Auf die Bralduschlucht traf diese Bezeichnung mehr als zu. Wie Spielzeugautos fuhren unsere Jeeps durch den Sandkasten der Titanen. Der Weg entlang dem tief eingeschnittenen und reißenden Braldu ließ keinen Blick auf die eisigen Riesen des Karakorum zu, und die trockenen Geröllhalden wurden nur selten durch das satte Grün von mit Gletscherbächen bewässerten Feldern unterbrochen.

In Askole endete unsere motorisierte Reise. Auf 3000 Metern gelegen, ist es das letzte ständig bewohnte Dorf vor der Hochgebirgswüste des Karakorum. Hier warteten schon Hunderte von Baltis auf uns, Männer, die sich Arbeit als Träger versprachen. Für die Bewohner des hintersten Baltistan ist das Tragen zu einem festen Bestandteil ihres Lebens geworden. Sie verdienen umgerechnet zwar nur etwa zehn Euro pro Tag und werden bestimmt auch nicht reich davon, aber das Tragen ist ihre einzige Möglichkeit, um überhaupt zu Geld zu kommen. Entsprechend begehrt ist diese Arbeit, entsprechend groß auch der Andrang der Arbeitssuchenden. Das daraus entstehende Chaos in eine Ordnung zu verwandeln ist wiederum die Aufgabe des »Sardar«, des Trägerführers. Er unterscheidet sich vom Rest der Baltis meist nur dadurch, dass er ein wenig lesen und schreiben und ein paar Brocken Englisch sprechen kann. Allein diese Fähigkeiten reichen hier noch aus, um automatisch eine Führungsrolle in der Gesellschaft einzunehmen. Die Aufgabe des Sardars ist es, die 25 Kilogramm schweren Lasten auf die Träger zu verteilen und während des gesamten Anmarsches ins Basislager darauf zu achten, dass sich keiner der Träger mit seiner Last selbstständig macht.

Mit Askole verließen wir endgültig die Zivilisation. Mit unseren achtzig Trägern zogen wir in die Abgeschiedenheit des Hochgebirges. Anfangs noch entlang dem wilden Braldu, der gespeist wird von den Gletschergiganten der Biafo- und Baltororegion, stiegen wir auf den traditionellen Jagdwegen der Baltis immer höher hinauf und sahen die ersten Sechstausender: schroffe, vergletscherte Granitnadeln – die Wahrzeichen des Karakorum. Ein kleiner Sattel abseits des großen Weges zum Baltorogletscher, ein letztes Mal festen Boden unter den Füßen, dann ging es endgültig auf den sechzig Kilometer langen Biafogletscher, der anfangs überhaupt nicht wie ein Gletscher aussah. Tonnen von Geröll bedeckten die Eismassen. Die Strecke war für die Träger hart, in ständigem Auf und Ab zwischen tonnenschweren Granitblöcken trugen sie ihre Lasten bei Wind und Wetter, ob bei Regen, Schnee oder in der gleißenden Hitze der Sonne. Zum Schutz vor der nächtlichen Kälte hatten sie lediglich eine Decke dabei, die sie gleichzeitig zum Abpolstern ihrer Lasten verwendeten. Mit dabei war noch ein kleiner Sack für die Chapatis: Eine Handvoll Mehl wird mit zwei Handvoll Wasser vermischt, der Brei auf einer

Steinplatte über dem Feuer gebacken. Die Lebensbedingungen waren hart, alles war auf ein Minimum reduziert, und doch spürte ich ihre Lebensqualität: Die Baltis waren in ihrer Einfachheit zufriedene, lachende und glückliche Menschen.

Reinhard Karl schrieb Ernüchterndes über die Baltis und ihre Lebenswelt. Doch damals war er vom K2 zurückgekommen, als Gescheiterter, frustriert bis ins Innerste und vielleicht gerade deshalb so empfänglich für alles Negative. Ich sehe das anders, ich schaue in die Gesichter der Baltis und brauche mir nichts vorzumachen. Sie sind zufrieden mit ihrem Leben, zufriedener als manch einer in unserer Zivilisation, weil sie eine Aufgabe haben, die Abwechslung bringt und Bargeld.

Nach drei Tagen und dreißig Kilometern auf dem Biafo erreichten wir Baintha, einen der klassischen Lagerplätze der Baltis am Rande des Gletschers. Baintha liegt auf etwa 4000 Metern, dort verließen wir den Eisstrom des Biafo und folgten dem Uzun-Brakk-Gletscher, der in das Herz der Latokgruppe führt. Vor uns lag die letzte Tagesetappe ins Basislager, und die Spannung war spürbar: bei den Baltis, weil sie am nächsten Tag die Lasten abladen und in ihre Dörfer zurückkehren konnten, vor allem aber weil sie etwa ein Drittel ihres Jahresverdienstes ausgezahlt bekämen – bei uns, weil alle außer mir das Ziel nur von Bildern her kannten und der Latok II am nächsten Tag das erste Mal direkt vor ihnen stehen würde.

Wie 1995 errichteten wir das Basislager auf 4400 Meter Höhe direkt am Zusammenfluss des Uzun-Brakk-Gletschers mit jenem namenlosen, von der Westwand des Latok II kommenden Eisstrom. Am Nanga Parbat gibt es am Fuße der Rakhiotflanke ein Basislager, das von den deutschen Expeditionen der Dreißigerjahre »Märchenwiese« getauft wurde – verständlich, denn nachdem man die trockene Steinwüste des Industales verlassen hat, erreicht man eine Vegetationszone, die den schönsten Alpentälern gleicht. So war es auch bei uns: Wie drüben am Nanga Parbat lag auch unser Basislager auf einer Märchenwiese. Eingezwängt von gewaltigen Gletschern, geschützt durch deren Seitenmoränen, breitete sich eine sattgrüne Wiese aus, durch deren Mitte ein Bach mäanderte, der am Ende einen kleinen, flachen See speiste, in dem wir bei schönem Wetter sogar baden konnten. Nachdem unsere Träger sämtliche Lasten in der Mitte der Wiese abgeladen hatten und ausbezahlt waren, standen wir mit einem Mal ganz allein inmitten der wilden Felstürme der Latokgruppe. Kein Wind, keine Lawinen, kein Steinschlag – die Ruhe passte eigentlich gar nicht zu dieser einschüchternden Felslandschaft. Als Erstes klemmte ich mich auf der Moräne hinter das Fernrohr. War mein Plan aufgegangen? Im August 1995 verwehrte uns die fortgeschrittene Ausaperung und der dadurch verursachte gewaltige Steinschlag jegliche Chance, in die Westwand des Latok II einzusteigen. Deswegen hatte ich dieses Mal die Expedition sechs Wochen früher angesetzt, um bessere Eisverhältnisse anzutreffen. Und tatsächlich, ich konnte tief durchatmen, die Rechnung ging auf! Das Westwandcouloir war tief verschneit und schneeweiß, keine von Steinschlag zeugenden schwarzen Streifen waren zu sehen. Mit dem Fernrohr studierte ich die Felsstruktur der oberen tausend Meter der Westwand. Die Risse und Verschneidungen hoben sich in der Sonne durch ihre Schatten deutlich von den glatten, unstrukturierten Wandzonen ab. Jeder von uns schaute durchs Fernrohr und versuchte, das große Durcheinander aus kaum erkennbaren Strukturen zu einer Ideallinie zusammenzusetzen. Wir hatten Feuer gefangen.

Bevor wir in Richtung Berg aufbrechen konnten, mussten wir die Ausrüstung für den Bigwall zusammenstellen. Tausend Meter senkrechte Wand brauchten ihre Zeit. Wir hatten vor, mindestens zehn, wenn nicht gar fünfzehn Tage in diesem Granitlabyrinth zu verbringen. Das bedeutete, den notwendigen Proviant auf ein Minimum zu reduzieren. Jedes Gramm wurde genau kalkuliert. Pro Mann und Tag 125 Gramm Gas, 300 Gramm gefriergetrocknete Nahrung, 200 Gramm Kohlenhydratriegel: Das ergab bei geplanten fünfzehn Tagen und vier Mann 30 Kilogramm Nahrungsmittel und 7,5 Kilogramm Gas. Dazu kam noch die ganze Eiwak- und Kletterausrüstung. Das alles will erst einmal über das Couloir zum Einstieg auf 6000 Meter Höhe hinaufgeschafft sein! In den nächsten Tagen wurde das Vorgeschobene Basislager auf 4900 Metern direkt am Fuß der Westwand errichtet, und nach gut einer Woche begannen wir mit den ersten Transporten durch das Couloir. Am 24. Juni stiegen Thomas, Conrad und Toni ein erstes Mal weit das Couloir hinauf und errichteten auf einer Höhe von 5600 Metern das »Balkonlager«. Doch nach einer Nacht im Lager begann es zu schneien, und in kürzester Zeit war der ganze Berg in Bewegung. Überall Spindrift von den Wänden, Schneerutsche im Couloir. Die drei hatten dort oben nichts mehr zu suchen und begannen sofort mit dem Abstieg. Jede Minute zählte, die Angst, von einer Lawine in die Tiefe gerissen zu werden, jagte sie durch das Couloir. Sie liefen, sprangen über Schneerutsche, das Adrenalin trieb sie an. Nach einer Stunde erreichten sie den sicheren Boden, noch bevor die ersten großen Lawinen durchs Couloir rauschten.

In den folgenden Tagen schneite es mehr als einen Meter, und das schlechte Wetter versammelte uns alle im Basislager. Wir diskutierten viel über die Taktik des weiteren Vorgehens. Wie sollen wir bei der riesigen Wand vorgehen? Wie viel Material brauchen wir? In welchen Teams arbeiten wir zusammen? Am 2. Juli besserte sich schließlich das Wetter, und schon am nächsten Tag stiegen wir ins Vorgeschobene Basislager auf. Um ein Uhr nachts ging es weiter. Wir wollten wegen des Steinschlags die Sicherheit der kältesten Stunden des Tages nützen und schon zum Sonnenaufgang im Balkonlager sein. Wortlos stiegen wir nacheinander durch das Couloir. Jeder erlebte die gleiche, bedrückende Spannung vor dem gefährlichsten Teil unserer Unternehmung. Nur nicht an die Steinlawinen von 1995 denken, als ich hier eine wahre

Bombennacht erlebt hatte. Diesmal war es ruhig, aber die Situation wurde damit nur zum Teil entschärft: Dreißig Minuten lang stiegen wir unter einem überhängenden Sérac empor, bevor wir nach rechts in scheinbar sicheres Gelände queren konnten. Conrads Augen hatten sich verändert, kein Witz lag wie sonst auf seinen Lippen. Immer wieder schaute er nach oben, und irgendwann ließ er diesen Spruch los, dessen Sinn ich anfangs nicht ganz verstand, später aber dann doch begriff. Ein Spruch, der die Situation im Couloir allzu treffend beschrieb: »Dancing in the ballroom of death with the fat lady of faith.« Von da an nannten wir diesen Sérac liebevoll »The Fat Lady«.

Die Anstrengung drängte die Gedanken weg von der oben lauernden Gefahr und lenkte sie mehr auf die Vorgänge im eigenen Körper. Durchhalten, sich Meter um Meter aufs Neue dazu motivieren, die dreißig Kilo auf dem Rücken höherzubringen. Um acht Uhr erreichten wir das einigermaßen sichere Balkonlager unter einem Felsüberhang am rechten Rand des Couloirs. Müde saßen wir vor unseren Zelten, nicht mehr als kleine Punkte im Couloir, in diesem gigantischen Abflussrohr für Lawinen. Über unseren Köpfen wuchs der Bigwall in den blauen Himmel. Seine Ausmaße waren erdrückend, und sie wurden durch die Homogenität und Monotonie des Eisfelds nur noch verstärkt – aber sie faszinierten auch, sie beherrschten uns, sie bestimmten uns.

Während Toni und Conrad am nächsten Tag eine weitere Ladung Proviant vom Vorgeschobenen Basislager ins Balkonlager schafften, stieg ich mit Thomas die nun 55 Grad steile Eisflanke bis auf eine Höhe von 6000 Metern hinauf, bis zum Beginn der mehr als tausend Meter hohen Wand. Wieder hackten wir eine Plattform aus dem Eis, die uns als Lager für die ersten Seillängen an der nun direkt vor uns aufstrebenden Granitmauer dienen sollte. Am Abend stiegen wir wieder ab ins Balkonlager, um am nächsten Tag weiter Material nach oben zu schaffen. Erneut brachen wir mitten in der Nacht auf, dieses Mal zu viert. Auch wenn wir wussten, dass dies die sichersten Stunden des Tages waren, war eine gewisse Anspannung allgegenwärtig. Nach unten verlor sich das Licht der Stirnlampe im Abgrund, irgendwo oben hing der Sérac: Der unberechenbare Feind lauerte unsichtbar im Dunkeln über uns. Die Kraft, die uns nach oben zog, war die Motivation, endlich in die Wand einzusteigen. Oben im Lager auf 5000 Metern vereinbarten wir, dass Thomas und Conrad wieder absteigen würden, um in den nächsten zwei Tagen den Nachschub an Proviant zu gewährleisten. Toni und ich hingegen wollten noch an diesem Tag mit dem Klettern beginnen.

Fünfzig Karabiner, zwanzig Friends, dreißig Klemmkeile, fünfzehn Haken, sechs verschiedene Skyhooks, Hammer, Leitern – wie ein schwer behängter Weihnachtsbaum stand ich vor einem kilometerhohen Granitbrocken im Schnee. Auf 6100 Metern. Die dünne Luft machte sich bemerkbar. Schon seit Stunden litten meine Gehirnzellen durch das schwere Schleppen unter einem Sauerstoffdefizit. Mit zitternden Beinen stand ich auf den ersten Tritten, eine Platte im siebten Grad, schlechte Absicherung, kleinere Run-outs. Ich hatte schwer zu kämpfen, mit mir, mit dem Fels. Immer weiter zog sich der Gesichtskreis zusammen, verengte sich auf den jeweiligen Handgriff. Nur die Routine machte es möglich, dass ich trotz allem solide vorankam. Endlich, nach fünfzehn Metern mit schlechter Absicherung, erreichte ich das untere Ende des Risssystems, das ich angepeilt hatte. Entspannt konnte ich mich jetzt in der ersten guten Sicherung ausruhen. Oh Gott, meine armen Gehirnzellen … Ich näherte mich dem Zustand eines Vollrausches. Mit Hammer und Haken arbeitete ich mich schwerfällig über das erste Dach. Zum Glück ist technisches Klettern im Vergleich zum Freiklettern weniger anstrengend, das gab mir die Chance, mich langsam wieder zu erholen.

Nach der zweiten Seillänge wurde es langsam dunkel, wir seilten ab und richteten unser Biwak am Wandfuß ein. Die erste Nacht auf 6000 Metern. Immer wieder wachten wir, nach Luft schnappend, auf. Unser Atemzentrum war auf diese Höhe noch nicht eingestellt und reagierte mit Cheyne-Stokes-Atmung: zwei Minuten Atempause mit darauffolgendem panischen Ringen nach Sauerstoff. Nichtsdestotrotz legte Toni am nächsten Morgen einen phänomenalen Vorstieg über ein beunruhigend glatt aussehendes Dach hin. Rurps, Knifeblades und noch ein Hook, die erste A3-Länge war perfekt!

An den folgenden zwei Tagen wurden Toni und ich von Thomas und Conrad abgelöst. Während Toni und ich die restliche Ausrüstung vom Balkonlager hinauf zum Einstieg schafften, pushten die zwei die Route bis auf 6450 Meter, bevor uns am 9. Juli eine Schlechtwetterfront wieder alle im Basislager vereinte.

Der 12. Juli brachte schließlich wieder gutes Wetter, und schon am nächsten Tag waren Toni und ich wieder in der Wand. Vom Ende der während des Rückzugs angebrachten Fixseile kletterte ich entlang einer formvollendeten Piazschuppe, bis diese sich in völliger Haltlosigkeit verlor. Als einzige Möglichkeit blieb, mit Skyhooks auf nur wenige Millimeter breiten Leisten nach rechts zu queren. Gelassen suchte ich gerade den richtigen Skyhook für die nächste Mini-Leiste aus, als ich plötzlich abtauchte und kopfüber zehn Meter weiter unten im Seil hing. Shit! Alles noch einmal von vorne! Wieder war ich am oberen Ende der Schuppe, wieder querte ich nach rechts. Dieses Mal hoffte ich, mit einem anderen Skyhook mehr Glück zu haben. Der Skyhook bog sich unter der Belastung durch, aber er hielt. Und so ging es weiter, auch die folgende Länge wurde pikant. Nach einer wahrlich delikaten Platte, die ich ausschließlich mithilfe von Skyhooks kletterte, wartete ein moderater Haarriss von zehn Meter Länge. Die dann folgende sechs Meter hohe Schuppe dagegen war Sprengstoff in Reinstform: Nur noch durch Eis an der Basis fixiert, schwebte sie scheinbar völlig losgelöst über unseren Köpfen. Mit derartig fluguntauglichen Objekten wollte ich lieber keine Flugübungen machen. Wiederum mit der Hilfe von Skyhooks schlich

ich mich an der Schuppe vorbei. Nach dieser Seillänge war ich mit meinen Nerven am Ende, und ich war froh, die Führung an Toni abgeben zu können.

Als Toni und ich am nächsten Tag bei Sonnenuntergang gerade mit der zweiten Seillänge des Tages fertig wurden, trafen wir wie abgesprochen auf Thomas und Conrad. Sie hatten wie wir die letzten zwei Tage geschuftet und in wahrer Knochenarbeit ihre gesamte Ausrüstung für zehn Tage Leben in der Vertikalen bis auf 6500 Meter hinaufgezerrt. Während die beiden die nächsten zwei Tage die Route weiter vorantreiben würden, erwartete Toni und mich die gleiche Tortur. Wir waren wirklich froh, als wir zwei Tage später endlich das gesamte Material oben hatten und die langsam untergehende Sonne aus den Portaledges betrachten konnten. Langsam kam uns die Wand wie ein Gefängnis vor: Untertags verrichteten wir mit dem Klettern unsere Zwangsarbeit, abends zwang uns die Kälte der Nacht zurück in unsere kleinen Zellen, die Portaledges. In ihnen wird auf einem Quadratmeter all das erledigt, wofür ansonsten in der Regel ein ganzes Haus zur Verfügung steht: Kleidung trocknen, Ordnung schaffen, Material für den nächsten Tag sortieren, Wasser schmelzen, kochen, essen, schlafen ...

Als Conrad und Thomas kurz vor Sonnenuntergang von ihrer Tagesarbeit zu Toni und mir herabschwebten, brodelten im Kocher bereits die Suppe und das Abendessen. Gemütlich schlürften wir zusammen die Suppe, kein Windhauch rührte sich. Es war völlig still, und die letzten Strahlen der Sonne schafften angenehme Temperaturen. Zugleich tauchten sie die Wand in glutrotes Licht, ein letztes, märchenhaftes Aufflammen von Licht und Wärme, bevor Dunkelheit und Kälte die Oberhand gewannen. Das war einer der Momente, in denen ich weiß, warum ich immer wieder auf Berge zurückkehren werde. Ich genoss die Ruhe und freute mich darüber, zu den wenigen Auserwählten zu gehören, die dieses einzigartige Naturschauspiel auf 6500 Metern erleben durften. Unten im Tal war es schon lange finster, während ganz hinten am Horizont der Nanga Parbat noch hell leuchtete. Ich dachte an Hermann Buhl, genau um diese Zeit musste er damals oben gestanden sein, abends, in der untergehenden Sonne ...

Weniger romantisch und ruhig war das tägliche Aufstehen. In der Nacht fielen die Temperaturen jeweils auf minus zwanzig Grad, und wir saßen in einer Westwand, in der uns bis zum frühen Nachmittag keine Sonne erreichte. Während der benachbarte Ogre, der Hauptgipfel der Latokgruppe, bereits im Morgenlicht strahlte, saßen wir in der Kälte und versuchten, so schnell wie möglich aus den Startlöchern zu kommen. Doch frühstücken, dringende Geschäfte erledigen, anziehen, zum Umkehrpunkt des Vortages zurückkehren, klettern, das alles funktionierte bei klammen Fingern nur mit reduzierter Geschwindigkeit. Dafür schafften die ersehnten Nachmittagsstunden, in denen die Sonne die Wand förmlich durchflutete, Temperaturen um die Nullgradgrenze. Sie ermöglichten Klettern ohne Handschuhe, und wenn am Standplatz gerade nichts zu tun war, konnte es durchaus passieren, dass man gedankenverloren vor sich hinträumte.

Am 17. Juli hatten wir schließlich eine Höhe von 6800 Metern erreicht. Dort oben zeigte sich die Wand weniger steil und weniger kompakt. Es sah ganz so aus, als wäre der Gipfel von hier aus in einem Tag möglich. Doch wir waren müde von der Schufterei der vergangenen Woche in der Wand, der dauernde Aufenthalt in einer Höhe von mehr als 6500 Metern forderte seinen Tribut. Wir überlegten und diskutierten. Am Himmel waren nicht die geringsten Spuren von Wolken zu sehen, und das stabile Wetter der letzten Tage gab uns schließlich das Vertrauen. Wir entschlossen uns zu einem Rasttag.

Nach einem Ruhetag im Portaledge auf 6500 Metern brachen wir am 19. Juli um Mitternacht auf. Es würde unser Tag werden, der Tag, an dem sich für mich ein vierjähriger Traum und noch viel mehr erfüllen würde. Es würde einfach schön sein, wenn die Arbeit erledigt wäre und wir das Werkzeug weglegen könnten, wenn wir unsere Arbeit betrachten könnten wie etwas Selbstgeschaffenes, das einem gerade deswegen so am Herzen liegt.

Vier kleine Lichter arbeiteten sich in der Nacht nach oben. Um vier Uhr, knapp vor Sonnenaufgang, erreichten wir das Ende der senkrechten Wand auf 6800 Metern. – Nein, Mann, nein. Bitte nicht jetzt, nicht heute, nicht hier. Das durfte nicht wahr sein. Noch 200 Kilometer entfernt, am Nanga Parbat, hatte sich über die ganze Breite des Horizonts eine gewaltige Gewitterfront aufgebaut. Ein gigantisches Feuerwerk, jede Sekunde zeigte sich irgendwo am Horizont ein grellblaues Leuchten. Es wurde ein Spiel mit der Zeit. Schon in einer Stunde hätte alles gelaufen sein und uns ein Schneesturm zurücktreiben können. Die letzte Etappe zum Gipfel wurde ein Terroranschlag auf unsere Nerven.

Das kombinierte Gelände war schwieriger als erwartet, nur äußerst langsam kam ich auf diesen heiklen Metern vorwärts. Schließlich legte sich im Licht der Stirnlampe der Fels zurück. Auf den Frontalzacken meiner Steigeisen stehend, balancierte ich in einer von hauchdünnem Wassereis überzogenen Platte, zwei Meter über mir begann das Eiscouloir, das uns zum Gipfel bringen würde. Vorsichtig schlug ich meine Eisbeile in die unterste, ausgehöhlte Eisschicht. Sie gefiel mir nicht. Ich begann nachzudenken. Über das, was ich gerade machte. Wir waren hier nicht in den Alpen oder an irgendeinem anderen Zapfen, wir waren hier auf fast 7000 Metern im Karakorum, am Arsch der Welt; wenn ich hier flog ... Die einzige Lebensversicherung bist du selbst, also steig zurück, steig langsam, Schritt für Schritt zurück, alles andere hat keinen Sinn, das ist kein Eis, das hundertprozentig hält, los, langsam, Schritt für Schritt ... Ich machte Schritte, zwei schnelle Schritte, aber nicht nach unten, sondern nach oben. Ich beobachtete mich selbst, wie ich die Eisbeile herausriss und sie, noch bevor mein Körper nach hinten wegkippen konnte, dynamisch weiter oben in solidem Eis versenkte.

Ich stand im flachen Eis des Gipfelcouloirs und begann zu frieren: dynamisches Klettern im Eis, in 7000 Meter Höhe! Gott sei Dank ging es nicht so weiter. Es wurde hell, die Kletterei zunehmend leichter, und wir kamen schneller voran. Das Wichtigste aber war, dass die Gewitterfront sich offensichtlich nicht bewegte und weit hinten am Horizont stehen blieb. Über uns stahlblauer Himmel und die Gewissheit, dass es jemand gut mit uns meinte. Toni kletterte den letzten felsigen Aufschwung, dann kam noch ein kurzer Schneehang, und darüber war nichts mehr. Gemeinsam gingen wir die letzten Meter zum höchsten Punkt. Wir hatten es geschafft, im Team. Alle vier waren wir gemeinsam am Gipfel – Toni, Conrad, Thomas und ich. Der Gipfel war nur ein kleiner, flacher Schneehaufen in 7108 Meter Höhe, aber er war doch so viel mehr. Für uns bedeutete der Gipfel das Ende einer Sehnsucht, die uns über Jahre gefesselt hatte. Jetzt waren wir frei davon, wenn auch nur für kurze Zeit.

Der Abstieg wurde noch einmal ein Abenteuer für sich. Wir seilten die Haulbags in das Couloir ab, dessen Zustand sich in den letzten Tagen durch die Erwärmung rapide verschlechtert hatte. Eine riesige Steinlawine riss zwei unserer Haulbags mit sich in die Tiefe: Fünfzig Kilo Material, die Hälfte dessen, was wir in der Wand dabeihatten, war verloren. In der Nacht auf 5600 Metern durchschlug ein faustgroßer Stein das Zelt und den Fußbereich meines Schlafsacks. Wir waren nicht einmal unter dem Felsüberhang vor dem Steinschlag sicher. Der Berg zeigte uns unmissverständlich, dass wir hier nichts mehr verloren hatten.

Wir räumten das gesamte Lager ab. Um die große Menge Material abzutransportieren, stiegen wir in der Nacht noch zweimal durch das Couloir. Jeder trug fast bis zur totalen Erschöpfung. Und in dieser Nacht, obwohl das Ziel, die Sicherheit, schon zum

Greifen nahe war, hatten wir das erste Mal wirklich Angst. Angst vor dem, was passieren konnte.

Um neun Uhr standen wir endlich auf dem Gletscher, auf sicherem Boden. Vor uns lagen nur noch zwei Stunden lästiger Abstieg ins Basislager, wo wir von Ismail und Kassim mit einem riesigen Festmahl empfangen wurden – Luxus auf 4400 Meter Höhe. Erst jetzt, in völliger Sicherheit, hatten wir das Gefühl, es wirklich geschafft zu haben. Der Gipfel war mit Sicherheit der Höhepunkt unseres Unternehmens, doch das eigentliche Ziel – heil zurückzukommen – hatten wir erst jetzt erreicht.

»Wir lernen immer noch gegenseitig von uns«

Thomas Huber, die andere Hälfte der Huberbuam, über die Konkurrenz zu seinem Bruder

Karin Steinbach *Mit eurem gemeinsamen Erfolg am Latok II wurdet ihr 1997 auch weit über Berchtesgaden hinaus eine bergsteigerische Größe, mit der man zu rechnen hatte.*
Thomas Huber Als wir auf dem Gipfel des Latok II standen – das war einer dieser Momente mit Alexander, die ich ganz besonders in Erinnerung habe. Wie es überhaupt immer sehr intensive Erlebnisse waren, wenn wir gemeinsam einen Gipfel erreichten. Der Latok II war unser erster großer gemeinsamer Erfolg, er machte uns in der Öffentlichkeit bekannt.

Hat dieser Erfolg euer Leben verändert?
Der Erfolg am Latok II ermöglichte es uns, über Vorträge vom Bergsteigen zu leben. Darüber hinaus hat das Expeditionsbergsteigen auch nachhaltig das Verhältnis zwischen Alexander und mir verändert.

Inwiefern?
Ich habe meine Stärke beim Expeditionsbergsteigen entdeckt. Bei meinen späteren Expeditionen zum Shivling und zum Ogre hat sich bestätigt, dass ich in der Höhe viel Substanz habe und hart im Nehmen bin.

Deine Erfolge auf Expeditionen waren also auch etwas, was du Alexander entgegensetzen konntest?
Wenn man es so sehen möchte, dann steckt darin ein bisschen Wahrheit. In der Vergangenheit war es so, dass Alexander meist die Nummer eins war, ich die Nummer zwei. Alexander hatte den größeren Durchstiegswillen, aber in der Gesamtleistung, wenn wir in alpinen Routen unterwegs waren, waren wir komplett gleichwertig. Diese Klassifizierung hat dann oft am eigenen Ego gesägt, hat wehgetan. Weil – um ehrlich zu sein – ich war ja auch ehrgeizig!

Die Klassifizierung hat sich mittlerweile geändert?
Das hat sich in dem Moment geändert, als ich mit meinen Expeditionen erfolgreich war. Am Anfang unserer Profi-Karriere fragte ich zum Beispiel einen Sponsor an und bekam die Antwort: »Es reicht uns ein Huber, und wenn wir den besseren Huber haben können, dann nehmen wir den besseren und nicht den zweitklassigen.« Da schluckt man schon erst mal. Aber das ist alles Historie, das ist lang her. Heute stehen wir absolut gleichwertig da.

Bei aller Bruderliebe standet ihr in einer direkten Konkurrenz?
Tatsächlich ist es schon so: Obwohl wir das perfekte Team sind, sind wir uns manchmal selbst die größten Konkurrenten. Wir haben mit der Zeit aber auch gelernt, mehr unsere eigenen Wege zu gehen. Jeder für sich hat seine eigenen Visionen. Ich hoffe, dass Alexander bei seinen Projekten nichts passiert, ich gönne ihm jeden Erfolg, und ich freue mich, wenn wir etwas zusammen machen. Auch über das Speed-Klettern hinaus wird es immer gemeinsame Projekte geben, genauso wie jeder auch immer seine eigenen Geschichten durchziehen wird.

Aber die Konkurrenz zwischen Alexander und dir hat doch auch dazu geführt, dass ihr so gut geworden seid.
Natürlich, wir haben uns gegenseitig wahnsinnig gepusht. Wir haben uns den Erfolg schon gegönnt, wollten dann aber doch wieder besser sein als der andere. Für Alexander war zum Beispiel wichtig, dass er zu dem Zeitpunkt, als ich am Ogre erfolgreich war, auch die freie Begehung seiner Route »Bellavista« an der Westlichen Zinne geschafft hatte. Letztendlich war die Konkurrenz zwischen uns positiv, weil wir durch sie so gut wurden, dass wir unsere Leidenschaft zum Beruf machen konnten.

Und jetzt seid ihr über diese Konkurrenz hinweg?
Dadurch, dass wir mehr unsere eigenen Wege gehen, sind wir beide freier. Er geht seinen Weg, ich mach meinen, das ist jetzt eigentlich eine viel gesündere Geschichte, und es ist immer noch genug Raum für gemeinsame Projekte wie den Speed-Rekord an der »Nose«.

Gibt es einen Anlass dafür, dass du dich auf deinen Weg besonnen hast?
Das hat sich gewandelt in dem Moment, als ich eine Familie hatte. Da war nicht mehr mein Bruder der Fokus für mich, sondern meine Familie, meine Kinder. Früher war Alexander für mich die wichtigste Person. Wir sind gemeinsam aufgewachsen; es hat nichts gegeben, was wir nicht miteinander gemacht haben. Da gibt es einfach ein untrennbares Band. Und dennoch hat es bei uns auch oft Streit gegeben. Er war immer schon konkreter und hat sich deswegen auch oft durchgesetzt. Heute ist mein Bruder ein Partner auf gleicher Augenhöhe. Das ist eine ganz emotionale Beziehung, aber er ist nicht mehr die wichtigste Person in meinem Leben. Heute kann ich sagen: Alexander, ich gehe meinen Weg, wenn du willst, geh ihn mit, aber du musst nicht. Er ist auf seinem Lebensweg ein Stück unabhängiger als ich, trägt

weniger Verantwortung; er geht abends ein Bier trinken, während ich die Kinder ins Bett bringe. Wobei man sich die Frage stellen kann, was schöner und wichtiger ist.

Ist das Klettern in deinem Leben seither nicht mehr so wichtig?
Ich definiere mich nicht mehr ausschließlich über die Kletterei, aber ich brauche sie. Ich bin süchtig, das weiß ich mittlerweile. Süchtig nach körperlicher Verausgabung. Sonst werde ich unausstehlich, müde, ich falle richtig in mich zusammen. War ich dagegen zwei Stunden beim Bouldern oder beim Laufen, kann ich frei atmen, es geht mir gut, ich bin hellwach. Verausgabung ist die beste Erholung für mich.

Wenn man euren Film »Am Limit« anschaut, könnte man den Eindruck bekommen, euer gegenseitiges »Freischwimmen« sei durch die Filmarbeiten ausgelöst worden.
Ich sehe das eher als eine Entwicklung der letzten sechs, sieben Jahre. Auch der Erfolg macht einen irgendwie frei, in meinem Fall der Erfolg auf Expeditionen. Am Shivling, im Jahr 2000, da wurde ich ins kalte Wasser geworfen. Alexander wurde krank, und durch Zufall konnte ich mit dem Schweizer Iwan Wolf unser Vorhaben – eine sehr schwierige neue Route – durchziehen. Das gab mir enormes Selbstvertrauen. Ich merkte, dass es beim Expeditionsbergsteigen kaum etwas gibt, was mich stoppen kann. Da habe ich ein irrsinnig gutes Bauchgefühl. Ich arbeite am Berg viel weniger mit der Ratio als emotional, aus dem Bauch heraus.

Hast du mehr Urvertrauen als Alexander?
Das kann man pauschal so nicht sagen. Bezogen auf Expeditionen habe ich ein gutes Urvertrauen bekommen, vielleicht sogar etwas mehr als Alexander. Nimmt man aber eine andere Disziplin im Bergsport, dann sieht es wieder anders aus: Ich würde mir total in die Hosen machen, wenn ich free solo eine schwere

Route klettern würde, weil ich da dieses Urvertrauen eben nicht habe.

Vor Erfrierungen hast du keine Angst, gerade an den Fingern, die du zum Klettern brauchst?
Das spüre ich. Wenn ich's spüre, dann dreh ich um. Wenn ich solche Ängste hätte, dann wäre es besser, ich bliebe daheim. Dann lasse ich's einfach. Ich bin ja nicht nur auf der Welt, um meine Ängste zu überwinden. Ich möchte etwas erleben, ich möchte meinen inneren Gipfel finden beim Bergsteigen. Das Bergsteigen ist für mich nur Mittel zum Zweck. Der Ogre, der Shivling, das sind Tools, die mir in die Wiege gelegt wurden als Weg, den ich zu gehen habe – mein Weg geht über die Berge. Bei anderen führt der Weg woanders hin. Wenn ich am Meer aufgewachsen wäre, wäre ich wahrscheinlich Surfer, Segler oder Taucher geworden.

Was bedeutet für dich der »innere Gipfel«?
Absolute Bedürfnislosigkeit. Der innere Gipfel ist der innere Frieden, der Frieden mit sich selbst. Dass ich einfach irgendwann sagen kann: Jetzt weiß ich, warum ich gelebt habe. Durch das Klettern finde ich eine Freiheit, finde ich einen Frieden, aber es ist noch nicht der innere Frieden. Der innere Frieden ist erst dann erreicht, wenn ich sagen kann, ich brauche nichts mehr. Dann habe ich eine neue Stufe erreicht.

Das klingt ein bisschen nach hinduistischer Erleuchtung.
Wir sind aber Christen. In meinem ersten Tourenbuch steht: »Es gibt viele Wege zu Gott, einer führt über den Berg.« Das habe ich von meinem Vater übernommen. Das ist meine Ur-Intention des Bergsteigens: Die Berge sind ein Mittel zum Zweck, zu dem, was ich in meinem Leben versuche zu erreichen. Dazu gehören meine Frau, meine Kinder, die Berge, unser Umfeld ...

Es könnte also sein, dass du in zehn Jahren immer noch in diesem Haus lebst, die Kinder sind zehn Jahre älter, die ganze Familie macht zusammen eine Wanderung, und du gehst nicht mehr klettern?
Warum nicht. Irgendwann werde ich diese Erkenntnis haben, dass ich nicht mehr auf Berge steigen muss. Momentan kann ich mir's zwar selbst nicht vorstellen, weil es bei mir beim Klettern so gut läuft wie noch nie, aber das könnte sein. Vermutlich würde ich dann aber etwas anderes sehr intensiv betreiben, Fotografieren zum Beispiel. Auch da gibt es einen Unterschied zwischen Alexander und mir: Er ist noch viel mehr in der Planung. Er sagt, vier oder fünf Jahre habe ich noch, in denen will ich noch dies oder jenes realisieren. Für mich ist die Frage nach dem Alter relativ. Ich fühle mich im Moment so, wie ich bin, super. Ich kann mir vorstellen, dass das in zehn Jahren noch genauso ist. Es muss nicht sein, dass ich noch klettere, aber es kann durchaus sein.

Du denkst nicht darüber nach, ob in zehn Jahren deine Gelenke noch mitmachen?
Nein! Die könnten nämlich schon übermorgen nicht mehr mitmachen. Darauf muss man sich halt einstellen. Ich möchte nicht den Teufel an die Wand malen, aber wenn mir mal etwas zustoßen würde und ich würde es überleben, bin ich sicher, dass ich auch wieder etwas anderes für mich finden würde, falls ich nicht mehr klettern könnte. Das wäre am Anfang natürlich ein Schock, aber ich würde bestimmt etwas finden, was mich wieder begeistern würde.

Noch einmal zurück zu Alexander und seinen Free-Solo-Projekten: Das war nie ein Thema für dich?
Das hätte schon ein Thema für mich werden können, wenn ich zu diesem Zeitpunkt keine Familie gehabt hätte. Dann hätte ich mich vielleicht mit in diese Schiene hineinziehen lassen, eben

weil wir Brüder sind, die sich »sportlich messen«. Aber wie gesagt, ich hatte inzwischen die Verantwortung für eine Familie.

Aber die Verantwortung für die Familie hast du jetzt, mit mittlerweile drei Kindern, noch viel mehr. Zum Basejumpen gehst du aber trotzdem?
Das Basen sehe ich anders als Free Solo, auch wenn mir da keiner recht gibt. Ich bin da ein ziemlicher Sicherheitsfanatiker, ich breche nichts übers Knie, ich bin sehr akribisch in der Vorbereitung und habe eine gesunde Portion Respekt beziehungsweise Angst. Ich bin keiner, der nach dem Prinzip »minimale Vorbereitung – maximale Ausbeute« vorgeht. Ich mache noch keine supergefährlichen Sprünge. Ich bin mir des Risikos bewusst.

Ist in deinen Augen das Basejumpen, bei dem du dich nur mit einem Fallschirm auf dem Rücken über eine Felswand in den Abgrund stürzt, objektiv weniger gefährlich als das Soloklettern?
Nein, das möchte ich nicht sagen. Beides ist gefährlich, aber ich für meine Person kann das Basen besser einschätzen, und damit ist es für mich persönlich sicherer als das Soloklettern, zumindest wenn es über den siebten Schwierigkeitsgrad hinausgeht. Nur wenn man die Gefahren erkennt, kann man ans Limit gehen, was ja für uns immer das Ziel war. Ich halte das Speed-Klettern sogar für gefährlicher als Soloklettern oder Basejumpen. Natürlich hoffe ich, dass wir im Herbst den Speed-Rekord an der »Nose« schaffen, dann ist das Thema aber auch erledigt für mich. Speed-Klettern ist das Gefährlichste, was ich in meinem Leben gemacht habe.

Weil die Sicherheit nur vorgegaukelt ist, wenn ihr gleichzeitig klettert?
Das Seil suggeriert eine Sicherheit, die objektiv oft nicht da ist. In der Route gibt es Situationen, wenn einer von uns da stürzt – er

ist zwar ins Seil eingebunden, aber das Resultat wäre genauso tragisch wie bei einem Free Solo. Das wird im Film gar nicht so deutlich, wie spektakulär und wie gefährlich das Speed-Klettern wirklich ist. Selbst wenn wir nur im achten Schwierigkeitsgrad unterwegs sind – Speed-Klettern ist kompromisslos. Alles, was wir bisher beim Klettern gelernt haben, höchste Schwierigkeitsgrade, Dynamik, Teamtaktik, Risikobereitschaft, Experimentierbereitschaft, unsere Erfahrung aus 25 Jahren Klettern – das ist Speed.

Trotzdem ist das Ziel für euch so klar und so wichtig, dass –
Wir haben das angefangen, und wir wollen es abschließen. Wenn wir beim letzten Durchstieg nicht schon so weit gewesen wären, wäre das etwas anderes. Nach drei Stunden und zehn Minuten kamen wir völlig relaxed oben raus – das lief so gut, wir hatten so ein positives Gefühl. Ich bin sicher, das ist für uns machbar. Das Potenzial von zwei Stunden dreißig für uns ist da.

Dein Sturz hat dich nicht verunsichert?
Die Erfahrung mit meinem Sturz hat mich vor allem wieder gelehrt, dass ich wirklich in jeder Situation auf mein Bauchgefühl hören und die Finger davon lassen sollte, wenn ich mich nicht gut fühle. Das ist wie bei einer Expedition: Da hat man all den Aufwand betrieben, ist nach Indien geflogen, es gibt nur ein einziges Schönwetterfenster, aber wenn ich ein beschissenes Gefühl habe, dann lass ich's bleiben. Oder beim Basen, wenn alle schon abgesprungen sind und ich allein oben stehe, und es stimmt nicht für mich, dann habe ich heute die Größe, nein zu sagen, zusammenzupacken und wieder runterzugehen. Auf der anderen Seite weiß ich genauso: Wenn es gut läuft, wenn das Gefühl positiv ist, dann bist du fast unbesiegbar, dann bist du unverletzlich, dann hast du alles im Griff. Auf dieses Gefühl musst du warten. Wenn dieses Gefühl an der »Nose« nicht eingetreten wäre, ich glaube, dann

würde ich auf den Speed-Rekord verzichten. Zwei Stunden dreißig schaffen wir nur, wenn dieses positive Flow-Gefühl wieder eintritt.

So wie es der Film darstellt, ist der Konflikt zwischen Alexander und dir in Patagonien ungeplant aufgebrochen.
Der Konflikt entstand völlig überraschend, und er war vehement. Er bedeutete in dem Moment eigentlich fast das Ende unseres gemeinsamen Kletterns, weil wir völlig unterschiedliche Auffassungen vom Bergsteigen hatten. Wir sind für die noch nie gelungene Überschreitung von Cerro Stanhardt, Punta Herron, Torre Egger und Cerro Torre nach Patagonien gefahren. Das war unser Ziel, und ich wollte auf den richtigen Moment dafür warten. Alexander war dazu bereit, ein anderes, kürzeres Ziel anzugehen. Das kam aber für mich nicht in Frage, weil wir dann möglicherweise im entscheidenden Moment, wenn sich ein längeres Schönwetterfenster aufgetan hätte, nicht am richtigen Ort und noch dazu erschöpft gewesen wären. Ich wollte das Hauptziel nicht aus den Augen verlieren. Er wollte nichts auslassen. Damit brach das Team auseinander.

Letztendlich seid ihr mit der Überschreitung am schlechten Wetter gescheitert, während Alexander mit Stephan Siegrist in der Aguja-Desmochada-Südwand eine Erstbegehung gelungen ist. Werdet ihr die Überschreitung noch einmal gemeinsam angehen?
Ja klar, definitiv. Und ich denke, da muss Alexander letztlich auch von mir etwas annehmen, nämlich dass wir uns auf das eigentliche Ziel konzentrieren werden. Dass es nicht darum geht, mit irgendetwas nach Hause zu kommen, sondern das Ziel nicht aus den Augen zu verlieren. Wir lernen immer noch gegenseitig von uns.

Wie sieht denn auf Expeditionen eure Teamstruktur aus?
Da haben wir mittlerweile auch ein paar Jahre Erfahrungen gemacht. Ein großes Team bringt immer Probleme, ich würde nie mehr mit einem großen Team auf Expedition gehen. Ein Dreierteam, maximal ein Viererteam, oder auch nur zu zweit. Vielleicht noch ein Kameramann dazu. Es braucht natürlich einen Expeditionsleiter als offiziellen Ansprechpartner für das Ministerium in Nepal oder Pakistan, aber der steht nur auf dem Papier. In der Gruppe wird immer demokratisch entschieden. Auch wenn Alexander und ich nur zu zweit sind, sobald wir gemeinsam unterwegs sind, werden wir uns im Normalfall immer einig. Das sind Vernunftentscheidungen. Bei dem einen hat der eine, bei dem anderen hat der andere mehr Erfahrungen.

Was würdest du als die herausragenden Eigenschaften von Alexander bezeichnen?
Zielgerichtetheit ist sicher seine herausragendste Eigenschaft. Dann natürlich seine Intelligenz, wobei die manchmal auch ein Stolperstein ist, wenn er davon ausgeht, dass er alles weiß. Alexander ist kommunikativer, ich bin dagegen verschlossener, aber auch impulsiver. Das ist wie bei Zwillingen, der eine hat dies, der andere hat das. Bei uns ist der eine durch die rechte Gehirnhälfte gesteuert, der andere durch die linke. Es würde mir das Leben oft leichter machen, wenn ich ein bisschen was von Alexander hätte, und umgekehrt genauso. Dann hat er natürlich noch eine unglaubliche Hilfsbereitschaft. Vom Alexander kannst du wirklich alles haben. Er ist einer der hilfsbereitesten Menschen, die ich kenne. Hört zu, hat immer ein offenes Ohr für einen. Wahrscheinlich ist das ein Ventil, eine Wiedergutmachung dafür, dass er auf der anderen Seite so zielgerichtet seinen Weg geht – sozusagen als Ausgleich, um seinen Weg, den er manchmal radikal gegangen ist, zu rechtfertigen.

Was macht euch zu so einem guten Team, wenn ihr gemeinsam unterwegs seid?
Das weiß ich auch nicht. Irgendwie ergänzen wir uns einfach perfekt.

Was steht euch im Weg?
Was ich schon gesagt habe, seine Intelligenz, durch die er glaubt, immer recht zu haben. Wenn sich der Alexander mal warmgeredet hat, dann lässt er nicht mehr locker. Dann ist er so von sich und seiner Meinung überzeugt, da gibt's nichts anderes. Aber auch meine Dickköpfigkeit und meine aggressive Haltung nach außen, wenn mich etwas nervt.

Kurz zusammengefasst: Beflügelt Konkurrenz oder blockiert sie?
Sie blockiert letztendlich dich selbst, als Mensch zu wachsen – aber wenn du das erkennst, lernst du fürs Leben.

Haben eure Eltern die Konkurrenz zwischen euch wahrgenommen?
Wahrgenommen haben sie das schon, und irgendwo ja auch verstärkt, weil sie unseren Ehrgeiz von Anfang an geschürt haben. Sie sind selbst sehr ehrgeizig gewesen. Ich und vor allem Marion versuchen umgekehrt bei unseren Söhnen, die Konkurrenz möglichst zu vermeiden, gegenzusteuern – aber es zeichnet sich schon ab, dass Elias und Amadeus sich genauso gegenseitig übertrumpfen wollen, nicht nur, aber auch beim Klettern. Natürlich werde ich ihnen die Möglichkeit zum Leistungssport nicht verweigern, aber fördern werde ich es nicht. Ich mag meinen Söhnen – und auch meiner Tochter – nicht den Rucksack der Huberbuam aufbürden. Sie sollen sich ihren Rucksack selbst packen.

20 Cho Oyu – der große Berg

Reinhard Karl nannte ihn ein Gebäude ohne Treppen, ohne Stockwerke, ohne Türen, das zum Gefängnis wird, wenn man nach oben will. Die unsichtbaren Gitterstäbe wären der Ehrgeiz, ganz oben zu stehen. Und frei? Frei wäre man erst wieder nach dem Gipfel.

Bergsteiger sein heißt nichts anderes, als auf Berge zu steigen, auch auf hohe Berge. »Was macht einer wie du am Cho Oyu?« Mit Staunen und Unverständnis wurde mir diese Frage gestellt. Ich, der Kletterer, im Schnee stapfend unterwegs am Cho Oyu? Schleppend, keuchend, eingehüllt wie ein Polarmensch? Was sollte ich in der flachen Eislandschaft der »Göttin des Türkis«? Nachdem Ende März 1998 immer mehr Bekannte über mein Vorhaben Bescheid wussten, wurde ich immer öfter mit dieser Frage konfrontiert, und stets gab ich die gleiche banale Antwort: »Was ich dort mache? Bergsteigen!«

Der Plan, auf den Cho Oyu zu steigen, war im Prinzip nichts anderes als die Erfüllung meiner Kindheitsträume, der Vorstellungen, die ich hatte, als ich den Gipfel meines ersten Viertausenders erreichte. Natürlich hatten die Achttausender im Jahrzehnt davor viel von ihrer Unnahbarkeit eingebüßt, waren zum Playground der Massen geworden, auch zu einer Arena der Eitelkeiten. Sie hatten ihren aufregenden Nimbus verloren, nur den härtesten und besten Alpinisten vorbehalten zu sein. Und dennoch, für mich waren die Achttausender immer ein Ziel geblieben, ich hatte nie aufgehört, diesen Traum zu träumen, auch wenn ich zwischendurch die alpine Bühne zugunsten des Sportkletterns vernachlässigt hatte. Das Ziel meiner Wünsche, der Cho Oyu, gilt unter den Experten allgemein als leichter Achttausender. Dabei wird jedoch allzu oft übersehen, dass damit nur eine Relation ausgedrückt wird, die besagt, dass der Cho Oyu auf seiner am wenigsten anspruchsvollen Route, dem Normalweg, im Vergleich zu sogenannten schwierigen Achttausendern wie dem K2 relativ leicht zu besteigen ist. Mit seinen 8201 Metern ist der Cho Oyu jedoch der sechsthöchste Berg der Welt, und daraus allein leitet sich eine gewisse Schwierigkeit ab. Eine Schwierigkeit, die nur wenig mit alpinistischem Können zu tun hat. Technisch erfordert er nicht viel mehr als ein anspruchsvoller Viertausender in den Alpen, und jeder versierte Westalpengeher besitzt die notwendigen technischen Fähigkeiten für diesen Berg. Auch die Höhe von 8000 Metern und mehr verlangt keine besonderen Qualifikationen: Nahezu jeder gesunde Mensch ist in der Lage, sich an die große Höhe zu akklimatisieren und zu adaptieren. Was diese gewisse Schwierigkeit definiert, ist das Spiel mit dem Feuer, auf das sich jeder einlässt, der sich in solche Höhen begibt: Der Körper kommt an die Grenzen seiner Funktionsfähigkeit und wird dadurch anfälliger, als man glauben will.

Die hohe Kunst, auf die großen Berge der Erde zu steigen, besteht deshalb nicht allein im bloßen Erreichen des Gipfels. Entscheidend ist die Art und Weise, wie man ihn erreicht, nämlich mit klarem Verstand und ausreichenden Leistungsreserven. Nur so lassen sich unvorhersehbare Problemsituationen mit wachen Sinnen meistern und Schwächen so weit kompensieren, dass man sicher wieder aus der Todeszone zurückkommt. Diese Überlegungen waren ausschlaggebend dafür, dass ich mir zusammen mit Barbara Hirschbichler aus Berchtesgaden mit dem Cho Oyu keinen der schwierigen Achttausender ausgesucht hatte. Meine Erfahrung reichte bis dato lediglich bis 7100 Meter im Karakorum, Barbara war in Südamerika auf 6700 Meter Höhe gewesen. 8000 Meter, also gut tausend Meter mehr, bedeuten aber im Himalaja eine andere Dimension. Wir beide hatten also allen Grund, unserem Ziel mit dem nötigen Respekt zu begegnen.

So ernst wir unser Ziel nahmen, so ernst nahmen wir auch die Vorbereitungen. Wir beschafften das beste Material und die beste Ausrüstung, denn ich konnte mir nicht die geringste Erfrierung erlauben. Für Kletterer ist kein Berg der Welt es wert, wie so viele andere für dessen Besteigung eine Verstümmelung in Kauf zu nehmen. Natürlich war auch die konditionelle Vorbereitung wichtig. Nicht dass ich vorgehabt hätte, eine Rekordbesteigung des Cho Oyu hinzulegen, aber eine solide Leistungsfähigkeit gewährleistet schnelles Steigen in der Höhe. Das verkürzt den Aufenthalt in der Todeszone und lässt den Körper ausreichend Wärme produzieren, was wiederum der Gefahr von Erfrierungen vorbeugt.

Als unsere wichtigste Vorbereitung aber werteten wir die Akklimatisation. Bereits zwei Wochen vor Expeditionsbeginn brachen Barbara und ich auf, um uns in der Everestregion beim Trekking zu akklimatisieren. Als höchsten Punkt bestiegen wir den Gokyo Ri, einen leicht erreichbaren, fast 5500 Meter hohen Gipfel, von dem wir einen der atemberaubendsten Ausblicke der Bergwelt genießen konnten. Vier der sechs höchsten Berge der Welt bewunderten wir aus nächster Nähe: Mount Everest, Lhotse, Makalu und den Cho Oyu. Das Ziel war greifbar nahe, nur wenige Kilometer und gut 2500 Höhenmeter trennten uns vom Gipfel. Und trotzdem lag noch ein langer Weg vor uns.

Das erste große Hindernis baute sich noch während des Trekkings vor mir auf. Ich fing mir eine Mandelentzündung ein, die mir derart zusetzte, dass die Einnahme eines Antibiotikums schließlich unumgänglich wurde. Ich war beileibe nicht der Erste, der vom berühmt-berüchtigten »Khumbu cough« in die Knie gezwungen wurde; trotzdem verfluchte ich die Situation. Das Antibiotikum drängte die Entzündung zwar zurück, richtig los wurde ich die Sache aber während der gesamten Dauer der Expedition nicht. Ich war vom Infekt und den Medikamenten offensichtlich so geschwächt, dass ich eine Woche später auf der Fahrt von Kathmandu Richtung Tibet einen Rückfall bekam. Es blieb mir nichts anderes übrig, als vorläufig in niedrigeren Höhen zurückzubleiben, während Barbara samt Expeditionsgepäck weiter in Richtung Basislager marschierte. Zweifel kamen in mir auf, sie nagten an mir und rissen mich in ein Stimmungstief, in einen Sumpf, aus dem ich mich nur schwer wieder befreien konnte. War das Zurückbleiben bereits das Ende aller Träume? Blieb überhaupt noch genug Zeit, den Gipfel zu erreichen? Das Zuwarten auf gesundheitliche Besserung wurde zum psychischen Martyrium, die Zeit verrann, und ich verdammte diesen Schmerz im Hals. Im Vergleich zu dem riesigen Berg so lächerlich kleine Bakterien machten mir das Leben schwer – lächerlich klein und doch so entscheidend. Letztlich stellte sich das Warten aber als eine weise Entscheidung heraus, denn langsam bekam mein Körper die Entzündung unter Kontrolle. Mit noch weichen Knien stolperte ich schließlich los, der Auftrieb gewann die Oberhand, und nach einem dreitägigen Anmarsch kam ich im Basislager auf 5800 Metern an.

Ab dann ging alles ziemlich schnell. Schon am nächsten Tag stieg ich mit Barbara bis auf 6300 Meter, um dort das erste Lager zu errichten. Nach einem Ruhetag im Basislager gingen wir erneut in dieses Lager hinauf, um dort die erste Nacht zu verbringen. Das Schlafen in dieser Höhe forderte seinen Tribut, am Morgen fühlten wir uns nicht gerade wohl, also legten wir dort oben einen Ruhetag ein. Am nächsten Tag ging es uns aber deutlich besser, und mit vollem Gepäck stiegen wir bis auf 7000 Meter Höhe auf, zu unserem Lagerplatz für den etwas martialisch so genannten Gipfelsturm. Wir deponierten unser Material und stiegen wieder ins Basislager ab. Das sollte uns an Vorbereitung für den Gipfel genügen. Wir fühlten uns beide gut und warteten nur noch auf gutes Wetter, wie auch Horst Fankhauser, bekannt als ehemaliger Wirt der Franz-Senn-Hütte im Stubai, und Georg Simair, Bergführer aus St. Ulrich bei Lofer. Wir hatten uns verabredet, bei gutem Wetter gemeinsam in Richtung Gipfel aufzubrechen.

Während der gesamten Vorbereitungszeit war das Wetter unsicher, mit starken Winden in großer Höhe. Doch jetzt, genau zum richtigen Zeitpunkt, nach zwei Tagen Nichtstun im Basislager, besserte sich die Wettersituation. Der Umschwung? Hoffentlich! Vormittags waren wir noch unentschlossen, schließlich brachen wir Stunden später aber doch noch zu viert auf und stiegen hinauf ins erste Lager. Wir schliefen schlecht. Das lag zum einen sicher an der Höhe, zum anderen aber auch an der Anspannung. Die Unruhe vor dem Sturm, die uns nicht zur Ruhe kommen ließ. Je mehr man nachdenkt, umso heftiger schleichen sich die Zweifel ein. Waren wir wirklich ausreichend akklimatisiert? Doch am Morgen, als es endlich wieder weiterging, verflüchtigte sich das schlechte Gefühl, Zuversicht und Auftrieb kehrten zurück. Weiter, nichts als weiter. Und wieder hatte der Rucksack ein ordentliches Gewicht, als wir über den Schneegrat und einen sechzig Grad steilen Eiswulst zum Lager 2 stiegen.

Der Nachmittag dort oben auf 7000 Metern hätte erholsam sein können, aber die Strahlung der Sonne war derart intensiv, dass wir im Zelt schon fast wie in einem Dampfbad schwitzten. Verrückte Welt ... Zum Ausgleich wurde die Nacht bitterkalt. Mit der Daunenjacke wälzte ich mich im Schlafsack, zum Schlafen war ich zu nervös. Mein erster Achttausender war greifbar nahe! Ich konnte ihn schon spüren, trotz der 1200 Höhenmeter, die uns noch von ihm trennten. Ich träumte, ohne zu schlafen, dachte nach über das, was passieren könnte, war ergriffen von der Vorstellung, am selben Tag noch ganz hinaufzusteigen. Ein Achttausender war ein Achttausender. Der Cho Oyu war eines dieser Ziele, das ich mir als Bergsteiger vornahm und dem ich mich voll unterwarf, mit allem, was ich hatte. Da interessierte es mich nicht, dass es nur ein Normalweg war, dass es nur ein leichter Achttausender war: Ich musste da rauf, ich selbst für mich, und runterkommen musste ich auch wieder, dann hatte ich etwas, was mir niemand mehr nehmen konnte, ein Erlebnis, das ich mir in meine Welt gezimmert hatte.

Schlafen konnten wir nicht, also beschäftigten wir uns damit, Schnee zu schmelzen und so viel wie möglich zu trinken, um damit die Zeit totzuschlagen. Die Innenwände des Zeltes waren wegen der kondensierten Atemluft voller Reif, und jede kleine Berührung der Zeltwand verursachte Schneefall. Ein faszinierendes Bild, wie die feinen Kristalle im Lichtkegel der Taschenlampe tanzten. Hier in der Ruhe des Zeltes konnte ich mir noch gar nicht so richtig vorstellen, dass es bald losgehen würde. Die Zeit verstrich langsam, die Stunden wollten nicht vergehen. Doch irgendwann war es dann doch zwei Uhr. Der Countdown lief, wir machten uns fertig, langsam, keine Hektik. Eine ganze halbe Stunde brauchten Barbara und ich noch, bis alles angezogen war und wir aus dem Zelt krochen, hinaus in die Kälte der Himalaja-Nacht. Ich spürte die majestätische Größe, diese unheimliche Exponiertheit. Ich war ein kleiner Mensch, ausgesetzt in der scheinbar unendlichen Weite, verloren an diesem großen Berg.

Horst und Georg waren schon eine halbe Stunde vor uns aufgebrochen und hatten bereits ordentlich vorgelegt. Das Spuren im Schnee schien mühselig, aber nicht aufreibend zu sein. Ich stapfte vorwärts, arbeitete mich Schritt für Schritt in ihrer Spur nach oben. Nach einer Stunde holte ich Horst und Georg ein und übernahm die Spurarbeit. Das schnelle Aufschließen hatte allerdings Kraft gekostet, und ich merkte, wie anstrengend es war, die Spur zu ziehen. Nur für jeweils kurze Zeit konnte ich die mühsame Arbeit übernehmen, immer wieder reihte ich mich hinter den beiden ein, keuchend, aber zuversichtlich. Auf 7500 Metern machten wir die erste Rast. Wir hatten noch nicht ganz die Hälfte, aber wir nahmen uns die Zeit, um uns vom Tunnelblick der Anstrengung zu befreien und das grandiose Schauspiel des Sonnenaufgangs beobachten zu können. Dieses Schauspiel berührt, es ist erhaben. Gerade als Horst und Georg sich wieder auf den Weg machten, schloss Barbara auf. Ich wartete noch eine Viertelstunde gemeinsam mit ihr, dann verließen auch wir den Rastplatz wieder. Wir waren unseren Berg schnell angegangen und hatten die ersten 500 Höhenmeter in zweieinhalb Stunden hinter uns gebracht, doch jetzt, mit zunehmender Höhe, wurden wir deutlich langsamer. Aber Sorgen machte ich mir keine, das Wetter hätte nicht besser sein können, es war gerade einmal sechs Uhr morgens, und vorneweg hatten wir mit Horst und Georg zwei starke Geher.

Langsam arbeiteten wir uns nach oben, jeder für sich, Schritt für Schritt, einen Fuß vor den anderen. Die Pausen wurden häufiger. Viel später, mittlerweile war es kurz vor zwölf, sah ich Horst und Georg, und kurze Zeit darauf stand ich mit ihnen am Gipfel. Doch die große Freude wollte dieses Mal nicht aufkommen. Durch die Anstrengung in der kalten, trockenen Luft war ich geschwächt, und schon wieder machte sich meine gerade abgeklungene Mandelentzündung bemerkbar. Noch fühlte ich mich durch den Infekt nicht bedrängt, noch hatte ich Kraft und war hellwach, aber ich spürte instinktiv, dass ich keine unnötige Zeit in der Höhe verbringen sollte. Keine Euphorie, kein Glücksgefühl, kein Stolz, kein befreiendes Schauen und Genießen – stattdessen machte ich mich zusammen mit Horst sofort an den Abstieg, während Barbara später mit Georg nachfolgte.

Die innere Unruhe trieb mich, in hohem Tempo ließ ich Meter um Meter hinter mir, und nach nur zwei Stunden erreichten Horst und ich das auf 7000 Metern gelegene Lager 2. Eine Stunde später trafen auch Barbara und Georg ein. Mit dem Erreichen des Lagers fühlte ich mich befreit, und nun stellte sich auch endlich die Freude ein: Trotz schlechter Voraussetzungen hatte ich es geschafft! Die Anspannung der letzten Tage, der letzten Stunden verlor sich, die Belastung wich einem Gefühl der Befreiung. Es gab keinen Druck mehr, der auf uns lastete. Meine Mandeln hatten sich erneut entzündet, aber das war jetzt nicht mehr wichtig. Da war es, das echte Glücksgefühl, das ich im Verlauf der Expedition nicht allzu oft empfand.

Auch wenn oder vielleicht gerade weil der Cho Oyu mein erster Achttausender war, gab es nur wenige Momente des Genießens, dafür umso mehr Momente der Anspannung. Und trotzdem war für mich dieser Achttausender ein Erlebnis der Extraklasse. Die für die Besteigung notwendige extrem hohe Willensanstrengung gibt dir das Gefühl, etwas Großes geschafft zu haben, auch wenn heute die Achttausender auf ihren Normalwegen nur noch wenig Überraschungen, nur wenig Abenteuer bieten. Unbekannt bist nur du dir selbst, wenn du zum ersten Mal in diese eisigen Höhen vordringst. Durch die vielen anderen auf derselben Route wird dem Berg die Wildheit genommen, wird auch diese Hürde verkleinert. Ausgeklügelte Logistik und das Eingebettetsein in eine große Gruppe reduzieren das Abenteuer, machen es kalkulierbar. Abenteuer, das Salz in der Suppe eines Bergsteigers, finde ich aber nur dann, wenn ich dorthin gehe, wohin kein anderer geht, wenn ich der Größe und der Gefahr des Berges ausgeliefert bin, wenn ich verloren in einer Riesenflanke nach Auswegen suche, wenn ich fühle, dass Bewährung alles ist. Letztendlich liegt heute der Reiz der Achttausender tatsächlich nicht in der Suche nach dem Abenteuer. Der Reiz liegt vor allem in der Tatsache, dass es keine Neuntausender oder noch höhere Berge gibt. Der Ehrgeiz lenkt den Blick des Menschen stets auf das Schnellste, Beste und auch Höchste, und genau deswegen ziehen die Achttausender die

Menschen in ihren Bann. Menschen wollen immer hoch hinaus. Hier an den Achttausendern können sie es, höher als irgendwo sonst.

Daheim angekommen, nahm ich wieder einmal die fantastischen Bücher von Reinhard Karl zur Hand und verfolgte meinen Weg am Cho Oyu anhand seiner Erlebnisse an den Achttausendern nach: »Achttausender-Bergsteigen ist ein Spiel mit hohen Einsätzen«, schrieb er, »man muss probieren und nicht aufgeben, immer wieder. Ob du dann schließlich Erfolg hast, entscheidet das Schicksal oder Allah oder Gott. Auf einem Achttausender stehen ist sicher nicht das schnelle Glück. Achttausender-Glück ist das langsame Glück, das Glück eines Leidenden, ganz fest in dir verankert, für immer, unvergesslich.«

Reinhard Karls letztes Buch, »Berge auf Kodachrome«, endet mit seinen Bildern vom Cho Oyu. Das letzte Foto zeigt die Gedenkpyramide für Reinhard Karl im Gokyotal, eingraviert auf einer Felsplatte sein Name, darunter »Cho Oyu« und das Todesdatum: 19 – 5 – 82. Auf den Tag genau sechzehn Jahre später stand ich auf dem Gipfel jenes Berges, der sein letzter werden sollte. Auf jenem Berg, dessen Gipfel er nicht mehr erreichte und der sein Grab wurde.

21 Matterhorn

Bernd kannte ich von meiner Zeit in München. Er hatte Medizin studiert und war mittlerweile als Chirurg an einer Kinderklinik in das Arbeitsleben eingetaucht. Trotzdem war er bergsteigerisch immer noch voll dabei, und des Öfteren trafen wir uns im Sportzentrum der Universität, an der ZHS, wo es eine kleine Boulderwand zum Trainieren gab. Über ein paar Bier in den Bierstuben des Studentenwerks entstand die Idee, gemeinsam eine Winterbegehung der Matterhorn-Nordwand zu machen. Das war ein perfektes Ziel für mich: Die Nordwand des Matterhorns ist der Klassiker schlechthin, eines der großartigsten Zeugnisse der bayerischen Kletterkunst. Nachdem während des Goldenen Zeitalters des Alpinismus mehr oder weniger alle Gipfel bestiegen worden waren – in den Westalpen wurde diese Ära vor allem durch britische Alpinisten mit französischen und Schweizer Bergführern geprägt –, brach mit dem Beginn des zwanzigsten Jahrhunderts die Zeit der großen Wände an. Das war die Zeit der Münchner Bergsteiger, und obwohl die Westalpen für die Kletterer aus der bayerischen Metropole schwer erreichbar waren, gelang es Leuten wie Willo Welzenbach, Hans Ertl, den Schmid-Brüdern, Rudl Peters oder Anderl Heckmair, die letzten großen Wände der Alpen unter sich aufzuteilen. Praktisch alles wurde von Alpinisten aus Bayern abgeräumt, vor allem aber die drei großen Nordwände der Alpen: Matterhorn, Eiger und

Grandes Jorasses. Von diesen vielen Erfolgen war der erste, ganz große Paukenschlag die Erstbegehung der Matterhorn-Nordwand durch Franz und Toni Schmid. Diese Nordwand muss man gemacht haben! Der Schlüssel für eine Winterbegehung in den Alpen ist das entsprechende Wetter für eine solche Aktion. Wir wollten um jeden Preis vermeiden, eine Schneiderfahrt nach Zermatt zu machen. Besonders für Bernd als Mediziner war die Freizeit mittlerweile mehr als kostbar. Wir mussten den richtigen Zeitpunkt abwarten. Im Februar 1999 schließlich hatten wir das Schönwetterfenster gefunden: Drei Tage stabiles Hochdruckwetter sollten die Bedingungen schaffen, die wir suchten.

Ich traf mich mit Bernd bei ihm zu Hause, und wir packten das notwendige Material. Viel nahmen wir nicht mit, denn wir wollten vor allem schnell sein und hofften, in einem Tag durchzukommen. In der Matterhorn-Nordwand zu biwakieren ist ohnehin alles andere als lustig. Die Wand ist zwar nicht supersteil, dafür aber vom Einstieg bis zum Gipfel abwärts geschichtet. Deswegen gibt es in der gesamten Wand tatsächlich keinen einzigen vernünftigen Biwakplatz. Also besser in einem Tag durchkommen und auf Schlafsäcke verzichten, das macht die Rucksäcke leicht! Ein Biwaksack, zwei Schichten Unterwäsche, Faserpelzpulli, Faserpelzjacke, Goretex-Jacke sowie ein kleiner Gaskocher und ein paar Müsliriegel als Proviant – mit dieser Ausrüstung ließ sich zur Not ein Biwak überstehen, aber unsere Strategie war auf Durchkommen ausgerichtet.

Bernd und ich starteten um zwei Uhr morgens in München und fuhren in der Nacht nach Zermatt. Mitten im Strom des Skitourismus bahnten wir uns wie Fremdkörper unseren Weg durch den Wintersportort der High Society. Das Wetter war perfekt, strahlend blauer Himmel, eine ruhige Atmosphäre in allen Höhen. Mit der Seilbahn ging es hinauf zum Fuß des Matterhorns, und gegen Mittag begannen wir schließlich den Aufstieg zur

Hörnlihütte. Der Schnee war unberührt und teilweise grundlos tief, das Spuren entsprechend anstrengend. Noch dazu brannte die Sonne in die steilen Hänge, die wir anfangs überwinden mussten, und bei der Anstrengung lief mir der Schweiß in Strömen herunter. Es war schwer vorstellbar, dass es am nächsten Tag in der Nordwand so richtig kalt werden würde. Als wir den Gratrücken erreichten, der direkt zur Hütte hinaufzieht, wurde es etwas angenehmer, ein Hauch von Wind vertrieb den Hitzestau und verschaffte uns wieder einen klaren Kopf.

Der Winterraum der Hörnlihütte, ein Zufluchtsort inmitten der eisigen Winterlandschaft. Am Abend kochten wir noch kurz, tranken viel, und mit dem Einbrechen der Dunkelheit lagen wir bereits im Bett. Um zwei Uhr standen wir nämlich schon wieder auf, um noch im Dunkeln in die Nordwand einsteigen zu können. Von der Hörnlihütte aus folgten wir nur wenige Meter dem Bergrücken, dann querten wir nach rechts hinaus auf den Gletscher unterhalb der Nordwand. Jetzt, in den Nachtstunden, war die Luft schneidend kalt, und diesmal war ich froh, dass die Spurarbeit im tiefen Pulverschnee warm machte. Über uns lag der unheimlich finstere Schatten der Nordwand, ein Bollwerk, das in der Dunkelheit noch viel bedrohlicher wirkt als im Tageslicht.

Am Bergschrund seilten wir uns an. Es war völlig still, wie in einem schallisolierten Raum. Die wenigen Worte, die wir wechselten, wurden vom lockeren Pulverschnee gedämpft. Mich überraschte die Ehrfurcht, die mich angesichts dieser Wand überkam. Matterhorn-Nordwand – einer der großen Schlüsselbegriffe im Alpinismus. Und im Winter. Nicht dass ich wirklich Angst empfand, aber diese gewisse Anspannung, die Erwartung, dass etwas Großes auf mich zukommt.

Ich stieg die erste Seillänge hoch, machte an Eisschrauben Stand und holte Bernd nach. Jetzt, wo wir an den Standplätzen immer eine Weile herumstanden, kam die Kälte voll zum Tragen. Wir hatten wohl mit den kältesten Tag des Winters erwischt.

Schneidend eisige Luft machte uns das Leben schwer, und die gesamte Begehung wurde ein dauerndes Anarbeiten gegen die Kälte: Wir froren sogar, wenn wir in den Seillängen kletterten, denn selbst wenn es uns vom Steigen wieder etwas wärmer wurde, kühlten die Zehen durch den Druck beim Klettern auf den Frontalzacken umso mehr aus.

Kurz vor dem Ende des Einstiegseisfelds querten wir nach rechts hinaus in das kombinierte Gelände. Wider Erwarten trafen wir dort auf extrem schlechte Verhältnisse. Aufgrund der Schneeverhältnisse hatten wir geglaubt, uns den größten Teil der Nordwand auf Schnee- und Eisfeldern kletternd fortbewegen zu können. Tatsächlich war die gesamte Nordwand aber tief verschneit. Unter den Unmengen lockeren Pulverschnees war nichts als blanker Fels. Kein Eis, kein verfestigter Schnee, nichts außer blankem Fels. Mühsam mussten wir Meter für Meter den Fels vom Schnee befreien, um die Griffe und Tritte zu finden. Ein eigenartiges Bild: Über uns lag eine durch und durch schneeweiße Wand, unter uns konnten wir deutlich die dunkle Bahn verfolgen, über die wir uns gerade hochgearbeitet hatten. Wie eine lange Narbe durchzog der dunkle Streifen, den wir hinterlassen hatten, die Wand.

Leider wurden die Verhältnisse auf der Rampe nicht besser. Nachdem während des Sommers der gesamte Mittelteil der Nordwand eisfrei wird, fällt normalerweise im Herbst, bei noch moderaten Temperaturen, der erste Schnee, und zwar Schnee, der feucht genug ist, um in der steilen Wand hängen zu bleiben. Offensichtlich war im letzten Herbst die Temperatur sehr schnell gefallen, und der erste Schnee, der dauerhaft liegen blieb, war zu kalt, um sich in der Wand verfestigen zu können. Das zeitraubende Geschäft, unter dem losen Pulverschnee die Griffe zu suchen, setzte sich fort, und langsam mühten Bernd und ich uns, abwechselnd vorsteigend, mit den Seillängen ab. Technisch waren wir dem Gelände beide voll gewachsen, und die Schwierigkeiten machten uns auch keine Sorgen, aber es kostete unheimlich viel Zeit. Zeit, die uns in den kurzen Tagen des Winters davonlief. Am Ende der Rampe war klar, dass ein Biwak unvermeidlich wurde. Die Verhältnisse waren auch im oberen Wandbereich nicht besser, und im Dunkeln in diesem Gelände zu klettern wäre unter den herrschenden Bedingungen brandgefährlich gewesen. Zwei Seillängen oberhalb der Rampe fanden wir ein kleines Band, das gerade mal groß genug war, dass wir beide darauf sitzen konnten. Fünfzehn Meter weiter oben stieß ich auf einen kleinen Eisfleck, in dem ich zwei Eisschrauben versenkte. Somit hatten wir zumindest eine gute Sicherung. Ich stieg wieder zurück zu Bernd, der in der Zwischenzeit unsere Biwakbank komplett von Schnee und Eis befreit hatte. Für Matterhorn-Verhältnisse durften wir mehr als zufrieden sein über diesen halben Quadratmeter waagrechter Fläche.

Im schwindenden Licht warfen wir den Kocher an und schmolzen noch gut eine Stunde lang Schnee, denn während des gesamten Tages hatten wir nur den einen Liter getrunken, den wir jeweils beide im Rucksack hatten. Wenigstens halbwegs mussten wir die Flüssigkeit ersetzen, die uns die kalte, trockene Luft während des Tages entzogen hatte. Es war schon dunkel, als wir uns für das Biwak fertig machten und in den Biwaksack setzten. Zu zweit war es verdammt eng in dieser nur millimeterdicken Hülle, aber es war der einzige Schutz gegen die Kälte, den wir hatten – und die Enge ließ einen wenigstens die Wärme des anderen spüren.

Die Kälte war unerbittlich. Ich war froh, dass wir kein Thermometer dabeihatten und uns daher auch keine Gewissheit darüber verschaffen konnten, wie kalt es wirklich war. Es wird immer viel von der unglaublichen Kälte auf den Achttausendern geredet, aber man muss nicht unbedingt zu den Achttausendern reisen, um extreme Kälte zu erleben. Ein Winterbiwak in einer der Nordwände der Alpen gibt dir alles, was du brauchst, bringt dich gepauso an die Grenzen. Nirgendwo vergehen die Stunden so langsam wie in einer extrem kalten Biwaknacht. Jeder Blick auf die Uhr verstärkt die Verzweiflung. Zehn Minuten werden zu einer Stunde, und eine Stunde wird zur Ewigkeit. Es gibt nur eine Gewissheit, die dich die Kälte ertragen lässt: dass die Zeit unaufhaltsam ist. Und dass, sobald man sich im Licht des neuen Tages wieder bewegen kann, die Wärme wieder durch den Körper strömen wird, dieses wohlige Gefühl eintreten wird, wenn der Körper wieder zu leben beginnt und dieser unbeschreiblichen Kälte ein Ende setzt.

Gegen zwei Uhr beobachtete ich ein erstes Mal, dass langsam Stern um Stern zu verschwinden begann. Eine hohe Schichtbewölkung überzog den Himmel. Dem Wetterbericht zufolge sollten die ersten Zirren erst gegen Nachmittag aufziehen, gefolgt von Schneeschauern, die aber erst in der morgigen Nacht einsetzen sollten. Bernd und ich sprachen nicht viel, aber wir spürten jeweils die Unruhe des anderen. Es war klar, was uns bevorstand. Noch war die Situation ruhig. Ich hatte fast den Eindruck, dass die brutale Kälte sich seit dem Bewölkungsaufzug vermindert hatte. Vielleicht war es aber auch nur die Unruhe, die mein Inneres verstärkt antrieb. Allein die Vorstellung, was passieren würde, sobald Schneefall einsetzte – wenn die Wand zu leben beginnen würde, uns die dauernde Spindrift das Vorwärtskommen schwer machen würde.

Eine Stunde vor dem Hellwerden warf ich den Kocher an, um den Tee, den wir abends noch für den nächsten Tag zubereitet hatten, wieder zu erwärmen. Doch trotz des heißen Tees blieb die Kälte dominant. Mit dem ersten Licht stieg ich die fünfzehn Meter zu den Eisschrauben hinauf, um die Sicherung zu lösen. Wir hatten aufgrund des bevorstehenden Wettersturzes entschieden, nicht mehr direkt zum Gipfel auszusteigen, sondern die steilere, aber kürzere Wand hinauf zur Schulter zu machen.

Mir hatte die Kälte der Nacht zwar zugesetzt, ich fühlte mich aber immer noch kräftig. Bernd dagegen war von der Kälte schwer mitgenommen. Längst war klar, dass es jetzt an mir war, den Ausstieg aus dieser Wand zu erkämpfen. Seillänge um Seillänge stieg ich vor. Bernd kämpfte um jeden einzelnen Meter, und es war erstaunlich, wie er trotz seiner totalen Erschöpfung sein klettertechnisches Können einsetzte. Wir kamen zwar nicht schnell, aber dafür konstant vorwärts, und so hatte ich immer noch das Gefühl, dass wir trotz der widrigen Umstände die Lage unter Kontrolle hatten.

Als gegen zehn Uhr dichtes Schneetreiben einsetzte, waren wir schon aus den Schwierigkeiten heraus, und es fehlten nur noch zwei Seillängen zum Ausstieg. Noch nie war ich unter derartigen Bedingungen geklettert, aber jetzt, wo das Ziel, der Hörnligrat, zum Greifen nah war, konnte ich die Situation schon fast genießen. Die Kälte war verschwunden, mein Körper durch das Klettern wieder von Wärme durchflutet, und ich hatte das Gefühl, dass auch Bernd sich ein wenig gefangen hatte. Als ich durch eine Wolkenlücke den letzten Eishang sah und darüber die Schneide des Grates erkannte, durchströmte mich ein echtes Glücksgefühl. Vierzig Meter noch, dann durchbrach ich mit meiner Hand die feine Schneekante des Grates. Wir waren oben!

Bernd brauchte seine Zeit, um nachzukommen. Aber das war jetzt egal. Wir hatten es geschafft! Überglücklich, das Schwierigste hinter uns gebracht zu haben, saßen Bernd und ich auf dem Hörnligrat. Auf uns wartete nur noch der Abstieg. Auch wenn es gar nicht so einfach war, im dichten Nebel die Orientierung zu behalten, kamen wir ganz gut vorwärts, und um ein Uhr standen wir schließlich vor der Solvayhütte, diesem Zufluchtsort auf dem Hörnligrat, nach etwa zwei Dritteln seiner Länge, auf 4000 Meter Höhe. Bernd war völlig erledigt, und wir beschlossen, es für diesen Tag gut sein zu lassen. Angesichts seines Zustands war es sicher vernünftig, ihn ein wenig zur Ruhe kommen zu lassen und ihm die Möglichkeit zu geben, über die Nacht wieder Kraft zu schöpfen.

Vergeblich suchten wir auf der Hütte nach Brennbarem, und somit gab es mit unserem kleinen Rest an Gas nur noch wenig zu trinken. Das war aber auch egal, denn spätestens am Mittag des nächsten Tages würden wir in der Zivilisation leben wie die Könige. Zumindest für einen Tag ... Mit dem Dunkelwerden legten wir uns in das kleine Lager, deckten uns mit allem Verfügbaren zu und genossen die Wärme.

Mitten in der Nacht wurde ich wach. Wiederholtes Stöhnen von Bernd hatte mich geweckt. Ich fragte ihn, was los sei. Er schien aber tief zu schlafen, und so drehte ich mich wieder um. Bevor ich einschlief, gab Bernd wirres Zeug von sich. Er redete im Schlaf, aber in einer Art und Weise, die mich beunruhigte. Ich suchte die Taschenlampe. »Bernd, was ist los?« Bernd fuhr hoch und redete wieder wirres Zeug. Er hatte eindeutig zyanotische Lippen, tiefblau. Sauerstoffmangel! Ich richtete ihn im Lager auf, um dadurch ein wenig Druck von den Lungen zu nehmen, und versuchte, ihm noch irgendeine vernünftige Antwort zu entlocken, aber es funktionierte nicht. Zu weit war der Mangel an Sauerstoff schon fortgeschritten.

Jetzt erinnerte ich mich auch wieder dunkel daran, dass Bernd zwei Wochen zuvor eine schwere Bronchitis gehabt hatte. Sie war zwar inzwischen schon abgeklungen, steckte ihm aber scheinbar doch noch in den Knochen. Deswegen war er nach dem Biwak so geschwächt gewesen – das war das beginnende Lungenödem, dem immer eine Phase der totalen Erschöpfung vorausgeht. Wie hätte ich das ahnen sollen, hier in den Alpen, auf 4000 Metern? Offensichtlich war die Infektion die Ursache, die Lungen waren einfach noch nicht zu hundert Prozent regeneriert. Fatal, wenn man dann unter härtesten Bedingungen in der Matterhorn-Nordwand dem Winter trotzt. Was konnte ich jetzt tun?

Über die auf der Solvayhütte installierte Notrufanlage nahm ich Kontakt zur Rettungsleitstelle in Visp auf und schilderte die Lage. Ich wurde mit der Zentrale der Air Zermatt verbunden. Mittlerweile hatte es oben am Berg wieder vollständig aufgeklart, doch unten, über Zermatt, hing noch dicker Nebel. Ein Rettungsflug war derzeit nicht möglich. Ich besprach mit dem Rettungsarzt noch die Möglichkeit, Bernd aus eigener Kraft abzutransportieren, aber der Arzt überzeugte mich, dass das nur ein verzweifelter Plan wäre, den mein Freund nicht überleben würde. Wir hatten auch kein Adalat dabei, ein Medikament, das den Blutdruck drastisch senkt und die Diffusion von noch mehr Flüssigkeit in die Lunge bremsen könnte. Es blieb mir nichts, außer zu warten. Warten, bis sich der Nebel über Zermatt löste. Warten, bis der Morgen kam. Warten ...

Dieses Mal kam mir das Warten noch viel elender vor. Will in der Kälte einer Biwaknacht die Zeit nicht vergehen, so war es in dieser Situation nochmals härter: dem langsamen Sterben eines Freundes zuschauen zu müssen, während ich zur Untätigkeit verdammt war. Mir blieb nur die Hoffnung, dass das Herz von Bernd die Kraft haben würde, diese Belastung zu überstehen und ihn trotz des Sauerstoffmangels überleben zu lassen, bis er gerettet wäre.

Wie in einer Zelle lief ich in der kleinen Hütte auf und ab, schaute immer wieder hinaus, ob sich endlich der Nebel über Zermatt lichtete. Nahm voller Hoffnung noch einmal Kontakt zur Air Zermatt auf, als die ersten Lichter von Zermatt sichtbar wurden. Doch der Heliport lag am anderen Ende von Zermatt, ich musste immer noch warten. Bernds Atempausen wurden immer länger. Ich hatte Angst, dass er die nächste Stunde nicht mehr überleben würde, jetzt, da die Rettung schon so nahe war. Ich spürte die tiefe Ohnmacht, einem Geschehen mit absehbar katastrophalem Ausgang gegenüberzustehen und nichts tun zu können.

Dann, endlich! Der Heliport gab mir Bescheid, dass die Hubschrauber startbereit seien und in kurzer Zeit bei uns oben auftauchen würden. Der Rettungsleiter gab mir Anweisungen, wie ich Bernd für die Flugrettung vorbereiten sollte: Kleidung gegen die Kälte sowie Klettergurt für die Fixierung an der Longline. Endlich konnte ich wieder etwas tun, war gefordert. Es war harte Arbeit, dem Bewusstlosen Kleidung und Gurt anzulegen, aber es ging. Als ich damit fertig war und die Tür der Solvayhütte öffnete, hörte ich schon die Hubschrauber. Der Flugretter schwebte an der Longline direkt in die Tür herein – und mir liefen vor Freude Tränen über das Gesicht. Während wir Bernd zu zweit zur Türe transportierten und die gemeinsame Aufhängung von ihm und dem Flugretter vorbereiteten, verschwand der Hubschrauber noch einmal kurz. Kaum waren wir fertig, schwebte die Longline auch schon am Eingang. Ich stützte Bernd mit voller Kraft, um das Einhängen des Seils zu ermöglichen, und Sekunden später schwebten die zwei in einer atemberaubenden Steilkurve hinab zur Hörnlihütte.

Bernd überlebte. Knapp. Mit nur wenigen Minuten Reserve. Man kann sagen, dass wir selbst schuld daran waren, in eine solche Situation geraten zu sein. Aber wir hatten trotz der harten Bedingungen, die wir in der Nordwand antrafen und überwinden mussten, nicht im Geringsten damit gerechnet, dass uns im Schutz der Hütte noch die Gefahr einholen würde. Oft genug habe ich mich gefragt, warum wir den Abstieg, nachdem wir an der Solvayhütte angekommen waren, nicht fortgesetzt haben. Wären wir weiter abgestiegen, wäre alles vermeidbar gewesen. Hätten wir, wären wir ... Im Nachhinein weiß man eben immer alles besser.

22 Ogre, der Menschenfresser

Der Ogre – das englische Wort für »menschenfressendes Ungeheuer« – hat seinen Namen verdient. Stück für Stück frisst er uns langsam auf, nagt an unserer Psyche, genauso wie er 1977 seinen Erstbesteigern alles abverlangte: Doug Scott brach sich nur wenige Meter unter dem Gipfel beide Füße, ein Wettersturz kam dazu, Chris Bonington stürzte einige Meter ab, brach sich mehrere Rippen, bekam eine Lungenentzündung. Nach einer Woche verzweifelten Kampfes ums Überleben ließ sie der Ogre noch einmal entkommen, nicht jedoch ohne das Letzte von ihnen gefordert zu haben. Die Erstbesteigung des Ogre – mit Sicherheit eines der dramatischsten Beispiele eines gelungenen Rückzugs – machte diesen Berg berühmt.

Der Ogre ist zwar kein Achttausender, daher war und ist der Ansturm auf ihn nie besonders groß. Doch mit jedem weiteren erfolglosen Versuch, ihn ein zweites Mal zu besteigen, wurde dieser Berg mehr und mehr zum Edelstein, den ein extremer Bergsteiger gern seiner Sammlung einverleiben würde. Als Toni Gutsch, Jan Mersch, Thomas und ich uns im Jahr 1999 als bayerische Mannschaft aufmachen, um uns die Zweitbesteigung des Ogre zu holen, waren in den 22 Jahren seit dem Erfolg von Chris Bonington und Doug Scott mindestens fünfzehn Expeditionen an ihm gescheitert. Die Wahrscheinlichkeit für einen Erfolg ist also gering, doch gerade das reizt uns. Wir wollen aber nicht dem

Weg der Erstbesteiger folgen, der Route über das Westcol und den Westgrat, denn sie ist über weite Strecken von Séracs bedroht, und dieses unkalkulierbare Risiko erscheint uns zu groß – das ist nicht mal dieser Berg wert! Wir haben uns für den Südpfeiler des Ogre entschieden, einen weit hervorspringenden Felsbug, imposant, auf den ersten Blick einschüchternd, aber bei genauerer Betrachtung bietet er sich wegen seines exponierten Verlaufs an: Er ist sicher vor Stein- und Eisschlag, sicher vor Lawinen. Bereits fünfzehn Jahre zuvor kletterten die Franzosen Vincent Fine und Michel Fauquet als Erste den Pfeiler. Schon weit oben auf über 7000 Metern erwischte sie jedoch ein Wettersturz, und aus dem Gipfel wurde nichts.

1997 war Jan zusammen mit Jochen Haase als bisher letzte Seilschaft am Südpfeiler des Ogre. In nur sechs Tagen erreichten sie den Ausstieg des tausend Meter hohen Pfeilers und waren damit schneller als alle ihre Vorgänger. Doch auch sie wurden von einem Wettersturz überrascht – den Gipfel erreichten sie nicht. Das Wetter ist nach dem persönlichen Können der entscheidende Knackpunkt beim »Planspiel Ogre«. Wir überlegen uns eine Taktik, und die heißt: schneller sein als das schlechte Wetter. In nur vier Tagen wollen wir vom Basislager aus den Gipfel erreichen – in zwei Tagen den Südpfeiler erklettern, am dritten Tag das große Eisfeld bis zum Fuß des Gipfelturms ersteigen und am vierten Tag nach dem Gipfel im Abstieg wieder bis zum Ausstieg des Südpfeilers kommen. Von dort aus könnten wir sogar bei schlechtem Wetter absteigen. Nur vier Tage schönes Wetter in Folge, das ist alles, was wir für den Gipfel brauchen.

Nun ist der Juli fast vorbei, und wir hatten nur fünf Tage brauchbares Wetter, nie aber mehr als zwei hintereinander. Wenn sich die Großwetterlage nicht ändert, werden wir am Ogre keinen einzigen Versuch starten können. Dreißig Tage Herumsitzen im Basislager führen dazu, dass sogar ich mich langsam frage, was denn der Sinn des Bergsteigens ist. So unproduktiv bin ich mir noch nie in meinem Leben vorgekommen, und unweigerlich kommt irgendwann die Frage auf, was mir das Ganze gebracht hat. Aber eigentlich muss ich mich das gar nicht fragen, denn ich weiß es schon jetzt: Frust. Er ist mittlerweile gar nicht mehr zu übersehen, jedem steht er im Gesicht geschrieben. Ja, Frust heißt die Gegenleistung, die du für dein sauer verdientes Geld bekommst! Da hilft mir selbst mein Kleingarten nichts, den ich mir aus Langeweile und verhasster Unproduktivität in der Apsis meines Zeltes angelegt habe. Schon jetzt ist klar, dass mir, kaum zu Hause angekommen, die Zeit wieder an allen Ecken und Enden fehlen wird. Übergangslos werde ich wieder in den Hexenkessel der Hektik fallen, genauso wie ich hier unfreiwillig in der Oase des Nichtstuns gefangen bin.

Das Nichtstun frisst mich auf! Bergsteigen an den großen Bergen der Welt ist paradox. Bist du am Berg, wünschst du dir die Ruhe und die Sicherheit des Basislagers. Doch zurück im Basislager dauert es nicht lange, bis du wieder unruhig wirst, bis du wieder hinaufwillst. Es sind zwei einander ausschließende Welten, und egal in welcher Welt ich stehe, immer wieder wünsche ich mir, dort zu sein, wo ich gerade nicht bin. Zwei, drei Tage Nichtstun, das ist das Schönste, was es gibt, aber dann beginnt die Unruhe zu wachsen, mit jedem Tag mehr. Unsere Gesellschaft hat uns geprägt: Wenn du längere Zeit nichts tust, dann stimmt etwas nicht mit dir. Auch wenn du für das Nichtstun gar nichts kannst, du fühlst dich trotzdem schuldig: Du bist nutzlos, du bist für nichts zu gebrauchen, du bist ein Taugenichts!

Wir Bergsteiger glauben oft, die Unabhängigen, die Wilden zu sein. Doch auch wir sitzen fast ausnahmslos im Gefängnis der Zivilisation, obwohl wir für zwei Monate von ihr abgeschnitten zu sein scheinen. Doch wir werden zurückkommen, zurück in diese Zivilisation; die Expedition ist kein Ausbruch, sondern lediglich ein Freigang, bei dem wir uns selbstverständlich entlang der Regeln der Gesellschaft zu verhalten haben. Das Basislager ist jetzt unser Gefängnis, dessen unsichtbare Mauern die Zivilisation zieht. Jeder Tag des Nichtstuns beinhaltet einen Gang auf die das Lager begrenzende Moräne, wo wir, meist irgendwelche Geschichten von daheim erzählend, sehnsüchtig auf den Biafogletscher schauen. Er zeigt in die Richtung unseres Rückmarsches, in die Richtung, die uns zurück in die Zivilisation führt.

Was hält mich hier?

Wer hält mich auf?

Ach ja, da war doch der Ogre. Zu sagen, dass ich ihn schon fast vergessen habe, wäre jedoch falsch. Genau das Gegenteil trifft zu: Wie ein Damoklesschwert schwebt er über meinem Kopf, mit Macht lastet er auf meiner Psyche, die sich durch Verdrängen zu retten versucht. Doch der Berg ist stärker, er durchbricht immer wieder meine Schutzmauer, und dann steht er vor mir: der Ogre – hell, klar und bedrückend.

Seit Wochen warten wir auf den Ogre. Wir haben zwar noch zwei Wochen, genügend Zeit, um sich eine realistische Chance auf den Gipfel auszurechnen, aber trotzdem kann ich nicht mehr so recht an einen Erfolg glauben. Ich habe das Gefühl verloren, dass wir es schaffen können, und mit jedem weiteren Tag Abwarten fällt es mir schwerer, mich für eine Chance zu motivieren, an die ich gar nicht mehr glauben will. Am Abend eines jeden Tages bin ich froh, wieder ins Zelt kriechen zu können. Wieder ein Tag weniger.

Es ist schwierig, sich zu motivieren, wenn es einfach nicht laufen will, und diesmal lief es von Anfang an nicht. Selbst die Vorbereitungen zur Expedition standen unter keinem guten Stern. Thomas verletzte sich eine Woche vor Expeditionsbeginn das Knie. Unsere Ausrüstung kam erst mit zehn Tagen Verspätung in Pakistan an. Was konnten wir in der Zwischenzeit tun? Karten spielen bis zum Erbrechen, im Hotel herumlungern und immer wieder verzweifelt ins Büro von British Airways laufen. Dann kam ein Anruf von der Deutschen Botschaft mit einer Reisewarnung. Der Kaschmirkonflikt stand vor der Eskalation. Wohin dieser Konflikt führen könnte, wie weit Inder und Pakistani gehen würden, das wusste auch in der Botschaft niemand, das wusste keiner. Skardu würde aber in jedem Fall ein attraktives Ziel der indischen Bemühungen im Falle einer Verschärfung der Lage sein. Kein anderer Ort im pakistanischen Kaschmir kann von großen Flugzeugen angeflogen werden, und Skardu ist Garnisonsstadt. Eine zusätzliche Brigade wurde nach Informationen der Deutschen Botschaft bereits dorthin verlegt, mehr sollte im Falle einer weiteren Eskalation noch folgen.

Wollten wir da wirklich hin? Nein, wir mussten hin! Nur so kamen wir zu unserem Berg. Skardu ist das Tor zum zentralen Karakorum, hier muss jeder durch, der in das Herz der höchsten Berge Pakistans will. Die Provinzhauptstadt Baltistans war jedoch nach wie vor sicher, bei der Anreise sollte es keine Probleme geben.

Und auch in der Latokgruppe wären wir sicher, dort wären wir rund hundert Kilometer vom Kriegsschauplatz entfernt, und die hohen Bergketten dazwischen sind auch heute noch eine für Bodentruppen unüberwindbare Hürde. Doch der Weg zurück? Natürlich konnte uns keiner sagen, wie die Lage Ende August aussehen würde. Das waren noch fast drei Monate, und die Kriegssaison in Kaschmir hatte gerade erst begonnen. In den bis 5000 Meter hoch gelegenen Kriegsgebieten hatte die Schneeschmelze eingesetzt, und die Kampfhandlungen waren schon jetzt härter, verbissener und blutiger denn je. Wir glaubten, im falschen Film zu sitzen. Aus Angst vor dem, was passieren könnte, verschoben wir unsere Abreise von Islamabad nach Skardu schon zum dritten Mal. Vielleicht kam ja am Donnerstag unsere Fracht? Vielleicht erzielten die Verhandlungen zwischen Pakistan und Indien bis Donnerstag ein erstes positives Resultat? Wir hofften es, so richtig glauben konnten wir es allerdings nicht.

Donnerstag. Wir hatten uns mit dem Thema Krieg eingehend beschäftigt. Anreise und Aufenthalt im Basislager sollten in keinem Fall ein Problem darstellen. Was aber, wenn die Rückreise blockiert wäre, wenn sich der Konflikt bis auf Skardu ausweitete? Wir sondierten die Möglichkeiten für den Ernstfall. Die Grenze zu China war nur dreißig Kilometer vom Basislager entfernt. Über den 5400 Meter hohen Lukpe La wäre es möglich, in sechs Tagen China zu erreichen. Bergsteigerisch kein Problem, es blieb nur die Frage offen, was die Chinesen dazu sagen würden. Zumindest hatte ich die Nummer der Deutschen Botschaft in Peking besorgt. Ich kaufte noch eine Karte für unseren Fluchtweg, und so gingen wir davon aus, für alle Fälle gewappnet zu sein. Am nächsten Morgen um zehn Uhr stand ich wieder bei brütender Hitze in der Frachthalle. Endlich, ein gutes Zeichen: Da lagen unsere heiß begehrten Stücke, die Fracht war komplett, es konnte losgehen.

Mensch, ist die Wand steil! Als Jan und ich als Vorhut auf die Basislagermoräne kamen, zeigte sich der Latok II in seiner ganzen Größe. Die Westwand lag noch im Schatten, was sie noch unheimlicher, noch unnahbarer machte. Gott sei Dank, diese Aufgabe war gelöst, da musste ich nicht mehr hinauf! Ich setzte mich auf einen Stein, war für kurze Zeit in Gedanken wieder in der Wand und konnte mich noch lebhaft daran erinnern, wie es gewesen war. Was für ein schönes Gefühl, wieder hier zu sein! Basislager aufbauen, Ausrüstung sortieren, Material vorbereiten. Alles bei bestem Wetter. Es schaute gut aus, das Planspiel Ogre konnte beginnen.

Der Krieg. Seit zwei Wochen hörten wir hier im Basislager jetzt schon das dumpfe Grollen schwerer Artillerie an der »Line of Control«. Es war fast zu erwarten gewesen, dass Pakistan und Indien keine schnelle Lösung für ihren wieder einmal aufgeflammten Konflikt finden würden und dass es zu massiven Kampfhandlungen käme. Aber dass wir den Waffeneinsatz selbst hören würden, hatten wir nicht erwartet. Das ging an die Nerven. Ismail hörte jeden Tag die Nachrichten ab. Er war besorgt um seinen jüngeren Bruder, der Soldat in der pakistanischen Armee war. Und am 15. Juni kam mit einem Postläufer prompt eine Nachricht für mich – eine schlechte. Ismails Bruder war an der Kaschmirfront gefallen. Noch an diesem Tag verließ uns Ismail, um zu der zehnköpfigen Familie zurückzukehren, deren Oberhaupt er jetzt war.

Seit Tagen schon hängen schwere Wolken in den Gipfeln des Karakorum. Wieder fünf Tage hundsmiserables Wetter. Wir sind mehr als angeschlagen, das lange Sitzen im Basislager laugt uns aus. Am Berg zu sein würde Ablenkung bedeuten, würde helfen, die Gedanken wieder zu ordnen. Aber die Großwetterlage ist einfach schlecht, und solange sich an dieser nichts ändert, können wir auch nicht mit den notwendigen vier stabilen Tagen rechnen.

Ich schaue zum Ogre, er steht da wie immer. Doch mit jedem Tag wird es schwieriger für mich, den Weg zum Gipfel zu finden. Sicher, ich will keine Chance auslassen, keine einzige, und das ist auch die Erklärung, warum ich überhaupt noch im Basislager bin. Aber trotzdem habe ich mit dem Gipfel bereits abgeschlossen. Wie eine Katze stundenlang vor einem Mauseloch sitzt und auf ihre Beute wartet, so sitze ich jetzt hier seit Wochen im Basislager, stoisch und geduldig auf Beute wartend. Wenn sich die Beute nicht zeigt, zieht die Katze wieder ab. Wenn der Gipfel des Ogre nicht in Sichtweite kommt, werde auch ich abziehen. Jagderfolg negativ. Nichts Ungewöhnliches für die Katze, nichts Ungewöhnliches am Ogre.

Den Erfolg haben diesmal die anderen: »success« am Broad Peak, »success« am Gasherbrum II, »success« am Trango Tower – immer wieder hören wir die Erfolgsmeldungen im Radio. Mit gewissem Neid betrachten wir die anderen, die ihr Ziel schon erreicht haben. Hätten wir ein leichteres Ziel gewählt, hätten wir den Gipfel schon in der Tasche. Doch es sind immer wieder die gleichen Berge, an denen diese Erfolge gefeiert werden: Ziele mit

Halbzeit auf dem Weg zum Gipfel. Mit Georg Simair (links) auf 7600 Metern in der Westflanke des Cho Oyu.

Zusammen mit Horst Fankhauser auf den letzten Metern zum Gipfel des Cho Oyu.

Der frei kletterbare Weg durch den kompakten Granit des El Capitan findet sich an den riesigen Adern aus schwarzem Diorit: »El Niño«.

Rissklettern ohne Ende – wer es nicht beherrscht, hat in »El Corazón« nichts verloren.

Verkehrte Welt: Freiklettern in der auf den Kopf gestellten Riesentreppe des großen Dachs in der Route »Bellavista«.

Toni Gutsch in Maestris »Kompressorroute« auf den Cerro Torre.

Ein Tag später ... der perfekte Tag in Patagonien! Toni Gutsch auf dem Weg zum Gipfel des Fitz Roy.

Perfekt projiziert die untergehende Sonne die Silhouette des Cerro Torre auf die Granitpyramide des Fitz Roy.

Free solo in der Direttissima der Großen Zinne. Die Welt reduziert sich auf die wenigen Quadratzentimeter des nächsten Griffes.

bekannten Namen und maximaler Erfolgswahrscheinlichkeit. Wenn ich mir das überlege, verblasst der Neid schnell. Ich betrachte wieder den Ogre und erinnere mich daran, warum ich gerade ihn als Ziel gewählt habe: weil er eine extrem niedrige Erfolgsrate hat und damit eine echte und reine Herausforderung ist. Eine Herausforderung, die wir noch vor uns haben, für die noch eine Chance besteht, auch wenn ich sie schon gar nicht mehr klar erkenne. Vierzehn Tage Basislager noch, vierzehn Tage Hoffen, aber auch vierzehn Tage quälendes Warten auf besseres Wetter.

27. Juli. Gestern bei Sonnenuntergang klarte es plötzlich auf, sodass wir uns entschlossen, noch in der Nacht aufzubrechen. Zum dritten Mal steigen wir ins Pfeilerlager in 6000 Meter Höhe auf. Der Weg zum Vorgeschobenen Basislager, durch den Gletscherbruch, durch das Couloir und über die ersten Seillängen am Pfeiler, alles geht mir langsam auf die Nerven. Nach acht Stunden sitzen Thomas und ich endlich im Portaledge, Jan und Toni im Ledge daneben. Immer wieder das gleiche Phänomen: Im Ledge fühle ich mich zu Hause. Ruhig und gelassen kann ich dem entgegensehen, was uns morgen erwartet: Fünfzehn Seillängen klassische Felskletterei, nicht allzu schwierig, aber wir wollen – nein, wir müssen – in einem Tag durchkommen, denn wir werden die Portaledges nicht mitnehmen, und so müssen wir zum Biwakieren den Pfeilerkopf erreichen. Drei schwere Rucksäcke haben ihren Weg nach oben zu finden, das Klettern selbst wird somit zur Nebensache, dominant ist das logistische Problem, das gesamte Material möglichst schnell in die Höhe zu schaffen.

Doch in der Nacht verdichten sich die Zirren, die sich schon tagsüber gezeigt haben, und es bläst wieder ein extremer Höhensturm, vor allem oberhalb von 6500 Metern. Um zwei Uhr nachts entscheiden wir uns, nicht aufzubrechen und den Morgen abzuwarten. Als sich die Bedingungen nicht verbessern und die Chancen für gutes Wetter in den nächsten Tagen schlecht stehen, verschwenden wir keine Energie an einen aussichtslosen Versuch und setzen alles auf einen weiteren, letzten Versuch. Wir steigen ab, nun schon zum dritten Mal, ohne jemals einen wirklichen Vorstoß gestartet zu haben. Jan steigt jedoch nicht nur ins Basislager ab, er steigt komplett aus. Er hat den Südpfeiler bereits 1997 versucht, er hat zu viel Energie hineingesteckt und nichts zurückbekommen, und jetzt, zwei Jahre später, ist er endgültig fertig mit dem Berg.

Der letzte Versuch. Das Wetter wird noch schlechter. An vier Nächten in Folge stehen wir um zwei Uhr auf. Die Wolken hängen tief. Dreimal noch brechen Thomas, Toni und ich zum Ogre auf, und jedes Mal schwemmt uns Schneefall und Regen vom Gletscher. Zweimal drehen wir bereits vor dem Vorgeschobenen Basislager um, doch beim letzten Mal ziehen wir durch – es ist rein rechnerisch der letzte Termin, die letzte Chance. Bei Schneetreiben und starkem Wind steigen wir in den Pfeiler ein. Die Seile sind komplett vereist, der Wind fetzt nur so um die Pfeilerkante. Wenn es noch schlimmer wird, kommen wir nicht einmal mehr ins Pfeilerlager, um das Material zu holen.

5. August. Wir können froh sein, dass wir das Pfeilerlager noch abbauen und so zumindest ohne materielle Verluste das Feld räumen konnten. Das Thema Ogre ist abgeschlossen, die vielen, qualvollen Tage des Nichtstuns liegen hinter mir, und zwei Wochen später bin ich wieder daheim. Ich habe es hinter mich gebracht: Drei Monate im Ausland, abgeschnitten, abgetaucht, während sich zu Hause alles sammelte und aufstaute. Jetzt bricht der Damm, und mit voller Wucht trifft mich die geballte Zivilisation. Ich habe Mühe, mich hier wieder zu orientieren.

Auf einen Erfolg kann ich mich diesmal nicht stützen, und mir wird bewusst, wie hart das Scheitern ist. Nach den endlosen Wochen des Wartens war ich froh, endlich das Feld zu räumen, das verkrampfte Lauern auf den Gipfel beenden zu können. Aber mit jedem Schritt in Richtung Heimat erkannte ich mehr, was mich dort erwarten würde. Was ich jetzt eigentlich bräuchte, ist Erholung. Ein Erfolg würde vieles, wenn nicht sogar alles kompensieren, die Euphorie würde über die fehlende Erholung hinwegtragen. So aber zeigt jeder einzelne Schritt zurück in den Alltag, dass ich nicht nur »keinen Erfolg« gehabt habe, sondern dass ich vor allem innerlich ausgebrannt bin.

Mit dem Gipfel zurückzukommen hätte bedeutet, trotz der Strapazen Energie gewonnen zu haben. Ohne den Gipfel fällst du zu Hause erst einmal in ein tiefes Tal, du bist ausgelaugt, am Ende, aber du musst weiterkämpfen, drei Monate Abwesenheit aufarbeiten. Dazu kommt, dass der Hunger nicht gestillt wurde. Wir steigen eben nicht auf die Berge, nur weil sie da sind. Wir steigen auf die Berge, weil wir oben stehen wollen. Das Nichterreichen des Gipfels wiegt deswegen so schwer, weil es eine ungelöste Aufgabe ist. Wir wollen den Gipfel erreichen, für kurze Zeit auf dem höchsten Punkt eines Berges unsere Fußspuren hinterlassen, ganz oben stehen, die uns selbst gestellte Aufgabe lösen und damit wieder frei sein. Erreichen wir den Gipfel nicht, sind wir Gefangene unserer selbst und unserer ungelösten Aufgabe.

Erfahrung basiert auf Erinnerung an bereits Erlebtes, und das intensive Erlebnis, mit einer ungelösten Aufgabe fertig werden zu müssen, wird sich genauso wie ein Erfolg in meinem Gedächtnis verankern. Vordergründig zwar als ein negatives Ergebnis, doch auch dieses wird irgendwann als wichtige Erfahrung einen bedeutungsvollen Baustein meines Lebens bilden.

23 Der Weg zurück zu mir selbst

Nach dem Ogre ging so ziemlich alles schief, was man sich vorstellen kann. Zum einen kam ich völlig frustriert von der Expedition nach Hause und wollte das Scheitern nicht wirklich akzeptieren, wollte einfach nicht wahrhaben, dass es zum extremen Bergsteigen ganz selbstverständlich dazugehört. Zwar hatte ich auch schon 1995 an einem großen Berg, dem Latok II, keinen Erfolg gehabt, aber damals hatte ich das gar nicht als Scheitern wahrgenommen. Ich war kurz zuvor die »Salathé« rotpunkt geklettert und vom Yosemite Valley direkt ins Karakorum gereist. Meine erste Expedition war an sich schon eine ganz neue Erfahrung, und noch dazu konnte ich damals mit dem Ogre Thumb und dem Spaldang zwei wunderschöne Granittürme in der Latokgruppe besteigen, Letzteren sogar als Erster überhaupt. Diese Erlebnisse vermittelten mir damals das Gefühl, an der Westwand des Latok II gar nicht gescheitert zu sein. Ich nahm unseren Versuch als notwendige Vorbereitung wahr, was sich allein schon darin zeigte, dass ich im Anschluss keine Zweifel daran aufkommen ließ, dass ich so bald wie möglich zurückkehren wollte, um die Westwand nochmals in Angriff zu nehmen.

Jetzt, nach dem Ogre, war aber alles ganz anders. Wir waren am Ogre nicht nur gescheitert, sondern für mich war es, zumindest vorläufig, auch das Ende des Traumes, den Ogre zu besteigen. Ich schloss es nicht für alle Zeit aus, aber zumindest für die nächste

Zeit wollte ich diesem Berg und der gesamten Gebirgsgruppe fernbleiben. Drei Expeditionen in die Latokgruppe innerhalb von fünf Jahren reichten. Als Erstes musste ich wieder Abstand gewinnen, zurückkehren in das Leben zu Hause und lernen, das Bergsteigen, das mittlerweile zu meinem Beruf geworden war, wieder von der leichten Seite zu nehmen.

Sportklettern ist in meinem Leben stets etwas gewesen, was mir Freude vermittelt hat: mit Freunden zusammen frühstücken, den Rucksack nehmen, nur ein Paar Minuten zu Fuß gehen und dann den ganzen Tag im Klettergarten verbringen. Danach beim Kugelbachbauern oder bei einem anderen Wirt den Tag beschließen. Das ist eine Lebensform, die ich auch heute noch, nach so vielen Jahren, in vollen Zügen genießen kann.

Nach vielen Jahren hatte ich endlich mal wieder Zeit, in die Fränkische Schweiz zu fahren. Ein wahres Kletterparadies steht nördlich von Nürnberg in den Wäldern und ist ohne Zweifel das bekannteste Sportklettergebiet Deutschlands. Ich war mit einer kleinen Gruppe unterwegs und wollte nichts anderes als eine gute Zeit haben und ein klein wenig von der Kraft zurückgewinnen, die während der Expedition zum Ogre auf der Strecke geblieben war. An einem dieser Tage besuchten wir das »Zwergenschloss«, an dem kurz zuvor eine Neutour im unteren elften Grad erstbegangen worden war. Neugierig, wie ich war, wollte ich mir die »Powerplay« genauer anschauen. Und wie es der Zufall so wollte, gingen die Züge besser als erwartet. Zugegebenermaßen waren die einzelnen Züge für mich schon am Limit, aber was wollte ich denn? Ich konnte froh sein, die Einzelzüge überhaupt auf die Reihe zu bekommen! Also inspizierte ich eine halbe Stunde später die »Powerplay« noch einmal. Da gingen dann gleich ganze Sequenzen, und es fehlte eigentlich nur noch am Schlüsselzug, der mir nur mit Glück gelang.

Ich war so begeistert, dass ich danach gar nicht ruhig sitzen konnte, sondern die Tour noch ein drittes Mal anging. Da war aber dann, wie zu erwarten, langsam Schicht im Schacht. Nach der Expedition hatte ich die entsprechende Kraftausdauer noch nicht entwickeln können, und je häufiger ich den Schlüsselzug probierte, umso schneller ging es mit der Kraft bergab. Wieder einmal hing ich in der überhängenden Passage in der Luft und fühlte mich wie ein Stück Klettermüll. Um wieder hinauf zum Dach zu kommen, riss ich mit beiden Händen am Seil an, machte einen Klimmzug, um dann ruckartig loszulassen. In der kurzen Zeit, in der mein Körper nach der Aufwärtsbewegung im toten Punkt verharrte, konnte mein Sicherungspartner so viel Seil einziehen, dass ich anschließend wieder Kontakt zum Dach über mir hatte. Doch dabei passierte es – während des kurzen Moments, in dem das Seil entspannt war, wickelte es sich um meine rechte Hand, und kurz darauf zog mein ganzes Körpergewicht diese Schlaufe zu. Wie in einem Schraubstock wurde meine Hand eingequetscht, zu Brei gemacht, und vor allem mein Zeigefinger wurde völlig deformiert.

Scheiße. Fassungslos hing ich vier Meter über dem Boden im Seil. Meine Finger! Was war passiert? Wie konnte das passieren? Meine Finger … Ich hätte noch tausendmal Scheiße schreien können. Aber nicht einmal dazu hatte ich genügend Wut, ich war einfach nur resigniert. Der Zeigefinger war in jede Richtung beweglich, und auch wenn er mir in diesen ersten Minuten noch nicht wirklich Schmerzen bereitete, ahnte ich schon, dass das kein gutes Zeichen war.

Schon einen Tag später war ich in Innsbruck bei Thomas Hochholzer, dem Arzt meines Vertrauens, wenn es um meine Finger ging. Vor allem Zeigefinger und Ringfinger hatten einiges abbekommen. Thomas war überzeugt, dass ich trotz der weitreichenden Verletzungen irgendwann wieder schwer würde klettern können, allerdings müsste ich mich schon auf eine längere Rekonvaleszenz einstellen. Doch trotz des Expertenurteils quälte mich eine Restunsicherheit. Ich zweifelte an der Aussagekraft der

Medizin, an den Selbstheilungskräften des Körpers. Selbst die Heilung einer so kleinräumigen Fingerverletzung ist komplex. Der Ausgang eines physikalischen Experiments ist meist vorhersagbar, aber der Ausgang der Heilung einer Fingerverletzung? Sicher war, dass es, zumindest vorerst einmal, aus war mit dem Klettern. Ausgerechnet jetzt, wo ich es doch so dringend gebraucht hätte, um den Spaß an meinem Leben zurückzugewinnen, um Freude zu empfinden an dem, was ich machte. Mehr als je zuvor war ich ein Gefangener meiner selbst, hatte alle Karten ausgespielt und dabei alles verloren. Für die Situation, in der ich mich nun befand, hatte ich keine Strategie mehr. Ich war ausgebrannt und fertig mit dieser Welt. Ich konnte nicht mehr klettern, für mindestens sechs Monate. Selbst auf das Klavierspielen und auf mein Motorrad musste ich verzichten – alles Dinge, aus denen ich sonst immer Kraft geschöpft hatte. Und wie konnte es anders sein: Obwohl ich mich bis zu diesem Zeitpunkt kaum vor Arbeit hatte retten können, herrschte jetzt Funkstille. Niemand, der einen Vortrag haben wollte. Artikel gab es auch keine zu schreiben. Über was auch? Ich war ohne Arbeit, ohne Sport, ohne Hobby. Ich war einfach nur leer.

In dieser Zeit meiner inneren Leere planten Thomas und ich die nächste Expedition, dieses Mal nach Indien, zum Shivling. Doch wie so alles in meinem Leben damals stand auch diese Expedition unter einem schlechten Stern. Kurz vor der Expedition lag ich wieder einmal mit einer Mandelentzündung flach. Meine verfluchten Mandeln! Seit den schweren Infektionen während der Expedition zum Cho Oyu hatte ich mich gesundheitlich nie mehr vollständig erholt, und mit meiner desolaten psychischen Verfassung wendeten sich die Dinge nicht zum Besseren. Kaum in Delhi angekommen, hatte ich auch schon die nächste Mandelentzündung, und es mussten wieder Antibiotika herhalten. Mehr schlecht als recht quälte ich mich hinauf ins Basislager, doch nach ein paar

Tagen konnte ich mich fangen. Die Medikamente hatten die Infektion verdrängt, und ich griff aktiv in das Geschehen ein, indem ich, während Thomas mit einem Magen-Darm-Infekt pausieren musste, zusammen mit den Schweizern Iwan Wolf und Bruno Hasler bis auf knapp 6000 Meter kletterte, um das Lager für den Durchstieg des Direkten Nordpfeilers vorzubereiten.

Doch es kam, wie es kommen musste. Die Mandelentzündung flammte erneut auf, und damit war es für mich vorbei. Doch es waren nicht nur meinen Mandeln, die entzündet waren. Jetzt war ich als ganzer Mensch krank. In mir, in meiner Seele, war etwas zerbrochen, was mich bisher immer getragen hatte: die Leidenschaft zu den Bergen. Jetzt, mit einem Mal, schienen die Berge so weit von mir weg zu sein, dass ich sie nicht mehr sehen konnte, obwohl ich mitten in der Bergwelt stand. Die zwei Tage, die ich noch blieb, um die Entwicklung endgültig abzuwarten, wurden zur Qual. Ich hasste mich, meinen Körper, diese Welt. Der Shivling, einer der schönsten Berge der Welt, wurde zu einer verhassten Silhouette, die ich nicht mehr länger sehen wollte.

Ich ging, verbrachte die verbleibenden zwei Wochen der Expedition in Rishikesh, um dort wie ein rastloser Wanderer umherzuirren. Ein Tag verlorener als der andere, ziellos, planlos, steckte ich in mir selbst fest. Nach zwei Wochen wurde ich von meiner Lethargie erlöst. Thomas kam zurück – und er hatte es geschafft! Zusammen mit dem Schweizer Iwan Wolf hatte er den Direkten Nordpfeiler des Shivling erstbegangen. Ich freute mich für meinen Bruder. Aber es war keine innere Freude, die ich als positiv hätte empfinden können, es war vielmehr mein Verstand, der den Erfolg als positive Sache wertete, als etwas, was ich meinem Bruder gönnte. Zu krank war ich in dem Moment an mir selbst. Alles, was ich hoffte, war, dass ich zumindest dann, wenn ich wieder daheim wäre, wieder zu mir selbst finden würde. Die zwei Wochen des Wartens in Indien hatten mir alles an Energie abverlangt, und ich spürte, dass ich an die Grenze meiner Kraft gekommen war. Gesundheitlich, körperlich, aber vor allem seelisch.

Die Erlösung kam jedoch nicht. Zu Hause angekommen, sah ich nur noch Probleme vor mir, scheinbar unüberwindbare Hürden. Bei allem, was mich vorher mit Leben erfüllt hatte, stand ich mir jetzt selbst im Weg. Für alles, was ich hätte unternehmen wollen, gab es plötzlich hundert Gründe, warum es nicht machbar, nicht erreichbar schien. Ich brachte es nicht einmal mehr fertig, einfach so einen Berg hinaufzusteigen. Alles erschien mir so unendlich schwierig, so kompliziert, dass ich nicht mehr den Mut aufbrachte, irgendetwas konkret zu planen. Ich bekam nichts mehr auf die Reihe und fürchtete, dass mir mein bisher so geliebtes Leben als Bergsteiger entglitt. Die Vorstellung, vielleicht nie mehr in die Berge gehen zu wollen, machte mir Angst. Ich hatte Angst, dass ich nie mehr Freude am Klettern haben würde, nie mehr mit Freude die großen Berge der Welt betrachten könnte. Ich konnte mir nicht mal mehr vorstellen, mich irgendwann wieder mit meinen Freunden zum Trainieren zu treffen. Und ich wollte auch keinen mehr sehen. Ich hatte Angst davor, dass mir jemand die Frage stellen würde, was denn mit mir los sei. Die Ängste, mit denen ich täglich zu kämpfen hatte, raubten mir die letzte Energie. Jedes Mal, wenn ich glaubte, eine Angst mit rationalem Denken abgestellt zu haben, stand die nächste Angst vor der Tür, und jede Angst, die sich neu entwickelte, schien mir noch schwieriger zu bewältigen.

Die Steigerung kam, als in mir die Existenzangst zu wachsen begann. Wenn ich nicht mehr klettern würde, würde alles, was ich in meinen vielen Vorträgen erzählt hatte und noch erzählen wollte, unglaubwürdig werden. Wer lässt sich schon von einem Bergsteiger begeistern, der in seinen Ängsten feststeckt und der schon lange den klaren Blick auf die Berge verloren hat? Ich konnte mir nicht mehr vorstellen, vor einem Publikum von meinen Erlebnissen zu erzählen. Von Erlebnissen, die unter dem Eindruck meiner Ängste schon längst im Nebel verschwunden waren. Die Abstände, in denen in meinem Leben diese irrationalen Ängste auftauchten, wurden immer kürzer. Irgendwann war die Schwelle durchbrochen: Noch bevor ich eine Angst bewältigt hatte, wurde ich schon von der nächsten eingeholt, und als mir diese Entwicklung mit jedem Tag klarer wurde, empfand ich schließlich eine allgegenwärtige Angst. Ich konnte meinen Weg aus diesen Ängsten nicht mehr finden, denn jetzt hatte ich Angst vor der Angst.

Lange hatte ich vor vielen Dingen die Augen verschlossen, wollte die Probleme nicht sehen, sondern ihnen lieber aus dem Weg gehen. Eine verführerische Strategie: Die Ängste ließen sich so leicht durch andere Dinge verdrängen. Doch nun wurde mir bewusst, dass ich diesem Prozess, in dem sich schon seit längerer Zeit mein Denken gewandelt hatte, nicht weiter tatenlos zuschauen durfte. Das Ausweichen war unmöglich geworden. Die Probleme hatten sich lange genug angesammelt und verstärkt, und jetzt standen sie als fast unüberwindliche Hürde vor mir.

Klar und deutlich stand vor mir die Aufgabe, all diese Dinge, die über Jahre meine Seele in ein Ungleichgewicht gebracht hatten, zu bewältigen. Und ich wusste, dass ich dafür psychologische Betreuung in Anspruch nehmen sollte. Nur so würde ich meine Probleme wirklich bewältigen und ihnen nicht, wie so oft in der Vergangenheit, aus dem Weg gehen. Ich wollte vor allem verstehen, warum mein früher so stabiles Lebensgefühl aus dem Gleichgewicht gekommen war. Ich brauchte Hilfe, um meine Gedanken neu zu ordnen und um für die Zukunft eine Strategie zu entwickeln, wie ich mit solchen Situationen zurechtkommen kann.

Zunächst standen Medikamente zur Diskussion, die mir kurzfristig die Angst nehmen sollten, dazu als langfristige Therapie ein sogenannter Serotonin-Wiederaufnahmehemmer, der meinen vermutlich erkrankten Stoffwechsel in den Synapsen wieder richten sollte. Mit dem Psychiater besprach ich die Situation, die sich für mich als Bergsteiger daraus ergeben würde. Ich war skeptisch, ob der Weg über die Medikamente auch mein Weg sein würde, und ich kam zu dem Schluss, dass ich das Vertrauen in mich selbst hatte, mit diesem Problem auch anders fertig werden zu können. Ich musste es mir nur fest genug vornehmen! Ich hatte den absoluten Willen, ich blendete alles andere aus meinem Leben aus und konzentrierte mich nur noch auf diese eine Aufgabe. Ich war bereit und schob alles andere auf die Seite, war für keine außenstehende Person mehr erreichbar. Keine Arbeit, keine Verpflichtung kam mehr an mich heran – etwas, was mir in den Jahren zuvor unmöglich erschien. Jetzt war ich plötzlich rigoros genug und traf für mich diese wichtigen und notwendigen Entscheidungen.

Ich machte mich auf die Suche nach einer Gesprächstherapie, musste aber feststellen, dass die psychologische Betreuung außerhalb von München schwer unterbesetzt war. Drei Monate Wartezeit waren hier angesagt – drei Monate, die mir in der momentanen Situation einfach zu langwierig erschienen. Ich fragte herum und hatte schließlich Glück. Ein Freund von mir, der Psychologie studiert hatte, vermittelte mich zu einem Psychologen, bei dem er das Praktikum absolviert hatte. Dieser wiederum hatte zwar keine Praxis, sondern war in einer Klinik für die psychologische Betreuung von Jugendlichen zuständig, er erklärte sich aber bereit, sich mit mir zu treffen. Er bot sich also nicht als Arzt an, und somit war ich auch, zumindest nicht direkt, sein Patient. Aber er war wegen der dringenden Anfrage meines Freundes bereit, mich psychologisch zu beraten.

Was daraus hervorging, war ein langer Weg, der vielleicht mehr Initiative und Kraft verlangte, als sich auf Medikamente zu stützen. Aber eben auch ein Weg, der mir nachhaltig eine tiefe Erkenntnis über mein Denken und meine Seele brachte. Immer wieder musste ich den Willen aufbringen, die alten Baustellen nicht verschüttet liegen zu lassen, sondern sie wieder umzugraben, neu aufzuschütten. Ich musste wirklich alles aufgraben, genau diese Dinge, die mich in der Vergangenheit immer wieder in Bedrängnis brachten. Mein Psychologe öffnete mir die Augen für Abläufe, die eigentlich so klar waren, die ich aber immer ignorierte. Und er machte mir klar, dass ich auf Situationen auch anders reagieren konnte als bisher. Auf was ich vorher aus Gründen der Erwartungshaltung an mich selbst bestanden hatte, konnte ich jetzt einfach über den Haufen werfen. Ich war bereit, mir Dinge einzugestehen, die ich vorher nie zugegeben hätte. Und während ich früher manches machte, weil das von mir erwartet wurde, wurde ich jetzt radikal genug und erteilte diesen Erwartungen eine Absage. Man muss eben nur tief genug sinken, um irgendwann bereit zu sein, so rigoros zu reagieren. An erster Stelle steht im Leben das eigene Heil. Erst wenn das eigene Heil gesichert ist, kann man daran denken, Wünsche und Erwartungen anderer nachzukommen. Ich erkannte, in wie vielen Situationen mir in der Vergangenheit immer wieder der kalte Schweiß auf der Stirn gestanden hatte. Und ich begann zu verstehen, dass in solchen Momenten der Zeitpunkt gekommen war, zuerst wieder an mich selbst zu denken und nicht an das, was andere über mich denken werden.

Da war diese immerwährende, hasserfüllte Kritik mancher Kletterer an meinem Tun, die mir in den vergangenen Jahren wesentlich mehr zu Herzen gegangen war, als ich vor mir selbst zugegeben hätte. Hier rächte es sich eben doch, dass ich mich für eine ungewisse Zukunft als Berufsbergsteiger entschieden hatte. Jetzt endlich wurde ich aufgefordert, mich diesem Umstand zu stellen und mich mit den daraus resultierenden Problemen auseinanderzusetzen. War es wirklich so schlimm, wenn mich jemand kritisierte? Berührte es mich, weil der andere recht hatte? Oder büßte ich, indem ich mich ärgerte, nur die Sünden anderer Menschen? Wenn mich früher jemand ungerechtfertigterweise kritisierte, so spürte ich eine tiefe Wut in mir. »Wer sich ärgert, büßt die Sünden anderer Menschen!« Allein dieser Satz, der mir mitgegeben wurde, gibt mir die Chance, auf viele solche Situationen anders zu reagieren. Rufe ich mir diesen Satz in Erinnerung, lasse ich mich nicht mehr so leicht provozieren und nehme es mir vor allem nicht mehr so zu Herzen.

Letztendlich waren es ganz einfache Weisheiten, die mir den Weg aus der Angst gezeigt haben. Über allem stand und steht dabei ein Satz, der mir gleich von Anfang an klargemacht wurde. Ich hatte immer den Wunsch ausgedrückt, dass ich mit der Hilfe von außen so viel wie möglich über mich erfahren wollte, um nur ja nie mehr in die Situation zu kommen, in die ich geraten war. Doch ich wurde aufgeklärt, dass ich jederzeit wieder in eine solche Lage kommen könne. Kein Mensch könne garantieren, dass er stets ohne Ängste durch das Leben schreiten werde. Aber wenn man einmal die Erfahrung gemacht hat, dass man den Weg aus den Ängsten heraus beschreiten kann, dann wird man das Vertrauen in sich selbst haben, auch in Zukunft wieder den Weg aus den Ängsten heraus zu finden. Denk nicht an das Morgen, bewältige dein Jetzt!

Ich ging meinen Weg und glaube heute stärker zu sein als in den Zeiten vor meiner Krise. Ich hatte eine unheimlich intensive Erfahrung gewonnen, einen Einblick in die Seele, der mir ohne die Krise verborgen geblieben wäre. Dieser Einblick macht mein Leben reicher und mich selbst sensibler für die Schattenseiten, die in der Öffentlichkeit so gern verdrängt werden. Tatsächlich erstaunt es mich oft selbst, wie ich heute aus wenigen Worten und Gesten heraus spüre, wenn die Seele eines Mitmenschen leidet. Und ich versuche zu helfen – immer dann, wenn es in meiner Macht steht.

24 Yosemite – Ort der Kraft

Nach der Krise machte ich mich daran, mein Leben nachhaltig umzukrempeln. Ich ließ mich keinem Zwang mehr unterwerfen, besser gesagt: Ich war fest entschlossen, in der Zukunft nur noch die Dinge zu tun, die meinem Herzen zusagten.

Yosemite ist neben meinem Zuhause einer der wenigen Orte, die für mich eine Quelle der Kraft sind. Nach der ersten Rotpunktbegehung der »Salathé« 1995 war ich drei Jahre später wieder ins Valley zurückgekehrt, diesmal zusammen mit meinem Bruder Thomas. Nach wie vor waren damals die von Lynn Hill frei gekletterte »Nose« und die »Salathé« die einzigen Freikletterrouten an den Bigwalls des El Capitan. Damit waren der markante Südpfeiler und die Südwestwand »befreit«, nicht jedoch die Südostwand oder, wie die Amerikaner sagen, The Right Side.

Ein engmaschiges Routennetz durchzog auch damals schon die meist überhängende Right Side, fast alles extrem schwierige Techno-Routen. Der erste Durchstieg durch diese Wand, die 1964 eröffnete »North America Wall«, galt lange als der härteste Bigwall der Welt und war ein Meilenstein seiner Zeit. Entlang dieser Route gelang es Thomas und mir, einen neuen Meilenstein zu setzen, und damit brachten wir frischen Wind in das Klettergeschehen am El Capitan. Wir vertauschten Haken und Hammer mit Chalkbag und Magnesia. Dort wo früher an den feinen Rissspuren der abweisenden und kompakten Wand genagelt wurde, kletterten wir jetzt an feinen Leisten und winzigen Tritten. »El Niño« war geboren, und das Freiklettern hatte selbst die abweisendste Wand des El Capitan erobert.

Das war nicht nur sportlich ein großartiger Erfolg für Thomas und mich, es war mehr. Es war die Verwirklichung einer Vision, die wir seit geraumer Zeit in uns getragen hatten. »El Niño« ist für uns eine unvergessliche Erinnerung, die wie ein hell leuchtender Stern am Nachthimmel unser Leben erleuchtet. Ein Stern, zu dem ich immer wieder gern aufblicke, wenn ich das Schöne suche. Ein Stern, auf den ich mich verlassen und an dem ich mich jederzeit orientieren kann. Genau deswegen führte mich auch die erste große Reise nach meiner Krise nicht in den Himalaja oder ins Karakorum – diese Berge brauchen Kraft –, sondern eben wieder heim in mein kleines Paradies: ins Yosemite.

Anders als geplant kam ich im Herbst 2000 allein im Valley an. Einen Monat vorher war Thomas bergab gelaufen, hatte einen falschen Schritt gemacht, und was folgte, war für jemanden, der in wenigen Wochen zum Freiklettern ins Yosemite reisen will, die Katastrophe schlechthin. Salto vorwärts, Landung in den Steinen, Hände voraus. Brennende Schmerzen, der linke Ellbogen war luxiert. Aus, alles aus. Umsonst trainiert und gequält, die Freiketterträume waren dahin. Allerdings nicht für Thomas, den Mann der schnellen Heilung. Drei Wochen Ruhigstellung? Unsinn! Nach zwei Tagen Frühmobilisation. Sechs Wochen Kletterverbot? Unsinn! Nach drei Wochen kletterte er schon wieder die erste Route im zehnten Grad. Amerikatrip in den Wind schreiben? Unsinn! Flug um zwei Wochen nach hinten verschieben, bis dahin Krankengymnastik. Freiklettern am El Cap, jetzt erst recht! Also kam ich allein im Valley an, Thomas würde vierzehn Tage später nachkommen. Klar war, dass ich die ohnehin knappe Zeit für unser Projekt nutzen würde. So war es vereinbart.

Also machte ich mich mit dem Soloisten auf den Weg. Unser Ziel war eine lange, schmale Verschneidung, die oberhalb des

»Heart« – einer markanten, herzförmigen Vertiefung in der Südwestwand – über eine Strecke von 400 Metern die Wand des El Capitan durchreißt. Doch bald musste ich erkennen, dass das Projekt zu schwierig werden würde. Ich hatte gerade mal ein kleines Stück des Weges zurück zu meiner alten Form geschafft, noch war aber meine Verfassung geprägt von der schweren Fingerverletzung im letzten Jahr, von den zahllosen Mandelentzündungen und von der inneren Krise im gerade vergangenen Frühjahr. Thomas' Karten dürften nach seiner Ellbogenluxation nicht besser stehen. Das Gute an meiner Exploration der Südwestwand war jedoch, dass ich noch eine weitere Möglichkeit entdeckt hatte, die eher unserem Niveau entsprechen würde.

1995 war ich nicht nur die »Salathé« frei geklettert, sondern hatte gleichzeitig sämtliche Felsstrukturen rechts und links der Route analysiert, immer mit dem hungrigen Auge des Freikletterers. Eines der Produkte meines wachen Auges war der »Freerider«, den Thomas und ich 1998 nach der Erstbegehung von »El Niño« in nur fünfzehn Stunden und 25 Minuten erstbegehen konnten. Allerdings war er nicht das einzige Abfallprodukt. Im hintersten Eck meiner Ideenkiste versteckte ich noch die Möglichkeit, zwanzig Meter oberhalb des El Cap Spire an einer schwer erkennbaren Schwachstelle nach rechts auszuqueren. In stetem Auf und Ab ging es weit nach rechts, genau dorthin, wo ich hinwollte: zur »Heart«-Route. Ich machte mich auf den Weg, alleine, und bewegte mich hinein ins Neuland. Es war nicht einmal schwierig. In den vier brandneuen Seillängen wurde gerade mal der neunte Grad gestreift. Danach folgte ich im Großen und Ganzen der »Heart«. Noch einmal ganze vierzehn Seillängen, davon zwei vom Allerfeinsten: steil, ausgesetzt und bester Fels. Alles, was man sich am El Capitan wünschen darf, und der obere neunte Grad war für uns auch noch in unserer derzeitigen Verfassung machbar.

Fünf Tage, nachdem ich unser neues Freikletterprojekt im

Alleingang erschlossen hatte, kam auch Thomas ins Yosemite, gerade zur rechten Zeit. Er kam mit seiner doch noch sehr frischen Verletzung erstaunlich gut zurecht, und schon nach einer Woche Training in der Route waren wir so weit, dass wir an eine durchgehende Rotpunktbegehung denken konnten. Die Hauptschwierigkeit unseres Projekts war seine Länge, insgesamt nicht weniger als 41 Seillängen und damit die längste Route am El Capitan überhaupt. Die Schwierigkeiten der »Golden Gate«, unserer neuen Kreation, waren jedoch human und tatsächlich geringer als die der »Salathé« – verrückt, wenn man bedenkt, dass die »Nose« und die »Salathé« früher als die einzig möglichen Freikletterrouten angesehen wurden.

Trotzdem wurde der Durchstieg selbst nicht gerade zu dem, was man als Spaziergang bezeichnen würde. Thomas und ich hatten an allen Ecken zu kämpfen. Aber dass uns die Route alles abforderte, war wahrscheinlich genau das, was uns dann dieses wunderschöne Gefühl der Zufriedenheit gab. Es war nicht einfach, aber wir hatten es wieder einmal geschafft. Wir hatten unser Tal durchschritten und waren jetzt wieder ganz oben, am Berg, am Gipfel. Und wir wussten dieses Glück zu schätzen. Denn nur von einem tiefen Tal aus kann man die Größe der Berge erkennen und den Moment genießen, wenn man den Schatten des Tales hinter sich gelassen hat und im Licht der letzten Sonnenstrahlen des Tages ganz oben steht.

25 Jenseits der Senkrechten: »Bellavista«

Nach der schweren Fingerverletzung, die ich mir im Herbst 1999 zugezogen hatte, war ich das erste Mal in meinem Leben als Bergsteiger in der Situation, dass ich nicht recht wusste, wie es weitergehen sollte. Bei diesem dummen Unfall hatte ich mir im September nicht nur den rechten Zeigefinger zerquetscht – ein Teil meines Lebens, das Klettern, stand auf dem Spiel. Ich fühlte mich leer, lebte sportlich auf Entzug und wurde erst im Januar 2000 ein wenig erlöst, als ich nach drei Monaten Reha wieder mit leichtem Training beginnen konnte. Noch hatte ich nicht genug Einblick in mich selbst, noch wusste ich nicht, dass mein momentanes Lebensgefühl nicht nur durch die Fingerverletzung aus dem Gleichgewicht geraten war. Daher ging ich die Problemlösung auch auf meine gewöhnliche Art und Weise an. Um meinen Durchhänger beiseitezuräumen, brannte ich darauf, möglichst schnell wieder aktiv zu werden, etwas zu erleben und damit das Gefühl der Leere zu vertreiben.

Als ich schließlich im März endlich wieder Vertrauen zu meinem lädierten Finger gefasst hatte, hielt mich nichts mehr zurück, und ich machte mich auf den Weg zu den Drei Zinnen. Neben der Suche nach Abenteuern hatte ich noch einen weiteren Motivationsgrund. 1994 war ich zusammen mit der Spanierin Lisi Roig Alegre an der Nordwand der Westlichen Zinne die »Schweizerführe« geklettert, einen klassischen Weg, der frei geklettert den unteren neunten Grad verlangte. Eine eindrucksvolle Unternehmung. Wir zwei hatten einen wunderschönen Tag in den Dolomiten erlebt, einen geschenkten Tag. Und folgenreich: Mir war dabei das riesige Dach rechts der »Schweizerführe« ins Auge gestochen. Diese verkehrte Welt hatte mich gefangen genommen und nicht mehr losgelassen. Ich hatte den Verdacht, dass das große Dach an der Westlichen Zinne möglicherweise eine der verrücktesten Freikletterlinien der Welt in sich tragen könnte. Bis ich aber zur Westlichen Zinne zurückkehrte, sollten dann letztendlich sechs Jahre ins Land ziehen. Viele Pläne, Ziele und Träume schwirrten im Kopf herum, wollten realisiert werden, immer wieder kam etwas anderes dazwischen, wenn sich das Ziel Westliche Zinne in meinen Gedanken nach vorn drängte. Aber jetzt, nach der schweren Durststrecke, kam das große Dach der Westlichen Zinne gerade recht.

Gemäß meiner Stimmung verschrieb ich mich dem Motto »je härter, desto besser« und wählte bei dieser Erstbegehung den Alleingang, im Winter, mit dem selbst auferlegten Ziel, keine weitere Direttissima durch die Wand zu legen. Die Linie sollte natürlich sein, zur Fortbewegung in den Seillängen sollten nur Normalhaken geschlagen werden, Bohrhaken lediglich am Stand zum Einsatz kommen. Und ich bekam, was ich bekommen wollte: Ich hatte Angst, musste all mein Können aufbieten, um nicht ungebremst im schneebedeckten Schuttkar einzuschlagen. Die Route war nach Herzenslust brüchig, anspruchsvoll und wild. Aus zweierlei Sicht war die Erstbegehung der »Bellavista« etwas Besonderes für mich. Erstens war ich noch nie im Winter derart hohe Schwierigkeiten geklettert, und zweitens war ich noch nie so lange, ganze fünf Tage, allein am Berg unterwegs gewesen. Meine Abenteuerlust war fürs Erste wieder gestillt. Und mir war nach diesen fünf Tagen der Erstbegehung klar, dass es geht – entlang der gekletterten Linie von »Bellavista« war jeder Meter ohne Hakenhilfe kletterbar. Schwierig, extrem schwierig, aber machbar. Die freie Begehung dieses riesigen Dachausbruches wurde zur fixen Idee und Herausforderung zugleich: unterwegs zu sein im elften Grad im brüchigen Dolomit einer schattigen Nordwand. Doch ich wusste, dass ich für eine freie Durchsteigung noch nicht bereit war. Die Verletzungspause hatte ein riesiges Loch in meine Armmuskulatur gerissen, eine Trainingsphase von drei Monaten würde nicht reichen, um die notwendige Kraft für dieses Dach aufzubringen. Ich musste das Projekt auf später verschieben. Der Sommer 2000 brachte letztendlich nur die Gewissheit, dass es nicht vorbei war mit dem Klettern. Aber mit den richtig schweren Touren musste ich warten. Noch vertrug mein Finger keine extremen Belastungen, und es dauerte eben seine Zeit, bis ich wieder den Anschluss an mein Niveau vor dem Unfall fand. Erst im Winter konnte ich wieder richtig hart trainieren. Aber dann mussten die Kraftkammern, Trainingsräume und Kletterhallen bis zum Letzten herhalten: Ich hatte lange unter dem Entzug gelitten und jetzt dafür so richtig Feuer gefangen. Das schärfte den Blick auf mein Ziel. Ich richtete alles darauf aus und wusste, was zu tun war: Sportklettern ist die Basis, um hohe Schwierigkeiten klettern zu können – auch im alpinen Gelände. Im Frühjahr schraubte ich die Kletterleistung im Klettergarten langsam, aber sicher wieder nach oben, nach fünf Jahren Abstinenz kam ich wieder zurück in das Reich des elften Grades, wo die Griffe winzig klein, die Überhänge richtig steil und die Kletterzüge wirklich athletisch werden.

Anfang Juni 2001. Es war so weit, ich sollte fit genug sein. Worauf noch warten? Zusammen mit Hias Leitner aus Graz war ich auf dem Weg zurück zu den Zinnen. Um den ersten Schritt zur freien Durchsteigung zu machen, musste ich zusammen mit ihm die Route sozusagen »klassisch« durchsteigen, um vor allem in den Dachseillängen die zum Freiklettern notwendigen Sicherungen anzubringen. Denn erstens hatte ich nach meiner Erstbegehung im Winter im großen Dach lediglich einen einzigen Haken hinterlassen, und zweitens lassen sich in dieser Steilheit die Haken einfach nicht aus der Kletterposition anbringen. Also machten wir uns auf den Weg und kletterten zügig durch die ersten fünf Freikletterseillängen der »Bellavista«. Am Standplatz direkt unterhalb des großen Daches behängte sich Hias mit allem, was man so braucht – Hammer, Messerhaken, Lost Arrows, Profilhaken, Keile, Cliffhänger, Trittleitern –, und startete ins überhängende Gelände. Techno-Klettern hat an sich nur sehr wenig mit dem ursprünglichen Klettern zu tun, meist hängt man im Gurt, dann steht man wieder in der Leiter, streckt sich zur Platzierung des nächsten Sicherungsmittels, bewegt sich fort wie eine Raupe. Allerdings ist technisches Klettern in schwierigem Gelände trotz des langsamen Vorwärtskommens alles andere als langweilig! Schwierige technische Kletterei zeichnet sich durch eine entsprechend schlechte Qualität der Sicherungspunkte aus, stundenlanges Unterwegssein in einer langen Techno-Länge wird somit zur psychischen Herausforderung.

Nach zwei Tagen hatten wir die acht Seillängen bis zum »Schweizerweg« durchstiegen und schwebten an den im Dach zurückgelassenen Seilen wieder zurück zum Einstieg. Während dieser Begehung nahm ich mir die Zeit, jeden einzelnen Meter im großen Dach genau auf Griffe und Tritte abzusuchen. Ich wollte herausfinden, ob es eine zusammenhängende Kette an Griffen und Tritten gibt, die es mir erlauben würde, in freier Kletterei durchzukommen. Nach diesen zwei Tagen hatte ich die endgültige Gewissheit, dass die »Bellavista« frei machbar sein würde. Was noch nicht klar war: wie schwierig es werden und ob ich persönlich dazu in der Lage sein würde, das Ganze frei zu klettern. Dazu kam noch die Frage, wie ich die sechzig Meter im Dach absichern sollte. Für mich war in jedem Fall klar, dass die »Bellavista« keinesfalls durch Hinzufügen von Bohrhaken entschärft werden sollte. Ein bewusster Verzicht, da die bereits bestehende Route durch nachträgliches Bohren verändert worden wäre – aber auch eine wunderbare Herausforderung. Gerade im Sportklettern, wo Zahlen und Grade das aktuelle Geschehen immer mehr dominieren, wollte ich einen Akzent in die andere Richtung setzen. Es geht auch anders. Ich bin der Letzte, der beim Klettern auf hohe Schwierigkeiten oder den Spaß am Sport verzichten würde. Aber für viele Bergsteiger ist Klettern mehr als Sport. Sie verzichten auf die für hohe Schwierigkeitsgrade übliche hundertprozentige Sicherheit der Bohrhaken, was bei ihnen zählt, sind mentale Stärke, Können und eine gewisse Risikobereitschaft – Eigenschaften, die jeder Kletterer in den großen alpinen Touren braucht.

Zwei Tage später war ich wieder in der Wand und begann mich mit dem Freiklettern im großen Dach auseinanderzusetzen, analysierte jeden einzelnen Meter, untersuchte den Fels und versuchte, zu jeder Stelle die beste Lösung zu finden. Eine Lösung, die zum einem sicher, zum anderen aber auch möglichst ökonomisch kletterbar sein würde. Es kam darauf an, mit möglichst wenig Kraftaufwand zu klettern, denn wenn ich die gesamte Route durchstiegen hatte, musste ich immer noch genügend Kraft für den letzten schwierigen Kletterzug haben. Mit Guido Unterwurzacher als Partner wagte ich mich drei Wochen später erstmals an den Durchstieg der Seillängen im Dach. Die sechste Seillänge zieht unter einem sechs Meter ausladendem Dach entlang einer Schichtfuge etwa zehn Meter nach links, dann wird am schwächsten Punkt der Dachgürtel durchklettert – auf den ersten Blick unglaublich, dass hier freies Klettern möglich ist! Immer wieder finden die Fingerspitzen im Riss der Dachfuge Platz, am Ende des Quergangs gibt es vor der ersten Schlüsselstelle sogar einen Rastpunkt. Ich schüttelte kurz die heiß gelaufenen Unterarme aus, sortierte mit rechts die kleine Leiste ein, riss entschlossen durch zum Zweifingerloch, kurz vor dem Abkippen zum nächsten ...

Dann hielt ich die großen Griffe am Standplatz in der Hand. Die erste Seillänge im Dach war geknackt! Guido stieg mithilfe der Jümars am Seil nach und kam damit jetzt auch in den Genuss der urplötzlich anwachsenden Ausgesetztheit. Jeder Handgriff wurde doppelt überwacht, alles dreifach überlegt. Auch mir stand die Anspannung im Gesicht geschrieben. Ich setzte einige Versuche in die nächste Seillänge, kam aber an diesem Tag nicht zum gewünschten Erfolg. Ich war zu nervös, nicht locker genug, um in der schwierigsten Einzelstelle der »Bellavista«, einem sechs Meter langen Linksquergang, zu einer vernünftigen Lösung zu kommen. Doch auch diese Seillänge konnte sich meinem permanenten Ansturm nicht ewig widersetzen. Eine Woche später gelang mir schließlich der Durchstieg der wohl schwierigsten Seillänge, und somit waren zum ersten Mal die Voraussetzungen für eine Rotpunktbegehung geschaffen. Jetzt kam es darauf an, vom Einstieg beginnend alle Seillängen an einem Tag rotpunkt zu durchsteigen. Ich musste mir aber noch eine weitere Hürde auferlegen. Der Stand zwischen der ersten und der zweiten Dachseillänge befindet sich in überhängendem Gelände, es gibt keinen No-hand-rest. Für mich als Freikletterer wurde es damit zur Pflicht, diese zwei schwierigen Längen zu einer einzigen zusammenzuhängen. Fünfzig Meter, ununterbrochen in überhängendem Gelände, eine Herausforderung für die Ausdauer meiner Unterarme.

Wieder waren zehn Tage vergangen, und wieder stand ich unten am Einstieg der »Bellavista«. Relativ häufig kreuzte ich an den Zinnen auf, und das aus dem einfachen Grund, weil ich bei den vorhergehenden vier Versuchen gescheitert war. Diesmal war Gernot Flemisch mit dabei, ein Freund aus der Traunsteiner Kletterszene. Wie immer fühlte ich die Anspannung. Ich stand zwar am Einstieg, aber meine Gedanken waren schon längst woanders, 200 Meter weiter oben, im großen Dach. Wie würde es wohl heute laufen? Würde ich ein weiteres Mal scheitern, würde es mir endlich gelingen? Zunächst musste ich die ersten 200 Meter klettern, so ökonomisch wie möglich, um später im großen Dach auch noch für den letzten schwierigen Meter genügend Kraft zu haben. Nach drei Stunden kamen wir am Standplatz unter dem Dach an, ein Moment, in dem am inneren Auge Bilder von den vorhergehenden Versuchen vorbeizogen. Bei allen konnte ich ohne Probleme den unteren Wandteil klettern, kam auch jedes Mal mit dem Gefühl an, dass ich eine gute Chance hätte. Doch alle Versuche der vorhergehenden Tage endeten in der Schlüsselstelle, dem sechs Meter langen Linksquergang. Immer wieder kam der Moment, an dem ich einen Zug nicht optimal löste, den nächsten Griff nicht optimal zu greifen bekam und damit der nächste Zug unmöglich wurde. Wie in einer Steilspirale kam es jeweils zu dieser verhängnisvollen Kettenreaktion, und immer wieder befand ich mich auf der Reise durch die Luft. Sobald ich am Standplatz unterhalb des großen Daches war, setzten sich diese Bilder in meinen Gedanken fest, immer wieder zogen sie an mir vorbei. Ich musste diesen Kreislauf durchbrechen, musste diese Bilder aus meinen Gedanken verdrängen. Wenn ich weiter diesen Erinnerungen nachhing, würde ich es nie schaffen.

Nach einer halben Stunde Pause am Standplatz steige ich schließlich los. Der Linksquergang ist kein Problem, auch über das Dach ziehe ich heute ruhig und erreiche den Rastpunkt an den großen Griffen beim Zwischenstand. Es sieht gut aus! Schon bald haben sich die Arme wieder gelockert, die Atemfrequenz sinkt, der Kreislauf beruhigt sich. Alles gute Anzeichen. Ich ziehe weiter, die Gedanken sind auf der richtigen Bahn. Es existiert kein oben, kein unten, die Ausgesetztheit ist weggefiltert. Ich habe alles im Griff, entschlossen fällt eine um die andere schwierige Sequenz, ich erreiche den Normalhaken acht Meter schräg links über dem Rastpunkt, dort wo der Linksquergang beginnt. Ich hänge den Haken ein und klettere sofort weiter zum nächsten Rastpunkt, einen Meter links davon. Wieder nehme ich mir die

Zeit, den Kreislauf zu beruhigen und die Arme zu entkrampfen. Die Schlüsselstelle: der Linksquergang. Kein einziger guter Griff, alles offene Strukturen, kraftvolles Durchziehen, dynamisches Klettern, der Schwerkraft darf keine Chance bleiben. Sportklettern im unteren elften Grad, wie im Klettergarten, nur mit dem feinen Unterschied, dass die Sicherungen eben keine Bohrhaken sind. Zug um Zug vollziehe ich das eingespielte Bewegungsprogramm, wie der Kunstturner im Wettkampf seine wochenlang vorbereitete Kür. Zug um Zug lasse ich hinter mir, bis ich den ersten guten Griff erreiche. Dazugreifen, noch ein Zug, und ich erreiche das große Loch am Ende des Quergangs. Das Schwierigste liegt hinter mir! Die Unterarme brennen, der Geist will aussteigen, der Weg zum Standplatz ist immer noch lang, ganze zehn Meter, auf denen mir kein Fehler passieren darf. Zehn Meter noch, in denen ich alles gebe. Zug um Zug kämpfe ich mich nach oben, rette mich von Rastpunkt zu Rastpunkt. Die Angst sitzt mir im Nacken, so kurz vor dem Ziel – es darf nicht passieren! Der letzte Zug, ich vertraue dem linken Tritt nicht, ich will zögern, doch ich kann nicht. Sofort laufen beide Unterarme voll, ich muss es riskieren. Weiter. Da ist er, der Stand, das Ende der Seillänge. Die Erlösung. Der Weg nach oben ist frei, am 18. Juli 2001 bringe ich mein Abenteuer zu Ende. Das riesige Dach, die Route »Bellavista«, ist frei durchstiegen.

26 Perspektiven für den Bergsport im 21. Jahrhundert

Bergsteigen ist ein Sport mit Zukunft, aber auch einer mit Geschichte. Die Besteigung des Montblanc im Jahr 1786 wird oft als die Geburtsstunde des Bergsteigens bezeichnet. Der höchste Gipfel der Alpen war damit erobert, und man könnte meinen, dem Bergsteigen, gerade geboren, wäre damit bereits die Perspektive geraubt worden. Doch die Bergsteiger fanden in der unglaublichen Vielfalt der Bergwelt immer wieder neue Herausforderungen. Früher war das einfacher, da war es noch ruhig in den Bergen. Die Leute hatten weniger Geld, kaum Freizeit und wussten auch nicht viel über die fremde Welt der Berge. Deswegen hatten die wenigen, die trotzdem die Möglichkeit hatten, in die Berge zu gehen, auch viel mehr Freiraum. Sie konnten fast ungestört ihren individuellen Interessen nachgehen, konnten Touren unternehmen, ohne mit anderen in Berührung zu kommen. Doch auch heute, wo selbst die Riesen des Himalaja alle schon längst bestiegen sind, gibt es für Spitzenbergsteiger noch unzählige Möglichkeiten, an ihre Grenzen zu gehen – auch in den Alpen.

Bergsteigen wurde im Lauf der Jahre zu einem Breitensport, der in unserer mobilen Freizeitgesellschaft immer mehr einer Massenbewegung gleicht. War man früher meist allein unterwegs, so trifft man heute im Gebirge häufig auf wahre Menschenansammlungen. Der Massentourismus hat die ehemals wilden Alpen erschlossen, er hat sie verändert und seinen Bedürfnissen angepasst.

Viele der Bergtouristen erleben heute nicht mehr den Berg selbst, sondern konsumieren das angebotene »Bergerlebnis«. Wenn man die Vielfältigkeit des Bergsteigens betrachtet, dann versteht man auch, warum so viele Menschen in den Bergen unterwegs sind. Es deckt einfach alles ab, von Spaß und Erholung in der Freizeit bis zum Abenteuer, bei dem es um alles geht. Alle verschiedenen Spielarten des Alpinismus, die sich zwischen diesen beiden Extremen tummeln, entsprechen den unterschiedlichen Vorlieben derer, die das Bergsteigen betreiben – der eine liebt den Spaß und die Sicherheit, der andere liebt die Gefahr und das Abenteuer. Wichtig dabei ist, zu erkennen, dass es beide Extreme und alles dazwischen gibt. Es sollte daher im Interesse aller liegen, diese Vielfalt zu erhalten. Selbst die verhältnismäßig »kleinen« Alpen sind immer noch groß genug, um allen eine Spielwiese zu bieten, auch wenn es heute in den Alpen spürbar »enger« geworden ist und wir deswegen vermehrt aufeinander Rücksicht nehmen müssen. Die Nachfrage zum Angebot »Bergerlebnis« ist zweifellos da, dem anwachsenden Touristenstrom den Zugang zu den Bergen zu verbieten wäre unsinnig – wir Menschen sind Bestandteil der Natur. Doch durch unüberlegte Erschließung die Vielfalt unseres Sports zugunsten des Breitensports zu zerstören wäre ein Anschlag auf die Geschichte und die Zukunft des Bergsteigens.

Seit Jahrhunderten werden die Alpen erschlossen. Dabei war die Erschließung stets vorwärtsgerichtet, und sie wird auch in Zukunft weiter voranschreiten und uns Bergsteiger betreffen – im Feinen wie im Groben. In Zermatt wurde die notwendige Infrastruktur für den Massentourismus geschaffen, Eisenbahn, Hotels, Seilbahnen, die riesigen Parkplätze in Täsch. Zermatt wird nie mehr das Dorf sein, das es einmal war. Oder die Aiguille du Midi: Seilbahn, Gipfelrestaurant, die Abfahrt über das Mer de Glace – dieser Berg wird, solange die Seilbahn existiert, nie mehr seine ursprüngliche Ruhe bekommen. Die vielen Erschließungsmaßnahmen haben natürlich auch das Bergsteigen verändert. Doch hat eine vernünftige Regulierung der touristischen Erschließung der Ursprünglichkeit des Bergsteigens noch genügend Freiraum gelassen. Auch wenn der »große« Tourismus das Bild der Berge verändert hat, der Bergsteiger konnte bisher immer noch ausweichen. Zum Glück rechnet sich eine Komplettumwandlung der Alpen in einen durchgehenden Freizeitpark mangels Nachfrage wirtschaftlich auch heute noch nicht.

Doch nicht die Groberschließung durch den Tourismus wird dem Bergsteigen in den Alpen die Perspektive rauben, die für den Bergsport bedeutsamen Veränderungen haben immer noch die Bergsteiger selbst besorgt. Viel mehr als die großen Baumaßnahmen im Alpenraum hat während der letzten hundert Jahre die Kapillarerschließung das Bergsteigen verändert: der Hütten- und Wegebau, Klettersteige, Sportkletterrouten. Die Ausstattung der wilden Felslandschaft mit Haken und Bohrhaken hat bis heute kein Ende gefunden und wird das voraussichtlich auch in Zukunft nicht tun. Nachdem sich die alpinen Vereine dazu entschlossen haben, ihrerseits den Alpen durch einen Stopp im Hütten- und Wegebau keine Wildnis mehr zu entreißen, legen die Kletterer jetzt selbst Hand an. Dabei sind sie eigentlich die Spezies unter den Bergsteigern, welche die sportlichste Einstellung besitzt. Zur Erinnerung: Das Klettern in den Alpen hatte von Beginn an sowohl eine sportliche als auch eine abenteuerliche Komponente. Wenn man die Geschichte des Bergsteigens kennt, weiß man, dass diese Bestandteile einfach zusammengehörten. Doch genau das scheint heute oft nicht mehr selbstverständlich zu sein.

Der überwiegende Teil der Erstbegehungen im alpinen Gelände im letzten Jahrzehnt sind sogenannte Plaisir-Routen. Im Stil der heutigen Generation wird in Erstbegehungen alle drei Meter ein Bohrhaken gesetzt, um dem Abenteuer möglichst wenig ausgesetzt zu sein. Dieser Stil als solcher ist allgemein akzeptiert: Zusammen mit den zahllosen Routen aus früheren Eponen des Bergsports ergibt sich eine unvorstellbare Vielfalt an Möglichkeiten, wie man das Klettern betreiben kann – und genau das ist es doch, was unseren Sport so interessant und spannend macht! Die »Dülfer« an der Fleischbank, die Eiger-Nordwand, die »Rebitschrisse«, die »Schweizerführe«, der Mittelpfeiler, die »Modernen Zeiten«, der »Weg durch den Fisch« – das alles sind große, klassische Eckpfeiler, die jeweils charakteristisch für ihre Zeit stehen. Auf der anderen Seite gewinnt seit den Achtzigerjahren der Bohrhaken immer mehr an Bedeutung, nicht für das technische Klettern, sondern als Sicherungsmittel für das Freiklettern. Die Kirchlispitzen im Rätikon, die Wendenstöcke stehen für anspruchsvolle, mit Bohrhaken abgesicherte Alpinrouten, und über den ganzen Alpenbogen verstreut gibt es heute eine fast unglaubliche Zahl von Plaisir-Routen. Für jeden gibt es etwas – genau das, was er sucht. Zumindest ist das bis heute noch so, und es ist gut so.

Was aber zu weit geht: Wenn nicht nur Erstbegehungen, sondern auch bestehende alte Routen aus den unterschiedlichsten Epochen »plaisirmäßig« erschlossen werden. Unter missbräuchlicher Verwendung des Begriffs der »Sanierung« bohrt man sie nachträglich ein, ohne dabei die Leistung der Erstbegeher oder die natürliche Vielfalt des Alpinkletterns zu respektieren. Die Routen werden uniform »hergerichtet«, sodass nach der »Sanierung« nicht mehr erkennbar ist, ob es einst eine Auckenthaler-, eine Rebitsch- oder eine Messner-Route war. Diese Rücksichtslosigkeit gegenüber der Leistung der Erstbegeher, diese Rücksichtslosigkeit gegenüber der Epoche, in der die Route begangen wurde, diese Rücksichtslosigkeit gegenüber der alpinen Geschichte hat zu einer regelrechten Spaltung unter den Kletterern geführt.

Heute werden in für Sportkletterer aufgrund hoher Felsqualität attraktiven alpinen Klettergebieten neue wie alte Routen mit Bohrhaken ausgestattet – eine Erschließung, die mit immer höherem Tempo voranschreitet. Und solange der Mensch auf keine wirtschaftlichen und moralischen Barrieren oder Probleme mit dem Naturschutz stößt, wird er weitermachen. Wirtschaftlich ist die Kapillarerschließung mit Hilfe von Bohrhaken selbst in Privatinitiative zu bewerkstelligen. Probleme mit dem Naturschutz aufgrund klettertechnischer Übererschließung sind bis heute noch gering, da die Klettergebiete der Alpen im Gegensatz zu den Mittelgebirgen überwiegend Ödland sind. Eines liegt jedoch klar auf der Hand: Je mehr und je schneller die Kletterer erschließen, umso leichter regt sich Widerstand. Fanden noch vor zehn Jahren Bohrhaken nur vereinzelt an anderweitig nicht absicherbaren Stellen Anwendung, so werden heute in einzelnen Gebirgsstöcken der Alpen mehr als tausend Bohrhaken pro Saison gesetzt. Diese Art der Erschließung reguliert sich nicht mehr selbst, denn die moralische Barriere wurde bereits durchbrochen.

Das Klettern in den Alpen – das Bergsteigen – hat eine eigene Geschichte und eine eigene Ethik. Schon immer diskutierte man über richtiges und falsches Verhalten beim Bergsteigen. Die Lebendigkeit der Diskussionen zeigt, dass die Ethik beim Bergsteigen keine Zutat ist, die man weglassen könnte. Beim Bergsteigen gibt es keine geschriebenen Gesetze – dafür ist es nicht wichtig genug. Aber es gibt Verhaltensregeln, die unter anderem im gesunden Menschenverstand, im gegenseitigen Respekt und in der Tradition wurzeln.

Ohne positives Leitbild befindet sich das Felsklettern auf breiter Front in dem Dilemma, dass die Kletterer keine Schranken, keinen Verzicht mehr kennen, keinen Respekt vor der Tradition, dass sie die technischen Möglichkeiten immer mehr missbrauchen. Ein Dilemma vor allem deswegen, weil es wir Kletterer selbst sind, die Schranken und Verzicht mittels unserer Ethik ständig neu definieren müssen. Ohne Respekt vor der Ethik wird das Klettern in wirklich alpinem Gelände bei uns immer weniger Zulauf erfahren – schon heute finden sich nur noch wenige Alpinisten, die sich eigenverantwortlich mit der wilden Bergwelt auseinandersetzen wollen. Ganz im Gegensatz zur Sportkletterei: Egal ob im Klettergarten oder in den Alpen, die Zahl der Sportkletterer wird auch in Zukunft zunehmen, um Nachwuchs muss man sich hier keine Sorgen machen.

Trotzdem bleibt für den Kreis der Alpinisten zu wünschen, dass die Klettergebiete der Alpen nicht sicherungstechnisch gleichgeschaltet werden und damit morgen wie heute die Vielfalt des Alpinismus bewahrt bleibt. Dann hat der Bergsport im 21. Jahrhundert nicht nur im Himalaja, sondern auch in den Alpen eine Perspektive.

27 Von der Verantwortung der Alpenvereine

Der Alpenverein hat als Verband der Bergsteiger entscheidenden Einfluss darauf, welche Perspektiven der Bergsport im 21. Jahrhundert haben wird. Also hängt die Zukunft des alpinen Kletterns weniger vom Verhalten des Einzelnen, sondern vielmehr vom Verhalten der Alpenvereine ab! Viele Alpinisten sehen jedoch heute genau deswegen das alpinistische Erbe wie auch die alpinistische Zukunft gefährdet. Eine Gefährdung, die nach Meinung mancher daraus resultiert, dass die Alpenvereine eine Krise durchlaufen. Viele Alpenvereinsmitglieder glauben, dass sich ihr Verein auf dem Scheideweg zwischen Bergsteigerverband und Serviceunternehmen befindet. Auf der einen Seite zu viel Marketing, Service und Mitgliederwerbung, auf der anderen Seite zu wenig Bergsteigen, zu wenig Engagement im Bohrhakenstreit und im Kampf gegen Felssperrungen – so lauten einige der aktuellen Reizthemen.

Wer die Geschichte des Alpinismus kennt, wird wissen, dass keines dieser Themen neu ist. Im Grunde genommen begleiten diese Grundsatzfragen die Alpenvereine von Anfang an, vor allem aber seit der Wende zum zwanzigsten Jahrhundert. Damals verzeichneten viele der alpinen Verbände einen so rasanten Mitgliederzuwachs, dass die gestiegene Quantität qualitative Folgen hatte. Kleine Sektionen mit hohem alpinistischem Anspruch beklagten damals den ungeheuren Zulauf von Mitgliedern als

Wucherung, die den Alpenverein in seinen Werten und deren Wurzeln tief erschüttere. Und es wurde viel diskutiert, beim berühmten Mauerhakenstreit genauso wie in den rhetorisch brillanten Kreuzzügen der führerlosen Bergsteiger gegen den Verfall alpinistischer Sitten, in den Schriften Hermann von Barths wie in denen Eugen Guido Lammers. Immer wieder hat man polarisiert, jeder hat seinen Idealen folgend für das Wohl des Bergsteigens gekämpft, immer wieder wurden Kompromisse erarbeitet und gefunden – nur um früher oder später wieder im nächsten Streit zu landen. Werden die Diskussionen nie aufhören? Sind die vorher angesprochenen Reizthemen Dynamit, das irgendwann einmal unsere Interessenverbände, die Alpenvereine, in die Luft jagt, oder sind sie eher Treibstoff, der die immer weiter wachsende Gemeinschaft der Bergsteiger am Leben hält?

Warum diskutiert unser Verein überhaupt solche Themen, die ihm offensichtlich nur Probleme bereiten? Weil das Bergsteigen eine ethische Dimension hat, grundsätzlich und von Anfang an. Seit Beginn des Bergsteigens diskutiert man über richtiges und falsches Verhalten der Bergsteiger, über die ideelle Ausrichtung ihrer Vereine, über den Sinn des Bergsteigens. Man stellt Fragen auf einer moralphilosophischen Grundlage: der Ethik des Bergsteigens. Und die Lebendigkeit der Auseinandersetzung zeigt, dass die ethische Dimension des Bergsteigens keine Zutat ist, die man weglassen könnte. Doch was ist die Ethik des Bergsteigens?

Die Ethik ist eine gemeinsame Ebene des Denkens, die sich beispielsweise die Frage stellt, was man von einer Gesellschaft halten soll, in der ein elfjähriges Kind wegen Unzucht vor Gericht gestellt werden soll, während sich Kinder mit den Waffen ihrer Eltern gegenseitig erschießen, ohne dass die Waffengesetze geändert werden. Bergsteigen ist keine staatstragende Angelegenheit, und viele werden sagen, man sollte das Bergsteigen nicht wichtiger nehmen, als es ist. Recht haben sie! Deswegen wurden auch nie Gesetze speziell für das Bergsteigen erlassen. Und doch gibt es außerhalb der niedergeschriebenen Gesetze Verhaltensregeln, die unter anderem im gesunden Menschenverstand, im gegenseitigen Respekt und in der Tradition wurzeln. Und auch die Gemeinde der Bergsteiger empfindet diese Verhaltensregeln, ihre gemeinsame Ebene des Denkens, ihre Ethik, als notwendige, selbst gegebene Handlungsstruktur. Sie empfindet die Ethik als die Statik des alpinistischen Hauses, in dem sie sich sinnvoll bewegen und aufhalten wollen.

Betrachtet man die Geschichte, stellt man fest: Immer wieder wurde in diesem Haus renoviert und umgestellt. Manche Bergsteiger fühlten sich in diesem Haus zeitweise fast fremd, und oft genug wusste man rückblickend alles viel besser. Ethik ist ein wesentlicher Bestandteil des Bergsteigens, ohne den der Alpinismus zusammenfällt wie ein Kartenhaus, wie ein Haus ohne Statik und Stabilität. Und deswegen muss über dieses Thema diskutiert werden. Ein lebendiger Verein diskutiert darüber nicht nur einmal, sondern immer wieder. Denn die Ethik ist nicht zeitlos: Wer einmal Schilderungen aus den Jahrzehnten zwischen 1920 und 1950 gelesen hat, wird sich mit den ethischen Vorstellungen vom Bergsteigen in jener Zeit nicht mehr anfreunden können. Die Ethik ist eine zarte Pflanze, die gesellschaftlichen Entwicklungen ebenso unterworfen ist wie der normativen Kraft des Faktischen.

Ein Beispiel für den Einfluss der gesellschaftlichen Entwicklung: Weniger als vierzig Jahre ist es her, dass in den Alpen die Superdirettissimas mit ihren Hunderten von Bohrhaken als Fehlentwicklung galten. Damals wurden sie als Mord am Unmöglichen bezeichnet und kamen entsprechend in Misskredit. Heute wiederum haben sich gerade die maximal mit Bohrhaken ausgestatteten Routen erneut etabliert. Und ein Beispiel zur normativen Kraft des Faktischen: die Bohrhakendiskussion. Während zu diesem Thema mühsam ein Kompromiss gesucht wird, werden in den Alpen Wände flächendeckend eingebohrt. Hier werden Fakten geschaffen, welche die Geschichte des Alpinismus nachhaltig verändern. Diese beiden Beispiele werfen die Frage auf, wie künftige Generationen in vielleicht zwanzig Jahren das Verhalten der Bergsteiger und der alpinen Verbände von heute beurteilen werden. Wie beurteilen wir heute das Direttissima-Zeitalter? Andererseits: Wie schauen wir heute zurück auf Paul Preuß, auf die Rotpunktbewegung, auf das traditionsbewusste Klettern im Elbsandstein?

Es gibt im Alpinismus wie in den Verbänden Wandel und Kontinuität. Wer den amerikanischen Alpine Club oder den British Mountaineering Club kennt, weiß, dass in ihnen Ethik einen wesentlich höheren Stellenwert besitzt als bei uns – wenn man der Ethik in der gegenwärtigen Situation bei uns überhaupt noch einen Stellenwert zuordnen kann. Auch hierzu ein Beispiel: Als vor ein paar Jahren Schweizer Bergführer am Zmuttgrat Standhaken setzten, gab es unter den Alpinisten in England einen Aufschrei der Empörung. In diesem Zusammenhang muss man wissen, dass 1879 Albert Frederick Mummery, einer der bedeutendsten britischen Alpinisten des 19. Jahrhunderts, diesen Grat erstbegangen hatte. Sicherheitsgründe wurden zur Begründung der »Sanierung« vorher nicht vorhandener Haken angeführt, die Frage nach dem Besitz des Matterhorns gestellt. Es trafen in dieser Diskussion zwei verschiedene Argumentationswelten aufeinander. Die Schweizer argumentierten, das Matterhorn gehöre ihnen, es sei der Arbeitsplatz ihrer Bergführer, die folglich auch das Recht hätten, zu ihrer eigenen Sicherheit Bohrhaken zu setzen. Die Engländer argumentierten aus historischer Sicht – der Zmuttgrat in seinem Originalzustand sei im Routenverlauf seiner Erstbegehung ein alpinistisches Kunstwerk von historischer Bedeutung. Und sie argumentierten darüber hinaus auch aus ethischer Sicht: Kein Mensch dieser Erde besäße das Matterhorn. Wir Menschen besäßen nur die Geschichte des Bergsteigens, an der im Falle des Matterhorns die Briten gewichtigen Anteil hätten.

Wie stehen unsere eigenen Vereine zu solchen alpinistischen

Kunstwerken? Vor allem: Wie agieren sie bei der Bewahrung dieses kulturhistorischen Erbes? Oder ist es etwa gar kein kulturhistorisches Erbe? Warum unterhalten dann Bergsteigervereine wie der Deutsche Alpenverein mit der Praterinsel in München alpine Museen? Natürlich wissen auch die alpinen Vereine, dass ihr wichtigstes Museum immer noch die Alpen selbst sind. Hier wurde die Geschichte des Bergsteigens geschrieben. Hier haben die Bergsteiger mit ihren Erstbegehungen und dem jeweiligen Begehungsstil die einzelnen Epochen geprägt.

Wie wenig andere prägte beispielsweise ein Reinhold Messner das Bergsteigen der Neuzeit. Er bezeichnete den grenzenlosen Einsatz der Technik als den »Mord am Unmöglichen«, egal ob beim Felsklettern oder beim Höhenbergsteigen; vorausschauend predigte er den Verzichtsalpinismus. Heute dagegen sind die kreative Leistung, der Mut des Erstbegehers und die Ungewissheit des Abenteuers beim Felsklettern in vielen Fällen der Gewissheit gewichen, dass allein mit einer ausreichend großen Anzahl an Bohrhaken und künstlichen Griffen alles möglich ist. Deswegen finden Neutouren im Fels der Alpen kaum noch nennenswerte Beachtung. Anders hingegen zum Beispiel die Leistung des Slowenen Tomaž Humar, der im Alleingang die Südwand des Dhaulagiri durchstieg, oder die Begehung der heute berühmten »Action Directe« des legendären Wolfgang Güllich. Das sind Leistungen, denen Sportlichkeit zugrunde liegt und die in die Geschichte eingehen werden. Wie schwer wiegt heute der Verlust des charismatischen Kletterers Wolfgang Güllich, der mit seinem tief in Ethik und Tradition verwurzelten Sportsgeist ein Vorbild für die Kletterwelt sein sollte.

Ohne positives Leitbild befindet sich das Bergsteigen heute auf breiter Front in dem Dilemma, dass die Protagonisten keinen Verzicht mehr kennen und keinen Respekt vor der Tradition. Wo ist die gemeinsame Linie, wenn es um geschlagene Griffe in französischen Sportkletterrouten geht? Wann wird das heute ungezügelte Setzen von Bohrhaken in alpinem Gelände aufhören? Wo ist der Konsens beim Verzicht auf Sauerstoff beim Höhenbergsteigen? Wann hört es endlich auf, dass Bergsteiger auf dem Weg zum Gipfel des Everest an Sterbenden vorbeigehen, ohne Hilfe zu leisten? Wer ist schuld an dem Dilemma? Die Schuld bei der jungen Klettergeneration zu suchen wäre falsch. Vielmehr wären die Alpenvereine gut beraten, wenn sie erkennen würden, dass sie durch fehlende Positionierung und vor allem durch fehlendes Handeln das Dilemma aktiv fördern. Die Alpenvereine müssen agieren. Dann können sie auch etwas bewirken, wie die Erfolge zeigen, die beispielsweise der Deutsche Alpenverein in Bezug auf Felssperrungen in Deutschland erreicht hat. Hier wurden vielerorts Konzepte geschaffen und umgesetzt. Damit hat der DAV aktiv seine Zukunft geschützt. Hat er aber damit schon genug getan? Mit der Tatsache, dass viele Alpenvereine zu so vielen wichtigen Themen keine Stellung beziehen, müssen sie sich zu den Förderern der oben angesprochenen Entwicklungen zählen.

Ich fordere deshalb die Alpenvereine auf, sich in Zukunft mehr um ihre Hausaufgaben zu kümmern: aktiv ihre Kultur zu schützen, die Geschichte des Bergsteigens und dessen Tradition zu schützen. Die Alpen und die Berge der Welt gehören keinem, und sie gehören uns damit allen in gleichem Maße. Sie sind ein kollektives Sportgerät, doch der ethische Umgang mit diesem Sportgerät ist von extremer Individualisierung geprägt. Niemand fühlt sich irgendjemandem gegenüber Rechenschaft schuldig für sein Verhalten, jeder tut, was er will. Der Gedanke, den Berg so zu verlassen, wie man ihn vorgefunden hat, ist alt. Wer die Ausstellung »Schöne neue Alpen« besucht hat oder Jürgen Winklers Bildband »Das andere Bild der Berge« in den Händen gehalten hat, der kann nur das Scheitern dieses Gedankens konstatieren. In vielen Bereichen des Bergsteigens haben sich die alpinen Verbände aus der Diskussion um die Wertestruktur zurückgezogen und diese

Diskussion an die Bergsteiger selbst delegiert. Der Streit um die Sanierung von Routen, in dem die Kletterer heute stecken, wurde durch das mangelnde Interesse der Alpenvereine am aktuellen Geschehen verursacht. Tatsache ist, dass es heute in jedem Gebiet, in dem saniert wurde, zu einer Spaltung der Kletterszene kam. Wollen wir das?

Ich weiß, sehr viele Probleme prasseln von außen auf die alpinen Verbände ein: Transitverkehr, touristische Erschließung, Naturschutz, Umweltauflagen ... Darunter hat die Diskussion um die Ethik des Bergsteigens eindeutig gelitten. Statt einer klaren Linie, welche die Alpenvereine durch Publikationen und Öffentlichkeitsarbeit mit ihrem Ansehen und Gewicht, mit ihrer Richtlinienkompetenz vorgeben könnte, gibt es lokale Streitgruppen. Und genau hier vermisse ich von den alpinen Vereinen die klare Linie für die künftige Auseinandersetzung mit dem Medium Fels!

Als Sicherungsmittel wird im Grunde nur noch der Bohrhaken ernst genommen. Der Normalhaken ist geradezu in Misskredit geraten, und es ist sogar zu befürchten, dass Versicherungen das Klettern an Normalhaken als Fahrlässigkeit interpretieren werden. Von der Fertigkeit, dem Können früherer Bergsteiger, dem Können der Generation unserer Väter, in schwierigsten Positionen einen Haken zu schlagen, will heute niemand mehr etwas wissen. Oft werden wir Traditionalisten eher noch als Halbirre hingestellt – gemäß dem Motto: denn sie wussten nicht, was sie tun. Geschweige denn, dass die Bergsteiger von heute dazu selbst noch in der Lage wären. Ähnliches gilt für alle Formen von Klemmgeräten. Es ist offensichtlich inzwischen egal, ob eine Route komplett ohne Bohrhaken rotpunkt durchstiegen wird oder ob direkt neben Rissen klassischer Routen Bohrhaken verwendet werden. Die Konsequenz ist, dass nach dem richtigen oder falschen Verhalten an sich nicht mehr gefragt wird, was dem Verlust der Ethik gleichkommt. Aber genau ohne diese kann das

Bergsteigen nicht existieren. Wer, wenn nicht die alpinen Verbände, soll hierfür Verantwortung mittragen, wo der Einzelne nicht verhindern kann, dass großflächig historisches Erbe verspielt wird?

Die Alpenvereine haben sich im September 2002 tatsächlich einmal dieser Verantwortung gestellt und in der »Tirol Deklaration« ihre Ethik niedergeschrieben. Was ich aber jetzt vermisse, ist, dass die Alpenvereine die in der »Tirol Deklaration« formulierten Richtlinien auch durchsetzen. Und es wäre eigentlich sogar ihre Pflicht, denn nur so kann diese Deklaration als ethisches Gerüst dem Haus des Alpinismus wieder eine tragfähige Statik verleihen, ein dringend notwendiges Fundament bieten für die künftige Auseinandersetzung mit Politik und Naturschutzverbänden. Wer den Alpinismus der Zukunft schützen will, muss sich heute darüber klar werden, was er darunter eigentlich versteht.

Alpinismus ist kein konzeptloses Steigen am Berg, bei dem jeder macht, was er will. Alpinismus kennt zwar keine geschriebenen Gesetze, aber er hat genau aus diesem Grunde eine Ethik, und seine Ethik ist ein kompliziertes Konglomerat aus Mehrheiten und Minoritäten, aus Tradition und Moderne. Ich fordere mit Nachdruck die Alpenvereine auf, sich wieder mit dem zu beschäftigen, was ihnen ihren Namen gegeben hat: mit den Alpen, mit dem Bergsteigen. Und ich erwarte Resultate, ein klares Zeichen der Bergsteigervereine, dass sie wieder mitten unter uns sein wollen, unter uns Bergsteigern.

28 Dynamik, Präzision und Abenteuer: »El Corazón«

Mit der Rotpunktbegehung der »Bellavista« war ich zum ersten Mal nach doch gut fünf Jahren wieder halbwegs auf der Höhe meines Kletterkönnens. Das hatte sich schon im Frühjahr mit der Erstbegehung von »Adrenalin« und »Orca«, zwei alten Projekten in Karlstein und am Schleierwasserfall, gezeigt. Nach 1996 waren das erstmals wieder Routen im Grad 8c+, was für mich die Bestätigung war, dass trotz meines zunehmenden Alters klettermäßig immer noch einiges drin sein dürfte und dass ich gerade jetzt in der wohl besten Ausgangslage für weitere Ziele war.

Und das Jahr 2001 sollte ein gutes Jahr werden! Nicht nur für mich, auch für meinen Bruder gab es allen Grund zu feiern. In einer taktischen und bergsteigerischen Meisterleistung gelang es Thomas zusammen mit den Schweizern Iwan Wolf und Urs Stöcker, dem Ogre die Zweitbesteigung abzuringen. Nachdem über zwanzig Expeditionen gescheitert waren, nachdem wir zwei Jahre zuvor abgeblitzt waren, zeigte Thomas alle seine Qualitäten, die er als Bergsteiger in sich vereint. Er wusste den rechten Moment abzuwarten, gab sogar einer konkurrierenden Expedition den Vortritt. Während die Amerikaner an der Größe des Ogre scheiterten, konnte Thomas mit seinen Schweizer Freunden den Ausweichgipfel Ogre III erstbesteigen, um dann bestens akklimatisiert für das eigentliche Ziel zu sein. Die drei nützten ihre Chance, waren im richtigen Moment am rechten Ort und standen zu guter Letzt auf dem Gipfel des vielleicht schwierigsten Berges der Erde.

Schwer zu ergründen, warum es immer wieder diese Phasen gibt: Jahre, in denen nichts läuft, obwohl man bestens trainiert ist und alles gibt, und dann wieder Jahre, in denen einfach alles gelingt. Wichtig ist dabei, dass man in diesen Phasen nichts liegen lässt, sondern die Chancen am Schopf packt und alles mitnimmt, was mitzunehmen ist.

Als Thomas sich seinen großen Traum vom Ogre erfüllte, wäre natürlich auch ich gern mit ihm dort oben gestanden. Doch ich hatte mich anders entschieden. Ich wusste mittlerweile, dass ich nicht auf allen Hochzeiten tanzen kann, dass ich mich nicht im Spannungsfeld der Erwartungen anderer verlieren darf, dass ich zuallererst dem eigenen Herzen folgen muss. Und da standen eben Ziele wie die »Bellavista« ganz oben. Und nicht nur sie: Noch im Jahr zuvor hatten Thomas und ich mit der »Golden Gate« eigentlich ein anderes Projekt realisiert als das, was wir ursprünglich im Visier hatten: die lange, schmale Verschneidung, die oberhalb des »Heart« über eine Strecke von 400 Metern die Wand des El Capitan durchreißt. Was im Vorjahr noch zu schwierig war, war jetzt gerade gut genug. Nach dem harten Trainingswinter, nach »Adrenalin«, »Orca« und »Bellavista« war ich besser auf diese Mission vorbereitet denn je.

Zusammen mit Max Reichel aus Bad Reichenhall begann ich meine Mission und war begeistert von dem, was ich entdeckte. Das Fantastische am El Capitan ist, dass er sich immer wieder neu zeigt, dass es mir nie langweilig wird, an seinen Wänden unterwegs zu sein. Glaubte ich vorher, schon alles zu kennen, so ergab sich auch dieses Mal wieder ein neuer, unbekannter Aspekt. Ein Bigwall ist eben auch ein Abenteuerspielplatz, auf dem das Klettern den Weg ins Ungewisse einschließt. Da spielen nicht nur die klettertechnischen Schwierigkeiten eine Rolle. Anspannung und Angst sind stete Begleiter in psychisch anspruchsvollen Routen, und je spärlicher die Sicherungen, desto abenteuerlicher wird das Vorwärtskommen. Erfahrung und Selbstvertrauen sind in diesen potenziell gefährlichen Routen der Schlüssel zum Erfolg. Die Gefahr herauszufordern, die Grenzen auszureizen und dennoch das Risiko zu kalkulieren, das ist das Spiel – ein heißes Spiel, bei dem die Kraft der Muskelfasern genauso entscheidend ist wie der Adrenalinspiegel im Blut.

Adrenalin! Im grauen Morgenlicht kann ich über mir den Auslöser erahnen: die »Beak Flake«, die erste große Hürde der Route »El Corazón«. Eine Woche zuvor konnte ich die Tour mit Max erstbegehen, eine mauerglatte Wand, durchrissen von der Andeutung einer Linie. Achtzig Meter weit zieht der feine Schatten einer Schuppe seine Spur nach unten, endet zehn Meter oberhalb eines breiten Bandes in einer überhängenden Welle aus geschlossenem Granit – die schwierigste Einzelstelle der »El Corazón«. Der nur zwei Millimeter dicke Stahl eines Bird Beak ist hier die einzige Sicherung. Fünfzehn Millimeter tief ist der Spezialhaken für sehr feine Risse im Fels versenkt, acht Meter über dem Band. Die Wahrscheinlichkeit, dass der Stahl durch den Fangstoß bricht, ist signifikant – ich muss damit rechnen, dass ein Sturz fatal wäre. Das Risiko in dieser Kletterstelle ist nur vertretbar, wenn die folgenden zwei Meter beherrscht werden, wenn die Möglichkeit des Versagens praktisch ausgeschlossen werden kann.

Eine Woche nach der Erstbegehung bin ich mit Max für eine durchgehende Rotpunktbegehung nochmals eingestiegen und befinde mich jetzt an dem Punkt, wo sich der Eintritt ins Reich der Route entscheidet: Ich bin in das Seil eingebunden, es läuft durch den Karabiner, eine kleine Schlinge verbindet diesen mit dem Bird Beak, unten sichert ein aufmerksamer Max, und doch bin ich eigentlich »ungesichert« – in meiner Vorstellung free solo – unterwegs. Ich habe Angst, gleichzeitig weiß ich aber, dass ich es kann. Die Angst in mir ist kontrollierbar, sie wächst nicht zur Nervosität, also entscheide ich mich für den Weg nach oben.

Zwei Seitgriffe, die Tritte sind fast auf der gleichen Höhe – der Sprung. Beide Hände lösen sich vom Fels, der Oberkörper fliegt hautnah am Fels entlang in einer Welle nach oben, trotz der Geschwindigkeit fixieren die Augen das Ziel, koordinieren die Bewegung. Die Finger graben sich tief in den Beginn der »Beak Flake«. Der Blick löst sich von den Fingern und folgt dem feinen Schatten der Schuppe, die jetzt in einer ununterbrochenen Linie achtzig Meter den Granit des El Capitan durchreißt.

Eine kurze Stelle in dieser riesigen Wand – doch in ihr konzentriert sich für mich alles, was ich mit dem Klettern verbinde: Athletik, Dynamik, Präzision und Abenteuer. Entsprechend ist »El Corazón« zwar nur eine meiner vielen Erstbegehungen, und doch konzentriert sich in ihr alles: Yosemite, für mich als Kletterer das Paradies. El Capitan, die für mich schönste Wand der Welt. Der fantastische Fels, die naturgegebene Linie, die mentale Herausforderung und das daraus resultierende Abenteuer, das »El Corazón« für jeden bereithält, der sich dieser Route stellt.

29 Cerro Torre und Fitz Roy

Patagonien ist ein wunderschönes Land, geprägt von seiner Weite, den unaufhörlich wehenden Winden und einer ureigenen Einsamkeit. Zumindest war es lange Zeit einsam, bis der Wechselkurs des argentinischen Peso von der Dollarbindung gelöst wurde, mit einem Mal alles nur noch ein Drittel oder ein Viertel des ursprünglichen Preises kostete und damit um die letzte Jahrtausendwende auch dieses Land vom Tourismus entdeckt wurde. Aber abgesehen von den Ansammlungen an den touristischen Orten ist Patagonien ein extrem dünn besiedeltes Land, die einzelnen Siedlungen liegen oft hundert, zweihundert Kilometer auseinander. Dazwischen verlieren sich die Estancias, die mit Tausenden von Schafen das Land extensiv nutzen. Diese Estancias sind oft so weitläufig, dass es zur vernünftigen Bewirtschaftung des Landes notwendig ist, Außenstellen, sogenannte Puestos, zu betreiben. Ich hatte bei meinen Reisen nach Patagonien das Glück, nicht nur die Welt der Berge kennenzulernen, sondern auch das Land mit seinen Leuten. Es ist eine einsame Arbeit, welche die »Paisanos« auf ihren Puestos verrichten, vom Frühjahr bis zum Herbst verbringen sie die Zeit auf sich allein gestellt auf ihren abgelegenen Hütten. Zusammen mit einigen Hunden und ein paar Pferden leben sie völlig isoliert von der Zivilisation, kein Telefon, kein Funk, keine Versorgung, nichts. Lediglich die Paisanos selbst besuchen sich ein- oder zweimal in der Woche gegenseitig, um zusammen Mate zu trinken. Geredet wird nicht viel dabei, es sind zurückgezogene Menschen, denen einerseits diese wenigen Begegnungen untereinander sehr viel bedeuten, die andererseits aber durch das Leben in der großen Einsamkeit auch nicht wirklich redselig sind.

Die Winde Patagoniens sind legendär. Die Region um die Berge des Fitz Roy liegt weit genug im Süden der Kontinents, um noch im Einflussbereich des Westwindgürtels, der ringförmig die Antarktis umschließt, zu sein. Mit unendlicher Konstanz peitschen die Winde das Land, und die Vegetation ist von ihnen geprägt; der Wuchs der Bäume lässt keinen Zweifel darüber aufkommen, woher der Wind weht. Es ist allerdings weder die Weite noch der Wind, der heute Jahr für Jahr die Touristen in den extremen Süden zieht – es sind vor allem die Berge. Diese Berge sind zwar kaum höher als 3000 Meter, aber das, was zählt, ist eben nicht allein die absolute Höhe. In Patagonien ist es vor allem das spektakuläre Erscheinungsbild der Granittürme. Mag es ihnen auch an absoluter Höhe fehlen, ihre Dimensionen sind überzeugend: Bis zu 2000 Meter schießen die Gipfel aus den sie umgebenden Gletschern. Fitz Roy, Cerro Torre, Torres del Paine – klingende Namen in den Ohren der Alpinisten, atemberaubende Bauwerke der Natur für die Touristen. Schon die Gletscherwelt für sich genommen ist einzigartig. Das berühmte Hielo Continental Sur, das sich über mehrere hundert Kilometer erstreckende Kontinentaleis – die verborgene Seite Patagoniens –, zeigt sich auf der argentinischen Seite an wenigen, umso berühmteren Stellen, etwa wenn sich der gewaltige Gletscher des Glaciar Perito Moreno in das flache Land hinausschiebt und in den Lago Argentino kalbt.

Wer in dieses Land reist, um die Berge zu sehen, sollte allerdings auch Zeit mitbringen. Weit mehr als 300 Tage im Jahr stecken die Gipfel in Wolken, sind gepeitscht von scheinbar endlos schlechtem Wetter. Für den Bergsteiger macht es der Umstand besonders schwierig, dass Schönwetterperioden, sollte es sie denn einmal geben, meist nur von kurzer Dauer sind. Mit viel Glück kommt ein ganzer Tag mit strahlend blauem Himmel und ruhiger Atmosphäre dabei heraus. Auf mehr zu hoffen ist eine Illusion. Stabile Phasen mit fünf schönen Tagen in Folge kommen zwar angeblich immer mal wieder vor, allerdings selten gerade dann, wenn man selbst dort unterwegs ist.

In Patagonien ist somit Schnelligkeit der essenzielle Schlüssel zum Erfolg. Nur wenn das Team reibungslos funktioniert und den Schwierigkeiten absolut gewachsen ist, ist diesen Bergen im Alpinstil beizukommen. Allerdings werden leider auch heute noch die großen Erstbegehungen mithilfe von Fixseilen erkämpft – es gibt in Patagonien kaum eine große Linie, die nicht in diesem Stil erschlossen worden wäre. Oft über Monate verteilt werden die kurzen Wetterberuhigungen genutzt, um der erhofften Linie wieder eine Seillänge abzuringen und ein paar Meter Fixseil anzubringen. Dabei sind die Berge für das Klettern im Alpinstil prädestiniert. Hier lässt es sich klettern wie in den Alpen, die absolute Höhe und die Temperaturen sind moderat, nur die Bedingungen und das Gelände zeigen sich dafür umso extremer. Ein Paradies für den Alpinisten!

Noch vor der Öffnung des Wechselkurses und somit noch vor der touristischen Revolution kam ich am 30. Dezember 2000 mit Toni Gutsch nach El Chaltén, dem zu dieser Zeit noch kleinen und beschaulichen Ort am Fuß des Fitz Roy. Nur über Umwege hatten wir Argentinien erreicht, da während der wirtschaftlichen Depression die Aerolineas Argentinas für kurze Zeit von der Bildfläche verschwanden und somit El Calafate am Ufer des Lago Argentino nicht mehr angeflogen wurde. Die Anreise wurde somit langwierig und kompliziert, aber letztendlich umso reicher. Toni und ich landeten in Punta Arenas an der Magellanstraße und nützten den Umstand, in Chile die damals vergleichsweise billigen Nahrungsmittel für vier Wochen einzukaufen. Mit dem Bus ging es in Richtung Norden, quer durch das nicht enden wollende, ebene Land. In Puerto Natales mussten wir einen Tag auf die nächste Busverbindung nach Argentinien warten, und als es dann endlich losging, standen wir sechs Stunden an der Grenze. Nicht dass hier so viel Verkehr geherrscht hätte, unser Bus war das einzige Fahrzeug, das die Grenze passieren wollte, aber vermutlich sogar deshalb machten sich die Grenzbeamten die Aufgabe, den Bus zu kontrollieren, zur Tagesbeschäftigung.

Eine weitere Tagesreise mit dem Bus, und wir fanden uns kurz vor Mitternacht in El Chaltén wieder. Wir landeten im erstbesten Hostel, und ich war froh, dass ich noch zwei Bier erstehen konnte, das es zu meiner Freude in Literflaschen gab. Allerdings wollte sich Toni durch nichts dazu überreden lassen, mit mir den Tag zu feiern. Schließlich musste ich als letzte Karte doch noch einen echten Trumpf ausspielen: »Das kannst du jetzt aber wirklich nicht bringen, dass du an meinem Geburtstag mit mir nicht auf meine Gesundheit anstoßen wirst!« Vier Tage waren wir jetzt unterwegs in den fernen Süden, und endlich waren wir im Land unserer Traumberge.

Schon am nächsten Morgen machten wir uns auf, um den zwölf Kilometer langen Anmarsch ins Basislager des Cerro Torre hinter uns zu bringen. Er gehört zweifellos zu den beeindruckendsten und schönsten Bergen der Erde, und er ist wohl auch der Gipfel, um den in der Geschichte des Bergsteigens am heftigsten gestritten wurde. Auslöser dafür war der Anspruch des Italieners Cesare Maestri auf dessen Erstbesteigung. 1958 reiste Maestri mit einer von Bruno Detassis geleiteten Expedition zum Cerro Torre. Doch nach einer ersten genauen Erkundung sah der Expeditionsleiter den Berg als von der Ostseite unbesteigbar an, und Maestri begann, seine eigenen Pläne zu schmieden.

Schon ein Jahr später unternahm er den nächsten Versuch am »unbesteigbaren« Berg. Zusammen mit dem Osttiroler Toni Egger und dem nach Argentinien ausgewanderten Italiener Cesarino Fava organisierte er eine schicksalhafte Expedition. Maestri kam in der Tat als Held nach Hause, allerdings als tragischer Held: Nach seiner eigenen Aussage hätten er und Toni Egger am 30. Januar über die Ost- und die Nordseite den Gipfel erreicht, beim Abstieg jedoch sei Toni Egger in einer Eislawine ums Leben gekommen. Maestri kam ohne Bilder von der Reise zurück, die Kamera war mit Egger abgestürzt. Die Zweifel an Maestris Version entzündeten sich aber nicht an den nicht vorhandenen Beweisen. Vielmehr waren es die widersprüchlichen, oft unwahrscheinlichen und sehr unpräzisen Beschreibungen, die der Alpinwelt mit jeder Veröffentlichung und mit jedem öffentlichen Auftritt immer mehr die Unglaubwürdigkeit von Maestris Angaben zeigten.

Lange scheiterten alle Versuche, die Route zu wiederholen, und mit jedem gescheiterten Versuch wurde klarer, wie schwierig es ist, dieses Ziel zu verwirklichen. Tatsächlich vergingen noch fast 47 Jahre, bis die Nordwand von dem Italiener Ermanno Salvaterra zusammen mit Allesandro Beltrami und Rolando Garibotti bezwungen wurde. Wie schon bei früheren Versuchen wurde auch bei dieser Besteigung im November 2005 nach wie vor kein einziger der nach den Angaben Maestris insgesamt siebzig Bohrhaken gefunden. Die Wand war unberührt. Obwohl von so vielen eindeutigen Indizien überführt, kämpft Maestri noch immer um die Anerkennung seiner Erstbesteigung, aber zumindest unter den Alpinisten nimmt ihn schon lange niemand mehr ernst.

1970 rückte Maestri abermals an, um der Welt zu beweisen, dass er in der Lage war, den Cerro Torre zu bezwingen. Nachdem er offensichtlich selbst an seinen bergsteigerischen Fähigkeiten zweifelte, nahm er Unmengen von Fixseilen und einen Kompressor mit. Dieser in der Alpingeschichte berühmt-berüchtigte Kompressor diente ihm dazu, etwaige Schwierigkeiten an der projektierten Südostkante mithilfe von Bohrhakenleitern zu bezwingen. Im Verlauf von zwei Patagonienreisen arbeitete er sich zusammen mit den Italienern Ezio Alimonta und Carlo Claus verbissen bis zum Ende der senkrechten Wand vor. Erstaunlich allerdings, dass er den Gipfeleispilz ignorierte, nach eigener Aussage mit der Begründung, dass dieser als Eisgebilde ohnehin nicht zum Berg dazugehöre und ihn deswegen auch nicht interessiere. Am Beginn des Gipfeleisfelds kehrte Maestri um und gönnte auch seinen Partnern nicht einmal einen Versuch, den Gipfel zu erreichen. Dieser Eispilz ließ sich eben selbst mit der Hilfe eines Kompressors nicht bezwingen, und so erreichte Maestri auch beim zweiten Mal das gewünschte Ziel, die zweifelsfreie Erstbesteigung des Cerro Torre, nicht. Diese fiel vier Jahre später dem Italiener Casimiro Ferrari zu, dem zusammen mit einer großen Mannschaft aus den Reihen der »Ragni di Lecco« die Erstbegehung der Westwand und damit die erste Besteigung gelang.

Heute ist die »Kompressorroute« Maestris die mit Abstand leichteste und deswegen auch populärste Route, über die mehr als 95 Prozent aller Besteiger den Gipfel des Cerro Torre erreichen. Auch Toni und ich hatten diesen Weg gewählt: Ich wollte herausfinden, ob eventuell eine freie Begehung der Route möglich wäre. Wie üblich begann die Expedition mit dem obligatorischen Warten auf schönes Wetter, doch nach drei Wochen wurden Toni und ich erlöst. Nicht das perfekte Schönwetterfenster, es war immer noch leicht windig, meist bewölkt, aber der Berg präsentierte sich kletterbar. Wir kamen recht gut vorwärts, doch meine Freiklettertäume musste ich schon bald begraben. Beim Neunzig-Meter-Bohrhakenquergang gibt es keine andere Umgehungsmöglichkeit als einen sich bei Schönwetter in einen Wasserfall verwandelnden Kamin auf der rechten Seite. Angesichts der wenig einladenden Umstände stiegen Toni und ich wie alle anderen über die von Maestri installierte Bohrhakenleiter hinauf. Letztendlich ist die »Kompressorroute« ab der Wandmitte ein kompletter Klettersteig, der dann und wann von kurzen, nicht zu steilen Eisstrecken unterbrochen ist. Dementsprechend zügig ging es vorwärts, und bei Sonnenuntergang erreichten wir das Gipfelplateau.

Gebannt schauten wir zu, wie die letzten Spuren der Sonne über den Bergen verschwanden und das Rot sich langsam, aber unaufhaltsam im kalten Blau der Dämmerung auflöste. Toni und ich hatten schon im Vorfeld abgesprochen, dass wir uns, wenn die Bedingungen es erlaubten, einen ungewöhnlichen Traum erfüllen würden: ein Biwak auf dem Gipfel des Torre. In dem sicheren Wissen, dass uns eine sehr kalte Biwaknacht bevorstand, saßen wir in unserem Biwaksack, ganz oben, in einer kleinen Höhle im Innern des Gipfeleispilzes. Seit jeher versucht der Mensch, durch erlernte Strategien der Kälte zu begegnen und sich ihr zu entziehen. Es mag schwer nachvollziehbar sein, dass man sich freiwillig fast schutzlos dieser Kälte ausliefert, aber es gibt sonst wohl kaum Momente, in denen das Draußensein so intensiv zu spüren ist: der Berg, die Kälte, und ihnen gegenüber der kleine Mensch. Es stimmt schon, dass das, was wir Bergsteiger machen, eine Herausforderung an die Vernunft ist. Wir folgen einem offensichtlichen Zwang, uns pausenlos von einem Abenteuer ins nächste zu stürzen. Ich bin es tatsächlich: einer Sucht erlegen, die mich nicht zur Ruhe kommen lässt. Ich habe aber auch gar keine Lust dazu! Immer wieder mache ich mich auf die Suche nach dem Neuen, muss mich immer wieder neu erfinden und immer wieder neu beginnen. Ohne diese ständige Herausforderung wäre ich kraft- und leblos, denn dieses unablässige Weitertreiben ist für mich das tägliche Brot, das mich in Bewegung hält und ohne das ich darben würde wie eine Pflanze ohne Wasser und ohne Licht.

Die Nacht wird wirklich kalt. Nur für kurze Zeit gelingt es mir, in andere Gedanken zu versinken, dann holt mich die Kälte wieder zurück nach Patagonien, auf den Gipfel des Cerro Torre. Die Kälte kriecht langsam in meinen Körper. Langsam, aber ebenso unaufhaltsam, wie zuvor das letzte Licht der Sonne erlosch. In

Wellen überfällt mich ein unkontrollierbares Zittern, das meinen Körper durchschüttelt und minutenlang anhält. Dann kehrt wieder Ruhe ein, manchmal taucht sogar die Illusion auf, es würde wärmer. Aber das sind nur Trugbilder, die dich täuschen, denn hier dominiert die Kälte, und die einzige Hoffnung, die es gibt, ist das Wissen, dass irgendwann am Morgen im Osten die Sonne aufgehen wird. Der Moment, wenn sie dann endlich am Horizont auftaucht, ist wahrhaft magisch. Nur wenige Minuten zuvor hatte uns die Kälte voll im Griff, schüttelte uns durch und ließ uns leiden. Doch jetzt, mit den ersten Sonnenstrahlen, die rein physikalisch noch gar keine Kraft besitzen, kehrt unsere Lebensenergie zurück. Wir nehmen die Eisbeile in die Hand und klettern die letzten Meter hinauf auf den höchsten Punkt des Cerro Torre, auf den Gipfeleispilz – einen der bizarrsten Punkte der Erde.

Mit dem Morgen ist Licht gekommen. Ein fantastisches Licht: Wenn auch die Nacht hart war, das Schauspiel, wenn die Sonne beginnt, Patagonien mit ihrem Licht zu überfluten, ist aus dieser Perspektive unvergleichlich, unbeschreibbar und mit nichts in der Welt bezahlbar. Nur wenige Minuten verbringen wir dort oben und genießen die einzigartige Stimmung, um dann schon bald wieder mit dem langen Abstieg zu beginnen.

Bereits am Nachmittag waren Toni und ich zurück im Basislager, vollends glücklich über unser außergewöhnliches Biwak. Wie es sich für Patagonien gehört, verschlechterte sich schon während der fast endlosen Abseilfahrt das Wetter, und kurz bevor wir das Basislager erreichten, verschwand der Berg endgültig in einer gewaltigen Wolkenwalze. Wir hatten den Gipfel in der Tasche, ein paar Minuten weiter wartete ein Zelt mit einem warmen Schlafsack auf uns – was kümmerte uns das Wetter? Wir hatten unseren Berg und waren bereit für die Rückkehr in die Zivilisation.

Alles war gepackt, und eigentlich wollten wir schon am nächsten Morgen nach El Chaltén abmarschieren. Aber wir hatten ein ungewöhnliches Problem: Der Himmel war an diesem Morgen wieder strahlend blau und der Luftdruck sogar noch höher als in dem Moment, als wir in Richtung Cerro Torre starteten. Ein kurzer Check, was in der verbleibenden Zeit machbar wäre, brachte uns auf den Fitz Roy, mit 3406 Metern der höchste Gipfel der gesamten Region und wie der Cerro Torre ein echter Kletterberg.

Wir wollten ihn über den Weg der französischen Erstbesteiger Lionel Terray und Guido Magnone besteigen: nach einem langen Gletscherzustieg ein 300 Meter hohes Eiscouloir und zuletzt das Kernstück, ein 600 Meter hoher Felspfeiler, der in freier Kletterei den oberen siebten Grad verlangt.

Eigentlich waren wir vom Cerro Torre noch müde, aber gerade deswegen wählten Toni und ich den Fitz Roy als Ziel – einen Berg, für den sich das Beißen lohnt. Er hatte eigentlich auch nur einen einzigen Nachteil: Das Basislager des Fitz Roy ist zwölf Kilometer vom Basislager des Cerro Torre entfernt. Dazu kamen noch über zehn Kilometer Anmarsch über die Gletscher und der gesamte Höhenunterschied, alles in allem fast fünfzig Kilometer und über 3000 Meter Höhenunterschied. Aber wir wollten es eben so.

Und so ging es, nachdem wir die Rucksäcke umgepackt hatten, am späten Nachmittag los zum Fitz Roy. Während der Nacht bewältigten wir den gesamten Anmarsch über die Gletscher und das Eiscouloir, und eine Stunde vor Sonnenaufgang erreichten wir die Brecha de los Italianos, den Beginn der eigentlichen Kletterei. Toni und ich warteten noch auf das Tageslicht, als wir irgendwo im Dunkeln uns wohlvertraute Stimmen hören. Bayerische Stimmen. Es waren tatsächlich zwei Garmischer Kletterer, Peter Anzenberger und Jörg Pflugmacher, von denen wir zwar schon gehört hatten, denen wir aber am Berg noch nie persönlich begegnet waren. So genossen wir diesen fantastischen Tag zu viert: Sonne, bester Granit, eine wunderschöne Führe. Bei diesen perfekten Bedingungen gelang es mir sogar, alles frei zu klettern, etwas, was man an diesen großen Bergen nie vorprogrammieren kann, was man aber packen muss, wenn sich die Gelegenheit bietet. Die zwei Garmischer voraus, wir hinterher, und schon am Mittag ging für Toni und mich ein weiterer Traum in Erfüllung. Wir hatten die beiden großen patagonischen Gipfel erreicht; innerhalb kurzer Zeit standen wir nach dem Cerro Torre auch noch auf dem Fitz Roy.

30 Free Solo

Mitten in einer überhängenden Wand, in ausgesetzter Position. Die Fingerspitzen in zwei kleinen Griffen, zwei kleine Tritte, darunter 200 Meter Luft. Kein Klettergurt, kein Seil – nichts, was einen Absturz verhindern würde. Das Leben hängt sprichwörtlich an den Fingerspitzen.

Eine Situation, die, selbst wenn sie nur in Gedanken durchgespielt wird, grundsätzlich jeden Menschen nervös macht. Die Vorstellung, nur an den Fingerspitzen über einem Abgrund zu hängen, löst Angst aus. Wir haben eine instinktive Furcht vor dem Abgrund, die tief im Menschsein verankert ist: Seit Urzeiten begegnen Menschen Abgründen, seit Urzeiten bedeuten Abgründe für ihn Gefahr. Deswegen war und ist für die Menschheit die instinktive Angst vor dem Abgrund existenziell, um das Überleben der Art zu sichern. Nur wer Angst vor einer Gefahr empfindet, wird sich entsprechend vorsichtig verhalten – die Gefahr bleibt zwar potenziell vorhanden, aus ihr erwächst aber keine echte Bedrohung für das Leben.

Das Free-Solo-Klettern, das Klettern ohne doppelten Boden, ist die kompromissloseste Art zu klettern. Einzig das eigene Kletterkönnen und die mentale Kraft sichern das Überleben, Fehler sind nicht erlaubt. Funktionieren Körper und Geist nicht hundertprozentig, dann sind die Konsequenzen fatal, sprich tödlich. Die Urangst des Menschen vor dem Abgrund stellt allerdings auch sicher, dass der Mensch, wenn er der senkrechten Welt des Kletterns begegnet, die Gefahr, die von ihr ausgeht, in vollem Bewusstsein erkennt. Beim Free-Solo-Klettern in hohen Schwierigkeitsgraden und großen Wänden ist die potenzielle Gefahr derart offensichtlich, dass die psychische Belastung zur bestimmenden Größe wird. Nur sehr wenige Kletterer, deren klettertechnisches und psychisches Können auf höchstem Niveau liegt, können sich an diese exklusive Grenzerfahrung heranwagen, nur wenige können die hohe potenzielle Gefahr so kontrollieren, dass von ihr lediglich eine vernachlässigbar geringe Bedrohung für das Leben ausgeht.

Vor allem die Psyche verlangt eine lange und intensive Vorbereitung. Langsam, beginnend in leichten und kurzen Routen, muss man herausfinden, wie sicher man tatsächlich klettert, wenn man ohne Sicherung unterwegs ist. Stehe ich sicher auf den Tritten, ist die Kletterposition stabil? Fühle ich mich sicher, so wie ich mich jetzt im Fels bewege? Fragen, auf die man nur Antworten finden kann, wenn man »auf der sicheren Seite« unterwegs ist, also weit unter dem Schwierigkeitsgrad, den man tatsächlich klettern könnte. Sich auf diesem Niveau bewegend, sammelt man Informationen, Rückmeldungen von Körper und Geist. Langsam findet man heraus, inwiefern sich die eigene Psyche eignet, einen kleinen Schritt weiter zu gehen. Meistens wird die Angst vor der potenziellen Gefahr einen mehr oder weniger großen Restwert an Nervosität erzeugen, der die Bewegungen unsicher macht, zu verkrampftem Klettern führt – eine Reaktion, die gemeinhin erst jetzt als Angst verstanden wird. Der Horizont eines Kletterers, der diese Nervosität intensiv empfindet, wird immer begrenzt sein, und für die meisten ist es aus diesem Grund unmöglich, sich free solo in wirklich schwierigem und ausgesetztem Gelände zu bewegen. Denn nur wenn die Angst vor der potenziellen Gefahr nichts anderes als eine außerordentlich hohe Konzentration bewirkt, kann man sich unverkrampft und maximal sicher am Fels bewegen. Nur dann kann man sich in ganz kleinen Schritten schwierigeren Routen und höheren Wänden annähern, ohne am Seil gesichert zu sein.

Trotzdem birgt eine vorhandene potenzielle Gefahr immer – auch bei noch so hohem Können und noch so hoher Konzentration – ein Restrisiko. Dieses Restrisiko, das eine tatsächliche Bedrohung für das Leben darstellt, ist aber durch vernünftige, kompetente Einschätzung der Risikofaktoren kalkulierbar. Wie viel Restrisiko der Einzelne letztendlich bereit ist, in Kauf zu nehmen, ist dann wiederum Charaktersache. Die Zahl der Unfälle in der Geschichte des Free-Solo-Kletterns in schwierigem Felsgelände lässt jedoch darauf schließen, dass nur die wenigsten Akteure lebensmüde sind.

In meinen Augen jedenfalls sind sie wesentlich weniger lebensmüde als die vielen Everest-Besteiger, die glauben, mit der Überweisung von 100 000 Dollar auf der sicheren Seite zu sein. Nicht nur, dass fast alle Aspiranten auf den höchsten Gipfel der Welt gnadenlose Laien sind und nicht die geringste Ahnung von den vielschichtigen, komplexen Gefahren haben, die ihr verehrter Berg im Hinterhalt für sie bereithält, noch dazu geht ihnen mit jedem Höhenmeter mehr und mehr der Verstand verloren. Dies geht so weit, dass ein nicht zu kleiner Teil der Gipfelstürmer irgendwann auf die Idee kommt, an Ort und Stelle zu biwakieren. Bei minus fünfzig Grad, auf 8500 Metern. Ihres Verstandes beraubt, ist ihnen ihr Leben nichts mehr wert. Sie wollen nur noch eines: schlafen. Das tun sie dann meist für immer, wenn sie nicht von einem Sherpa ins Tal gezogen werden.

Der Alpinismus zählt in seiner Geschichte viele Höhepunkte. Höhepunkte, die sich vor allem dadurch auszeichnen, dass es Grenzgänge sind. Der Alpinismus mag sich über die Jahre stets weiterentwickelt haben, eines aber ist dabei immer gleich geblieben: das Risiko beim Grenzgang. An der Grenze des Möglichen unterwegs zu sein bedeutet, die Auseinandersetzung zwischen

Mensch und Berg zu suchen. Das Risiko ist dabei integraler Bestandteil des Bergsteigens. Das war zu den Zeiten eines Paul Preuß nicht anders, als es später Hermann Buhl, Walter Bonatti, Doug Scott oder Reinhold Messner erlebten. Genau diese Suche nach den Grenzen des Möglichen, diese direkte Auseinandersetzung zwischen Mensch und Berg, die das Risiko zwangsläufig einschließt, ist die Motivation, die uns auch heute noch gezielt auf Situationen zusteuern lässt, die ein Mensch von Natur aus vermeiden würde.

Paul Preuß war einer der ersten Kletterer, die sich ganz bewusst mit dem Risiko des Free-Solo-Kletterns auseinandergesetzt haben. Es ging ihm um das Kletterkönnen in möglichst großer Ausgesetztheit, es ging ihm um den Grenzgang, und er war wohl der Erste, der ganz bewusst große, exponierte Wände ohne Seil und Sicherung anging. Die Revolution des Freikletterns in den Siebzigerjahren könnte auch als eine Rückbesinnung auf die Thesen von Paul Preuß verstanden werden, in denen er beim Klettern den freiwilligen Verzicht auf die Technik forderte. Das Beeindruckende im Zusammenhang mit den Thesen von Preuß sind aber vor allem seine sportlichen Aktivitäten, mit denen er seinen Aussagen Nachdruck verlieh. Seine kühnste Tour gelang ihm im Juli 1911 an der Guglia di Brenta in den Dolomiten mit der »Preußwand«. Dieses Meisterwerk von einer Route – senkrechter Fels, logische Linienführung, große Ausgesetztheit – konnte Paul Preuß free solo im Aufstieg und anschließend im Abstieg erstbegehen. Mit keiner anderen seiner Erstbegehungen hat er seinen Geist, sein Können, sich selbst so klar ausgedrückt wie mit dieser Führe, die für immer an ihn und an seine Visionen erinnern wird.

Im Herbst 1913 starb Paul Preuß. Er stürzte während des Versuchs einer Erstbegehung an der Manndlkogel-Nordkante im Dachsteingebirge ab und ist damit das prominenteste Opfer des Free-Solo-Kletterns. In der Folge wurde nur allzu oft betont, dass Preuß das Opfer seiner eigenen Ideen wurde. Doch gerade seine

Grenzgänge erfüllten sein Dasein mit Leben, seine Passion gab ihm das Gefühl der Lebendigkeit. Auffallend an ihm ist eine Eigenschaft, die sich in allem, was er tat, widerspiegelte: der Wunsch nach Perfektion, nach der perfekten Einstellung, dem perfekten Stil, der perfekten Begehung. Seine Gedanken waren elitär, seine Ideen ganz einfach zu kühn, um zur damaligen Zeit allgemein verstanden zu werden. Trotzdem galt Preuß nicht als überheblicher und abgehobener Mensch, sondern er galt als zugänglich, aufgeschlossen und in gewissem Sinne als ganz normal. Ihm war selbst klar, welch große Gefahr mit seinem kompromisslosen Stil verbunden war und dass das Risiko, sein Leben dabei zu verlieren, nur durch gute Vorbereitung und einen gesunden Menschenverstand minimiert werden konnte. Der Absturz, der sein Leben beendete, ist nicht das Ergebnis einer hirnrissigen Handlung, sondern vielmehr einer der zahlreichen Unfälle, die sich nun mal in der Welt der Berge ereignen.

Auch ich selbst sehe mich nicht als Hasardeur, wenn ich free solo im steilen Fels unterwegs bin. Ich weiß um das Risiko. Erscheint es mir zu hoch, dann trete ich zurück. Erscheint es mir vertretbar, dann lebe ich, wie ein Paul Preuß, meine Passion. Die grundsätzliche Motivation, mich mit dieser kompromisslosen Art des Kletterns auseinanderzusetzen, entsprang einem alten Traum: eine große Wand der Alpen ganz allein, frei von jeglicher Hilfe zu durchsteigen. Kein Gurt, kein Seil. Nichts. Wie beim Schwierigkeitsklettern geht es auch hier um die bewusste Suche nach der Grenze des für mich gerade noch Machbaren. Free Solo ist kompromisslos, direkt, ehrlich – und etwas, bei dem ich aus gutem Grunde bis zu diesem Zeitpunkt noch nicht versucht hatte, an meine Grenzen zu gehen. Aber jetzt fühlte ich mich bereit, mir diesen alten Traum zu erfüllen.

Die Direttissima der Großen Zinne. 500 Meter hoch, weit überhängend. Wenn man vom Einstieg dieses überhängende Bollwerk über sich betrachtet, erscheint es auf den ersten Blick unmenschlich. Gerade deswegen war es diese Wand, in die ich meinen Traum hineinprojizierte: Ausgesetzter, haltloser und unnahbarer zeigt sich keine andere. Ich wollte das maximal Mögliche, und hier würde ich es finden. Gleichzeitig wusste ich, dass dieser Traum nur in Erfüllung gehen konnte, wenn ich mich auf einen langen Weg der Vorbereitung begab.

Über Jahre hinweg war ich aus einem natürlichen Antrieb heraus immer wieder verschiedene klassische Kletterrouten des sechsten Grades free solo geklettert. Stets waren das für mich wunderschöne, intensive Tage gewesen, an denen ich mit mir selbst unterwegs war. Nicht das Schwierige, nicht das Extreme, hier war es das Erlebnis, das die Begehung unvergleichlich und selbst aus einem ansonsten banalen Klassiker etwas Besonderes machte. Aus diesen Erfahrungen heraus wusste ich, dass die größte Aufgabe vor allem die mentale Vorbereitung sein würde. Ich musste mit der Situation vertraut werden, ohne Sicherung im schweren Fels unterwegs zu sein, ohne dabei aber in eine sorglose Routine abzugleiten. Ich begann mit kurzen Routen im Klettergarten, zuerst mit leichten, im siebten und achten Grad. Später machte ich Alleingänge im neunten Grad, die erste Route im unteren zehnten Grad, und mit der höheren Schwierigkeit wurden die Kletterzüge, die ich mir free solo zutraute, komplexer. Schließlich war ich bei ersten dynamischen Zügen angelangt, und das ist der Punkt, an dem Free Solo extrem wird. Erst ein absolutes Selbstvertrauen – das komplette Vertrauen in körperliche Fähigkeiten und mentale Kraft – schafft die Voraussetzungen, dynamische Züge in fataler Höhe auszuführen.

Nach einem halben Jahr Vorbereitung im Klettergarten und in diversen alpinen Wänden war die Vorbereitung für die Direttissima abgeschlossen. Ich war überzeugt, diese Route »sicher« free solo durchsteigen zu können. Und trotzdem: In den letzten Tagen vor der Begehung hatte ich Angst vor dem Absturz. Meine Gedanken spielten um den Moment, in dem ein Griff ausbricht, in dem ich vom Felsen wegkippe, frei hinunterfalle. Was würde ich dabei wohl denken? Würde ich mich über den Fehler ärgern, darüber, dass ich dieses Schicksal selbst gewählt habe? Oder wären bei der extremen Beschleunigung alle Gedanken gelähmt? Was würde mit mir passieren, wenn der Sturz im Schuttkar endete? Würde ich überhaupt etwas spüren? Neben diesen schwarzen Gedanken wusste ich aber auch genau, dass ich durch die vier Tage Vorbereitung in der Route jeden schwierigen Meter der Route kannte, dass ich jeden Kletterzug beherrschte. Immer wieder erlebte ich im Vorfeld dieses Wechselbad der Gefühle.

Der Weg zum Einstieg wurde für mich zu einer Stunde, in der ich die reale Welt um mich herum nur mehr beiläufig wahrnahm. Wie in der Nacht begleiteten mich widerstrebende Gefühle, die meinen Schritt beschleunigten, mich antrieben und hetzten, um mich später wieder ruhig werden zu lassen. Am Wandfuß war mir klar, dass ich so nicht einsteigen konnte. Ich darf nicht klettern, wenn mich die schwarzen Gedanken nicht loslassen! Noch einmal ging ich am Wandfuß der Großen Zinne auf und ab, setzte mich wieder hin. Ich wusste, dass ich es an diesem Tag versuchen musste. Heute oder nie! Meine Gedanken, die voll und ganz von dieser Route gefangen waren, ließen es nicht zu, abzubrechen und die Entscheidung auf einen späteren Zeitpunkt zu verschieben. Ich war an dem Punkt angekommen, an dem ich mir wünschte, ich hätte dieses Projekt nie ins Auge gefasst. Doch ich hatte keine Wahl mehr. Ich musste einsteigen, musste es versuchen, war gezwungen, an diesem Tag die Entscheidung zu treffen, ob ich diese 500 Meter nun free solo durchsteige oder nicht.

Dieser Zwang traf mich hart, weil ich nur zwei Tage zuvor noch nicht damit gerechnet hatte, weil ich geglaubt hatte, die völlige Entscheidungsfreiheit darüber zu besitzen, welchen Tag ich für den Durchstieg wähle. Jetzt aber waren meine Gedanken besetzt. Und das schlug sich auf meine Psyche. Der Druck, den ich um alles in der Welt vermeiden wollte, war da. Ich war jetzt das gehetzte Tier, kauerte gespannt unter der Wand und wartete auf das, was ich in den nächsten Minuten entscheiden würde. Das Wechselbad der Gefühle wich einem Gedankenchaos. Ich war überfordert. Mechanisch zog ich die Kletterschuhe an, band mir den Magnesiasack um und kletterte die ersten Meter. Aber ich war total betäubt, fühlte nichts – so konnte ich nicht weitermachen. Ich stieg wieder zurück und spürte sofort, wie in mir Erleichterung aufkam. Ich hatte abgebrochen. Ich fühlte mich freier.

Der Druck war noch da, aber er konnte mir nicht mehr so viel anhaben. Ich wusste nun, dass ich die Souveränität besaß, jederzeit abzubrechen, wenn ich meine Gedanken bis zum »Point of no return« nicht würde befreien können. Die ersten achtzig Meter der Wand waren nicht wirklich schwierig, die konnte ich notfalls wieder zurückklettern. Wenn ich mich aber am »Point of no return« entschied, weiterzuklettern, hatte ich auch die Konsequenzen zu tragen – dann musste ich die nächsten 500 Meter klettern, ob ich wollte oder nicht. Im Bewusstsein der Konsequenzen, aber auch im Bewusstsein meiner Entscheidungsfreiheit versuchte ich es noch einmal, noch ein Mal.

Ich kletterte die ersten achtzig Meter hinauf. Während ich in den Stunden vor dem Durchstieg Angst hatte und übernervös war, verschwand nun, als ich mich endlich in der Wand bewegte, unter dem reibungslosen »Normalbetrieb« des Kletterns meine Betäubung, das Denken wurde frei für das Klettern. Ich spürte keine Angst mehr. Zu stark war ich auf die Bewegung, auf das Klettern konzentriert, als dass ich jetzt noch Zeit zum Angsthaben gehabt hätte.

Nach zwanzig Minuten erreichte ich den »Point of no return«, doch die Entscheidung war schon längst getroffen. Nicht hier, am kritischen Punkt, sondern am Einstieg lag für mich die Schlüsselstelle – das Verlassen des Boden war die Barriere, die ich überwinden musste. Das Soloklettern fordert sowohl Selbstüberwindung als auch Selbstkontrolle. Erstere hatte ich mit dem Verlassen des Bodens gemeistert, und Letztere schien jetzt, 150 Meter über dem Boden, die viel einfachere Aufgabe zu sein.

Nach acht Seillängen erreichte ich das große Band vor den Schlüsselseillängen. Bis zu diesem Punkt war alles völlig reibungslos verlaufen, aber ich spürte, dass mein Geist müde war, dass ich die Konzentration ohne eine Pause nicht weiter würde aufrechterhalten können. Ich war fünfzig Minuten ununterbrochen durchgeklettert, alle Sinne, die mit der Bewegung befasst waren, hatten permanent unter Strom gestanden. Ich musste wieder Kraft tanken, legte mich flach auf das Band und starrte lange Zeit mit bewegungslosem Blick nach oben in die Dächer – die Schlüsselpassage. Ein weit überhängendes Bollwerk aus gelbem Dolomit. 120 Klettermeter, drei Seillängen im achten Grad. Noch dazu konnte ich die Standplätze in diesem überhängenden Gelände nicht wie beim Klettern in Seilschaft als Ruhepunkte benutzen, was ohne Zweifel die nominelle Schwierigkeit dieser Seillängen erhöhte. Ich musste alles in einem Zug hinter mich bringen, ohne eine Rastmöglichkeit, weder für die Kraft noch für die Psyche. Doch ich wusste, dass ich den rein technischen Schwierigkeiten haushoch überlegen war, deswegen berührte mich diese Tatsache nicht. Nach zwanzig Minuten setzte ich mich auf, zog meine Kletterschuhe fest, griff in den Magnesiabeutel und kletterte los.

Nach achtzig Metern überkletterte ich den Standplatz zur letzten der drei Schlüsselseillängen, es warteten die letzten fünfzig Meter vor dem nächsten Band. Diese letzte steile Länge hängt sechs Meter über, ist extrem exponiert, und gerade hier ist der Fels besonders brüchig. Deswegen war es eben auch notwendig, die Route im Vorfeld der eigentlichen Free-Solo-Begehung mehrmals in Seilschaft zu klettern. Nur so konnte ich sicherstellen, keinem einzigen fragwürdigen, brüchigen Griff mein Leben anzuvertrauen. Weiter geht es, mittlerweile spüre ich die Belastung, das pausenlose Klettern in den Überhängen, doch ich habe immer noch genügend Kraft, um souverän zu bleiben. Ich bewege mich in konstantem Rhythmus, immer langsam, immer bedacht auf jedes kleine Detail. Ich will von nichts überrascht werden, will in jedem Moment völlig im Gleichgewicht sein, presse meine Finger stets mit doppelter Kraft in die Griffe. Dieses Aufwenden der doppelten Kraft gibt mir das Selbstvertrauen, 250 Meter über dem Einstieg free solo klettern zu können, gleichzeitig ist es aber auch der Zoll, den ich an das Free-Solo-Klettern hier oben zahlen muss.

Die letzten schwierigen Meter, 300 Meter über dem Einstieg. Langsam wird das Ende greifbar, und doch erwartet mich noch die Schlüsselstelle, der exponierteste Punkt der gesamten Direttissima. Alles unter mir bricht überhängend weg, ganz allein hänge ich in dieser nun für mich so feindlichen Welt. Die Griffe auf den kommenden Metern sind gut, liegen aber weit auseinander; athletische Züge, die entschlossenes Durchziehen verlangen. Das ist die Aufgabe, die sich mir stellt: entschlossenes Durchziehen, ohne Zweifel, ohne Nachdenken, die volle Fokussierung auf das in diesem Augenblick Wesentliche. Ein Zustand der anderen Art, der sich erst langsam, mit den abnehmenden Schwierigkeiten, verliert. Ich nehme die Umwelt wieder wahr, sehe die Wolkenstimmung, die Nebelfetzen, die immer wieder die Nordwand hinaufziehen, und je weiter ich nach oben komme, umso freier, umso ruhiger werde ich.

Mit der Großen Zinne erreichte ich nicht nur einen Gipfel, sondern ich hatte etwas geschafft, was mir vom Einstieg aus absolut unmöglich erschien. Die gesamte Anspannung, die mich während der Vorbereitung und während der eigentlichen Begehung begleitete, fiel mit der Ankunft auf dem Gipfel von einer Sekunde zur nächsten von mir ab. Für kurze Zeit, für einen Lichtblitz in meinem Leben, existierte ich nur im Jetzt, in der Ge-

genwart – die Intensität des gerade Erlebten ließ keine Gedanken an die Vergangenheit oder an die Zukunft zu und machte mich völlig frei.

Emotional und mental war und ist die Direttissima mein persönlicher Höhepunkt im Bergsteigen. Was weder heißt, dass es kein Danach gab, noch, dass es kein Zukünftiges mehr geben wird. Der Mensch lebt, solange er Träume hat.

Free solo – Klettern ohne Spielraum für Fehler. In der Route »Opportunist« (X) am Schleierwasserfall.

Erstbegehung der gewaltigen Felsroute »Golden Eagle« an der Aguja Desmochada in Patagonien im Alpinstil, mit Stephan Siegrist.

Mit Thomas während der ersten freien Begehung der Route »Zodiac« am El Capitan.

On speed in der »Zodiac«. Beide Kletterer sind ständig gleichzeitig in Bewegung; jeder noch so kurze Stillstand würde wertvolle Zeit kosten.

Hart an der Schmerzgrenze: »Kommunist« (X+) free solo, 2004. Bis heute ist niemand sonst diesen Schwierigkeitsgrad free solo geklettert.

Erfolgreich auf der Suche nach der perfekten Route an der persönlichen Leistungsgrenze: Im Juli 2007 beschenke ich mich mit der Erstbegehung von »Pan Aroma« (XI–) an der Westlichen Zinne.

Highline – das wunderbare Spiel mit dem Gleichgewicht. Zwischen dem Kapuzenturm und der Ellmauer Halt, dem höchsten Gipfel im Wilden Kaiser.

»Ich gebe ihnen immer den Segen Gottes mit«

Maria Huber, die Mutter der Huberbuam, über ihre Ängste

Karin Steinbach Frau Huber, wie hält man das als Mutter aus, wenn der eigene Sohn allein und ungesichert durch eine 500 Meter hohe, nicht gerade für festen Fels bekannte Wand klettert?
Maria Huber Ich weiß nicht, wie ich das ausgehalten hätte, wenn ich es gewusst hätte. Zum Glück habe ich es erst hinterher erfahren, als es im Radio in der Sendung »Rucksackradio« kam und ich von allen Seiten darauf angesprochen wurde. Alex hat es mir aus gutem Grund vorher nicht gesagt, weil er natürlich wusste, wie viel Sorgen ich mir machen würde.

Aber wenn Alexander oder Thomas oder auch beide zusammen auf Expedition sind oder im Yosemite Valley, dann wissen Sie das?
Ja, und manchmal weiß ich dann schon nicht recht, wie ich die Tage herumbringen soll. Man sitzt nervös herum, kann nichts mit sich anfangen, hat Angst, dass das Telefon klingelt. Ich habe ihnen schon früher immer gesagt, wenn alles klappt, brauchen sie mich gar nicht anzurufen. Wenn ich nichts von ihnen höre, weiß ich, dass es ihnen gut geht. Und wenn etwas passiert, erfahre ich das sowieso ganz schnell. Ich war immer froh, wenn ich nichts von ihnen gehört habe.

Sie haben Ihnen ja auch in ihrer Jugend oft nur die Hälfte erzählt.
Auch damals haben sie mir nicht alles gesagt, was sie planen,

damit ich mir keine Sorgen mache. Aber natürlich hatte ich Angst um sie. Auf der anderen Seite wusste ich, dass mein Mann ihnen alles beigebracht hat, was sie wissen müssen. In ihm hatten sie einen guten Lehrmeister. Ich konnte mich eigentlich immer auf sie verlassen.

Was haben Sie für eine Beziehung zum Klettern?
Mit dem Bergsteigen hatte ich früher gar nichts zu tun. Ich kam erst durch meinen Mann dazu. Wir waren dann viel gemeinsam beim Klettern, vor allem hier in den Berchtesgadener Alpen. Das waren aber keine schwierigen Routen; die extremen Touren hat mein Mann mit seinen Freunden gemacht. Als die Buben kamen, haben wir sie recht bald zum Wandern mitgenommen, und am meisten hat es ihnen gefallen, wenn es etwas zum Herumkraxeln gab. Als dann noch die Jüngste, Karina, geboren wurde, blieb ich eine ganze Zeit mit ihr zu Hause, und mein Mann ging mit den beiden Buben in die Berge. Als Karina dann alt genug war, waren wir wieder zu fünft unterwegs. Das war eine wunderbare Zeit damals, und da wurde auch die Saat gelegt dafür, dass es die Kinder später immer wieder in die Berge zog.

Und dass sie sich vor allem fürs Klettern begeisterten.
Was das Klettern angeht, hat mein Mann einfach seine eigene Begeisterung weitergegeben. Er machte viele Klettertouren mit ihnen, bei ihm haben sie es von Grund auf gelernt. Aber er nahm sie auch auf Viertausender mit, ins Wallis, das haben sie immer im Frühjahr gemacht, mit Tourenski. Das war eine ganz wichtige Geschichte für Alexander. Am Anfang hat Thomas immer gesagt: »Da darfst du noch nicht mit, du bist noch zu klein« – das hat Alex unheimlich gestunken, und er hat meinen Mann so lange bearbeitet, bis er auch mitdurfte.

Gab es damals schon eine Konkurrenz zwischen Thomas und Alexander?
Wenn man so will, ja. Ihr Vater forderte halt ihren Ehrgeiz heraus, und dadurch fachte er wohl auch die Konkurrenz zwischen den beiden an. Aber vor allem sind sie gemeinsam eine sehr erfolgreiche Seilschaft, sie ergänzen sich ideal. Sie haben oft gesagt: »Zu zweit sind wir immer am besten.« Aber sie haben auch viel gestritten, es gab ungute Zeiten zwischen den beiden. Jetzt habe ich den Eindruck, sie haben einen guten Weg gefunden, dass jeder seinen eigenen Weg gehen und den anderen sein lassen kann. Im Moment verstehen sie sich sehr gut.

Gab es denn die Konkurrenz auch auf anderen Gebieten als beim Klettern?
Ich erinnere mich zum Beispiel bei Alexander an eine Episode. Er war ein sehr liebes Kind, er hing an mir, war ein richtiges Mamasöhnchen. Als Karina auf die Welt kam und mein Mann mit den beiden Buben ins Krankenhaus kam, sagte Alex zu mir, als er sie zum ersten Mal sah: »Gell, Mama, jetzt reicht's aber mit den Babys!« Da spürte er wohl sofort die Konkurrenz durch seine jüngere Schwester. Bei Thomas war es so, dass ihm der Name seiner Schwester, die wir eigentlich Karin taufen ließen, nicht gefiel. Er kam auf die Idee mit Karina, und das hat sich dann so eingebürgert, dass sie irgendwann nur noch Karina hieß.

Was würden Sie als die herausragende Eigenschaft von Alexander bezeichnen?
Seine Zielstrebigkeit. Wenn er sich etwas vornimmt, dann verfolgt er das, ohne nach rechts und links zu schauen. Er erreicht sein Ziel. Und er ist unheimlich intelligent. Für die Schule machte er nicht viel, das brauchte er nicht, er tat sich leicht. Thomas hatte es da schwerer. Wenn Alexander etwas plant, dann kalkuliert er alles vorher. Er sagt, das kommt von seinem Physikstudium, sein

Denken und seine Weltanschauung wurden von dieser Zeit geprägt. Er wägt genau ab, versucht die Zusammenhänge zu verstehen und entscheidet dann.

Woher kommt die Zielstrebigkeit Ihrer Kinder, dieses unglaubliche Durchhaltevermögen? Das ist ja nicht nur bei Alexander so, sondern auch bei Thomas und Karina.
Diese Ausdauer, diese Zähigkeit kommt wohl daher, dass sie schon als Jugendliche sehr stark eingespannt waren. Freizeit mit Nichtstun, das gab es bei uns nicht. Da gab es einerseits immer Arbeit auf dem Hof, andererseits hatten sie aber auch ihren Sport und die Musik – bei uns spielten alle ein Instrument. Im Kindergarten fingen sie schon mit Blockflöte an. Alexander hat Klavier und Querflöte gelernt, Thomas Akkordeon und Gitarre. Er spielt in einer Band, mittlerweile ist er der Sänger, und sie nehmen sogar eine CD auf. Mein Mann spielt Violine, er leitete lange Zeit einen Männerchor. Karina hat auch Violine gelernt, ab der ersten Klasse. Sie haben dann oft zu viert Hausmusik gemacht, auf Hochzeiten oder Festen gespielt. Einen großen Ehrgeiz haben alle drei Kinder, das haben wir Eltern ihnen wohl so vorgelebt. Man kann schon sagen, dass Thomas und Alexander als Bergsteiger deswegen so gut wurden, weil sie von ihrem Vater so stark gefördert wurden. Er war ihr Vorbild, und er hat hohe Ansprüche an sie gestellt. Was meinen Mann immer noch begeistert, ist die Tatsache, dass die beiden es geschafft haben, ihr Hobby, ihre Leidenschaft zum Beruf zu machen. Er selbst, zu seiner Zeit, konnte das nicht, obwohl er es liebend gern getan hätte. Auch er lebte für das Bergsteigen.

Ist ein Leben nur für das Bergsteigen nicht etwas einseitig?
Manchmal schon. Alexander möchte aber auch eine Familie und Kinder haben. Seine beiden Neffen und die kleinen Nichten, die mag er sehr, und sie haben ihren Onkel Alexander auch sehr ins

Herz geschlossen. Er hat halt die richtige Partnerin noch nicht gefunden. Wenn er sich eingeengt fühlt, dann geht das nicht gut. Da ist er wie mein Mann: Den konnte man auch nicht festhalten. Selbst heute kann man das nicht. Seitdem er im Ruhestand ist, klettert er mehr als je zuvor, wenn auch nicht mehr ganz so schwer wie früher. Wenn es jemanden in die Wände zieht, dann kann man ihn nicht halten, das ist zwecklos.

Wird Alexander das Klettern jemals an den Nagel hängen?
Nein, das kann ich mir nicht vorstellen. Im Alter wird er sicherlich weniger riskante Projekte machen, das schon. Aber das Klettern wird immer eine starke Bedeutung für ihn haben. Er ist so verbunden mit den Bergen, das wird er nicht aufgeben. Wir, seine Eltern, sind ja auch immer aktiv geblieben. Mein Mann ist immer noch im sechsten, siebten Grad zu Hause; jetzt ist er gerade mit einem Freund in Italien beim Klettern. Ich unternehme auch noch viel. Donnerstags wissen meine Kinder, dass ich keine Zeit für sie oder die Enkel habe, da ist mein Radl-Tag, da bin ich immer mit Bekannten unterwegs. Seit meinem Bandscheibenvorfall mache ich Rückentraining, ich gehe ins Fitnesscenter, auch gern in die Sauna, und spiele regelmäßig Tennis. Und natürlich gehe ich weiterhin in die Berge, aber halt zum Wandern. Klettern mag ich nicht mehr, so schinden will ich mich nicht mehr müssen.

Sie sind stolz auf Ihre »Huberbuam«?
Ja, natürlich bin ich stolz auf meine Kinder, aber ich bin stolz auf sie, weil sie meine Kinder sind, nicht weil sie berühmt sind. Ich bin genauso stolz auf Karina. Sie wird oftmals von den Leuten gar nicht wahrgenommen, weil alle immer nur Thomas und Alex sehen. Manchmal werde ich gefragt: Was, ihr habt auch eine Tochter? Da sage ich dann: Ja, seit 33 Jahren. Sie ist auch ihren Weg gegangen, hat Sport studiert und ihr Diplom gemacht, arbeitet in der Reha. Sie war eine sehr gute Kletterin, aber dann fühlte sie

sich wohl zu sehr unter Druck, genauso gut zu sein wie ihre Brüder. Vor allem Thomas hat sie sehr gefördert, er wollte sie an die Spitze bringen. Den Druck wollte sie aber nicht, sie hat sich dann aufs Mountainbiken verlegt, da ist sie sehr gut, das betreibt sie sehr intensiv. Und sie ist eine begeisterte Skitourengeherin: Fast jedes Jahr ist sie mit ihrem Vater längere Zeit auf Skihochtouren unterwegs. Im Jahr 2000 haben sie sogar den Mount McKinley bestiegen. Sie ist verheiratet und kürzlich Mutter geworden, jetzt habe ich noch ein Enkelkind mehr zu den dreien von Thomas. Sie wohnt in Traunstein, wie Alexander, und die beiden unternehmen auch oft etwas gemeinsam.

Der Film über Thomas und Alexander hat Ihnen gefallen?
Nein, der Film gefällt mir eigentlich nicht so.

Warum?
Weil ich das Speed-Klettern nicht mag. Das ist zu gefährlich. Ich mag es nicht, genauso wenig wie ich die Solos von Alexander oder das Basejumpen von Thomas mag. Diese drei Sachen halte ich einfach für zu gefährlich, das ist zu extrem. Es wäre mir wirklich lieber, sie würden aufhören damit. Gerade Thomas und sein Basejumpen, und daheim seine Frau mit den drei Kindern – das finde ich nicht in Ordnung.

Aber macht es Sie nicht auch stolz, wenn Sie Ihre Söhne im Film sehen?
Doch, und gut getroffen sind sie ja. Trotzdem finde ich das zu extrem, zu sehr auf die Spitze getrieben. Am aufgeregtesten war ich wegen der Szenen, wo sie jeweils stürzen, wobei das bei Alex nur indirekt dargestellt ist. Ich wusste ja vorher, dass das kommt, aber trotzdem war ich total nervös. Ich will das nicht sehen, wenn sie stürzen. Ich wünsche mir einfach, dass sie immer wieder zurückkommen werden. Aber ich weiß, dass man nicht alles in der

Hand hat. Hier in Berchtesgaden ist kürzlich jemand ums Leben gekommen, weil er beim Arbeiten aus drei Meter Höhe von einer Leiter gefallen ist – aus drei Metern, auf eine Wiese, und dann tot, weil er unglücklich gefallen ist! Und Alexander überlebt einen Sturz von sechzehn Metern ... Er sagt ja auch immer, wenn etwas passiert, dann im leichten Gelände, wo man denkt, man hat es im Griff.

Wie konkret denken Sie darüber nach, dass Alexander oder Thomas bei ihren Unternehmungen ums Leben kommen könnten?
Es ist mir bewusst, dass das möglich ist. Ich gebe ihnen immer Gottes Segen mit. Wenn einer von ihnen irgendwann nicht mehr zurückkommt, muss ich es annehmen – das ist dann Schicksal. Aber dann weiß ich, dass er sein Leben so gelebt hat, wie er es sich gewünscht hat. Dass er glücklich damit war. Was nützt einem ein langes Leben, wenn man immer unglücklich ist, weil man nicht das machen kann, was man machen will? Sie leben ihr Leben so, wie es ihnen entspricht. Ich sage immer, sie sind jetzt erwachsen, ich kann nicht mehr auf sie aufpassen. Das müssen sie selbst tun. Verbieten könnte ich es ihnen sowieso nicht. Aber ob ich es dann wirklich annehmen könnte, wenn es passiert – das weiß ich nicht.

31   Der Gang an die Grenze

Der untere zehnte Grad, den ich als Vorbereitung für die Direttissima free solo kletterte, war auch für mich ein extremes Erlebnis. Andererseits war mir aber auch bewusst, dass ich die Grenze noch weiter verschieben konnte. Ich müsste mich nur entsprechend darauf konzentrieren und es mir zum Ziel machen, möglichst harte Sportkletterrouten free solo zu klettern – rein mental weniger fordernd als eine große Alpenwand, dafür sportlich umso härter. 2003 setzte ich den Fokus auf den glatten zehnten Schwierigkeitsgrad. Ein neuer Grad, ein neuer Grenzgang für mich – so glaubte ich.

Am 19. Februar 2003 traf ich mich mit Michi Meisl am Schleierwasserfall. Der »Opportunist« stand auf dem Plan. Falls die Umstände passten, würde ich zuschlagen ... Als Fotograf hatte Michi natürlich seine Kamera dabei, ich hatte ihn auch darum gebeten, ein paar Aufnahmen zu machen. Welche Aufnahmen er machen sollte, hatte ich ihm allerdings nicht gesagt.

Bei schönstem Wetter standen wir oben. Der Schleierwasserfall glänzte im gleißenden Licht der Sonne. Perfekte Bedingungen. Ich war ruhig, nicht die Spur nervös. Ich wärmte mich auf, boulderte ein bisschen, Michi machte Fotos. Kurze Pause. Dann machte ich mich fertig. Michi stutzte, als ich ihn fragte, ob alles passe. Keine weitere Konzentrationsphase, nichts. Michi konnte nicht im Ansatz ahnen, dass ich in den »Opportunisten« einsteigen würde. Bevor er mich mit dem Teleobjektiv eingefangen hatte, war ich schon die ersten drei Meter oben, und bevor er richtig nachdenken konnte, war ich ganz oben. Flüssig, Zug um Zug, genau im Programm, ohne einen Anflug eines Zitterns, war der »Opportunist« unter meinen Fingern vorbeigezogen. So schön es war, aber das war kein Grenzgang! Ich war nicht am Limit. Das wurde mir noch am selben Tag klar. Und ich wäre nicht ich selbst, wenn ich es dabei hätte bewenden lassen.

Ein Jahr später nahm ich mir den »Kommunisten« vor, ebenfalls am Schleierwasserfall. Oberer zehnter Grad, 22 Meter lang, stark überhängend, athletische Kletterei. Noch härter, noch unsicherer die Züge an der Schlüsselstelle, und das mehr als zehn Meter über dem Boden. Gnadenlos. Meine absolute Leistungsfähigkeit lag in diesem Moment tatsächlich nur noch wenig über dem, was der »Kommunist« verlangt. Dementsprechend gering waren in dieser Route auch meine Leistungsreserven. Ich konnte trotz intensiver Vorbereitung den »Kommunisten« nicht nach Belieben und bei Weitem nicht jedes Mal durchsteigen – nur frisch ausgeruht und bei guten Bedingungen. Und selbst dann war die Leistungsreserve schon dünn. Aber ich hatte mittlerweile umfassende Erfahrung und wusste sehr genau, wie ich funktioniere, wenn ich ohne Seil unterwegs bin. Das ermöglichte mir, die Leistungsreserve auf ein Minimum zu reduzieren. Das war eben der Grenzgang, den ich suchte ...

Tag für Tag trainierte ich in der Route, perfektionierte die Bewegungsabfolgen. Immer wieder feilte ich am dynamischen Schlüsselzug, bis ich mich dann, nach fast einem Monat, bereit fühlte. Doch der erste Versuch schlug fehl. Nach drei Metern sprang ich wieder ab. Ich war zu nervös, verlor zu viel Kraft durch das Adrenalin im Blut, fühlte mich unsicher, konnte mich nicht hundertprozentig auf meine Kraft verlassen. Doch Free Solo erlaubt keine 99 Prozent. Nur wenn alles, wirklich alles stimmt, sind die Voraussetzungen für diesen Grenzgang gegeben. Trotz dieses

Scheiterns versuchte ich es weiter, und fünf Tage später machte ich den nächsten Versuch. Wieder war ich nervös. Wieder war die Kraftreserve zu dünn, und auch diesmal spürte ich, dass ich mich nicht darauf verlassen konnte, dass die Kraft für ein superpräzises Durchziehen an der Schlüsselstelle reichen würde. Ein weiteres Mal sprang ich ab.

Noch hatte ich die Hoffnung nicht aufgegeben, doch es war mir klar, dass es mit jedem gescheiterten Versuch schwieriger wurde, das nötige Selbstvertrauen aufzubringen. Eine ganze Woche brauchte ich, um die Zuversicht für einen weiteren Versuch aufzubringen, und mir wurde klar, dass es der letzte sein würde. Wenn es mir auch dieses Mal nicht gelänge, meine Nervosität vollständig abzubauen, so müsste ich mir einfach eingestehen, dass die Dimension, eine Route im oberen zehnten Grad free solo zu klettern, zu groß für mich war.

20. April 2004. Der dritte Versuch. Die ersten Züge entscheiden! Und an diesem Tag spürte ich den Bewegungsfluss in mir. Kein Adrenalin. Präzise und effizient brachte ich die ersten drei Meter hinter mich und überkletterte die kritische Marke. Es ging weiter. Dieses Mal gab es kein Zurück. Zwanzig Züge brachten mich zur Schlüsselstelle. Ich komme in die Ausgangsposition, links Untergriff, rechts Leiste, und in diesem Moment geben alle Muskeln im Körper gleichzeitig hundert Prozent. Die Bewegung ist perfekt einstudiert: Gegen die Schwerkraft fliegt mein Körper in einer Welle nach oben, die Hand schnellt zum anvisierten Griff, und im toten Punkt presse ich die Finger auf die abschüssige Leiste. Mit hohem Druck beißen sich die Finger im Fels fest, für einen kurzen Moment verharrt der Körper regungslos am Fels. Ich kann die Position stabilisieren, setze den Fuß und ziehe zum ersten guten Griff durch. Noch sind es weitere zwölf Meter bis zum Ausstieg. Zwölf Meter, die immer noch den oberen neunten Grad verlangen, keinen Spielraum für auch nur die geringste Unkonzentriertheit zulassen.

Erst danach, mit dem letzten Zug, fällt die Spannung ab, klingt ab, ich komme zur Ruhe – wie ein großer Fluss, der sich nach der Unruhe in den Stromschnellen in den weiten Ebenen seines Deltas verliert.

32 Patagonien im Winter

Stephan Siegrist und ich sind uns das erste Mal auf der ISPO in München begegnet – nicht in der Bergwelt also, sondern auf der größten Sportartikelmesse der Welt. Letztendlich war das kein großer Zufall: Da wir beide vom Bergsteigen leben, gehören Messebesuche und Termine mit unseren Sponsoren zu unserem Berufsalltag. Wir kannten uns beide durch unsere diversen Veröffentlichungen schon lange und wussten damit auch, wer da jeweils vor uns steht. Oft genug endet so ein Aufeinandertreffen mit einem kurzen Austauschen von Neuigkeiten und damit, dass man sich gegenseitig bei der nächsten Unternehmung viel Glück wünscht. Bei uns war das jedoch anders. Offensichtlich stimmte die Chemie zwischen uns beiden, denn schon war die erste gemeinsame Reise nach Patagonien vereinbart. Letztendlich wussten wir beide nicht, ob sich dieses spontane Gefühl bestätigen würde und wir uns in einer extremen Situation auch wirklich positiv ergänzen würden. Aber einen Versuch war es wert.

Vor allem aber hatten wir ein Ziel, für das wir uns beide gleichermaßen begeisterten: die Nordwand des Cerro Torre, im Winter. Stephan hatte entsprechende Erfahrung mit dem Winter in Patagonien, ihm war die erste Winterbegehung der »Ferrari-Route« an der Westwand des Cerro Torre gelungen, und er hatte sich auch schon vorher im Winter an der Nordwand versucht. Zu uns gesellten sich noch zwei Freunde von Stephan, Ralf Weber und Roger Schäli. Viel Zeit zum Überlegen blieb uns nicht, schon fanden wir uns in Interlaken ein, um das Material für die bevorstehende Reise zu packen. Es war für mich tatsächlich das erste Mal, dass ich mich freiwillig vom Sommer verabschiedete und auf den Weg in den Winter machte. Ende August war es so weit, ich war mit den drei Schweizern auf dem Weg von der Nordhalbkugel in die Dunkelheit der Südhalbkugel.

Wie beim ersten Mal mit Toni wurde die Anreise nach Patagonien lang und mühsam. El Calafate wurde nach wie vor aufgrund der wirtschaftlichen Probleme nicht angeflogen, also landeten wir in Rio Gallegos an der Atlantikküste. Tiefes Nebelgrau am Tag, lange Finsternis ... Ein krasser Wechsel, wenn man gerade den schönsten europäischen Sommer verlassen hat. In den drei Tagen, die wir von Rio Gallegos nach El Chaltén unterwegs waren, stießen wir auf eine endlose Kette von Schwierigkeiten, und ich war froh, dass Stephan durch seine vielen Reisen einige Freunde in Patagonien hatte, die nicht müde wurden, uns ein Problem nach dem anderen aus dem Weg zu schaffen.

In den Bergen aber waren wir schließlich auf uns selbst gestellt. Wir waren allein mit unseren Problemen. Bekanntermaßen ist das Problem Nummer eins in Patagonien das Wetter, und leider erwischte es uns dieses Mal besonders schlimm. Aus den Erfahrungen der vorhergehenden Expeditionen wusste Stephan, dass es keinen Sinn macht, am Fuß des Cerro Torre ein Basislager an der Oberfläche zu errichten. Zu intensiv ist der Schneefall, zu stark sind die Winde, als dass die Zelte für längere Zeit stehen bleiben würden. Deswegen bauten wir unsere Zelte in einer großen Schneehöhle auf. Dort waren wir nun, in einer Schneehöhle am Fuß des Cerro Torre, in unseren Zelten. Wir lagen in unseren Schlafsäcken und warteten. Und warteten.

Im Innern der Schneehöhle bekamen wir natürlich nichts mit von dem Wettergeschehen draußen an der Oberfläche. Wir hausten in einer Tiefe von zwei, drei Metern; dort war es windstill, ruhig und in gewissem Sinne sogar gemütlich. Es kam einem aber auch schnell »gemütlich« vor, wenn man die Bedingungen in der Höhle mit denen draußen verglich. Sobald wir kurz hinausmussten, wurde uns der Kontrast vor Augen geführt: Es schneite wie wild, der Wind blies uns alles um die Ohren, und vor lauter Schneekristallen in der Luft konnten wir ohne Skibrille kaum die Augen offen halten. Klar war es unter diesen Umständen erstrebenswert und höchst angenehm, wieder zurück in die Höhle zu kriechen. Trotzdem nahm die Gemütlichkeit mit jedem Tag, den wir in der Schneehöhle verbrachten, ab. Mit der Zeit wurde alles feucht, es war unglaublich eng, und besonders hart kam uns das Nichtstun an. Da halfen selbst die besten Bücher nichts mehr. Das Wetter war im Dauertief, genauso wie unsere Stimmung. Und kein Hoffnungsschimmer, dass das Wetter besser werden könnte! Irgendwann machten wir uns sogar schon Hoffnungen, wenn sich der Luftdruck nur um ein Millibar nach oben bewegte. Aber das waren alles nur Trugbilder. Tatsache war, dass das Wetter nicht schlechter hätte sein können.

Mit jedem Tag mehr wurde auch die psychische Belastung größer. Dieses endlose Warten! Zwischendurch fühlte ich mich wie ein Wanderer, der sich in einem fremden, feindseligen Land verirrt hat, dessen Wege er nicht kennt. Völlig orientierungslos, immer auf der Suche nach etwas, was ihm einen Anhaltspunkt geben und den Weiterweg weisen könnte. Die Dunkelheit, die nutzlos verstreichende Zeit, der dauernde Sturm, der Schnee – alles trug dazu bei, dass es Tag für Tag härter für uns wurde. Eine Woche, zwei Wochen, drei Wochen ... Die Frage nach dem Warum wurde immer drängender. Warum warten wir noch länger? Warum reisen wir nicht ab, zurück nach Hause?

Ich fühlte mich wie ein Fremdkörper, in dieser Landschaft, aber auch in mir selbst: in diesem Leben, das ich führte. Wie ein Fremdkörper, der nicht in seine Umgebung passt. Wie ein fremder Baum, der nur da ist, um Unordnung in den Wald zu bringen, oder wie ein Pilz, der zwar wunderschön, aber tödlich giftig ist. Wie immer in solchen Momenten zweifelte ich an dem, was ich machte. Empfand mein Tun als Herausforderung an die Vernunft, als Revolte gegen den gesunden Menschenverstand. Aber nur so, als Abenteuer, erlebte ich das unverfälschte Leben. Dieses Unverfälschte ist die Triebfeder, warum ich es immer wieder wissen will, warum ich es immer wieder suche: die Gefahr, die unendliche Anstrengung, der ewige Kampf, in dem ich mich verausgabe. Es ist ein scheinbar endloser Kampf, eine nicht enden wollende Anstrengung, denn es ist kein Kampf, der zu einem bestimmten Ziel führt: Hinter jedem erreichten Punkt öffnet sich ein neuer Horizont, mit noch mehr Zielen, mit neuen Herausforderungen. Es ist ein Kampf um des Kampfes willen, in dem das Ziel völlig unwichtig ist, in dem das Ziel nur ein Vorwand ist, um weiterzumachen. Das Ziel bleibt nur für kurze Zeit im Fokus. Es wird erreicht, wird zurückgelassen und eingereiht in die lange Kette denkwürdiger, intensiver Erinnerungen. Das Ziel ist nur ein Vorwand, ein Trugbild, welches das eine Mal den Namen Freiheit trägt und das andere Mal mir mein Leben zur Hölle macht. Ein Trugbild, dem ich folge, um mein Leben am Leben zu erhalten. Sterben in mir diese Ziele, stirbt auch der zentrale Baustein meines Lebens. Die Freiheit ist letztlich ein Schein, denn in Wahrheit lässt mir die tiefe Passion, die mich mit den Bergen verbindet, nur wenig Freiraum. Freiheit gibt es eben nur dort, wo es nichts mehr zu verlieren gibt ... So waren wir Gefangene unserer selbst, unserer Idee, und harrten aus bis zum letzten Tag, bis zum letzten Moment.

    Doch die Hoffnung stirbt zuletzt, und wir hatten Glück. Nur wenige Tage bevor wir die Rückreise antreten mussten, wurden Stephan, Ralf, Roger und ich belohnt: traumhaftes Wetter als Kontrastprogramm zu den Orkanstürmen der letzten Wochen. Unser ursprüngliches Ziel, die Nordwand des Cerro Torre, war aufgrund des wochenlangen Schlechtwetters zu gefährlich. Das lange Warten trieb uns zwar an den Rand des Wahnsinns, noch aber waren wir nicht wahnsinnig genug, dieses Risiko auf uns zu nehmen. Doch neben dem Cerro Torre stehen noch andere erstklassige Ziele, der Torre Egger und der Cerro Stanhardt. Beides sind Gipfel, die zwar weniger hoch, dafür aber schwieriger zu besteigen sind als der Cerro Torre selbst. Die Route »Exocet« auf den Cerro Stanhardt versprach, selbst unter diesen Verhältnissen noch sicher kletterbar zu sein.

Bei Sonnenuntergang genossen wir am Eingang unserer Schneehöhle die letzten ruhigen Stunden – schon bald würden wir aufbrechen, um den Zustieg zum Beginn der eigentlichen Kletterei noch in der Nacht hinter uns zu bringen. Am Morgen erreichten wir die Scharte genau in dem Moment, als der Vollmond über dem silbrig glänzenden Inlandeis unterging, und nur ein paar Minuten später, am Beginn der eigentlichen Kletterei, zeigten sich die ersten Sonnenstrahlen. Wir hatten auf den ersten Seillängen nicht unbedingt die besten Bedingungen, vom Wind angepresster Schnee in steilem Fels machte das Vorwärtskommen mühsam, aber nach nur 150 Metern wechselt die »Exocet« auf die windabgewandte Ostseite des Berges, über die wir zügig, meist ohne Sicherung kletternd, das Kernstück der Route erreichten, einen 300 Meter hohen, senkrechten Eiskamin.

Einer nach dem anderen übernahm in diesem unheimlich engen Eisschlauch die Führung. Wir kletterten im patagonischen Winter und hatten gut fünfzehn Grad unter Null, weshalb das Eis kalt und spröde war. Trotzdem kamen wir gut voran und waren schließlich nur noch vierzig Meter unter dem Ausstieg zum Gipfelgrat, keine hundert Höhenmeter mehr vom Gipfel entfernt, als sich die typischen Wetterzeichen zeigten: Wind und Wolken am Gipfelgrat. Anfangs nur eine harmlos wirkende Drohgebärde, wuchs die Kraft des Windes mit jeder Minute zu infernalischem Ausmaß heran. Der Wettersturz ließ nicht auf sich warten und erreichte uns mit voller Wucht. Der Gipfel war zum Greifen nah gewesen, jetzt war er so fern!

Mehrmals ging es zwischen uns hin und her. Es schien aussichtslos zu sein, unter diesen Bedingungen den Weg zum Gipfel zu finden. Wir konnten im Sturm nicht einmal die nächsten zehn Meter überblicken. Schnee kam von oben und unten, wie Marionetten wurden wir auf dem Grat hin und her geworfen. Um in dieser Hölle miteinander zu diskutieren, mussten wir schreien, sonst verstanden wir uns nicht. Wir waren unsicher, ob das Weitermachen noch vertretbar war, auch wenn nur noch so wenige Meter zum Ziel fehlten. Aber wir hätten nicht die ganze lange Zeit gewartet, wenn wir jetzt nicht alles gegeben hätten! Wir kämpften weiter, wollten kämpfen, solange noch Kraft in unseren Körpern steckte. Und es zahlte sich aus! Das lange Warten, der mühselige Kampf, alles hatte sein Ende. Noch stand uns ein harter Abstieg bevor, aber erst einmal standen wir oben, auf dem Gipfel des Cerro Stanhardt, und spürten, wie dieser Moment uns Kraft gab, wie das Leben in uns pulsierte und uns weitertrieb.

33 Grand Capucin

Schon lange träumte ich von einem Projekt im Playground of Europe, dem Montblanc-Massiv. Ein Gebirge, das auf kleinstem Raum eine ungeheure Vielfalt von Zielen bietet, in dem jede große Wand den Namen berühmter Erstbegeher trägt. Mein Vater war in dieses Gebirge regelrecht verliebt. Was war er dort nicht alles gegangen, die Nordwände der Droites und der Courtes, die Nant-Blanc-Flanke der Aiguille Verte, den Walkerpfeiler, den Brenvasporn ... Doch es waren nicht nur die besonderen Erlebnisse an den großen Wänden, die er mit nach Hause brachte, es war auch das Leben, die internationale Atmosphäre, die er in Chamonix tiefer inhalieren konnte als irgendwo sonst. Berühmte Namen einmal nicht nur lesen, sondern mit ihnen auf Tuchfühlung gehen. Allein wenn er davon erzählte, welche Bergsteiger zufällig dort oben in den Bergen zusammenkamen, ohne dass auch nur eine Spur von Überheblichkeit zu spüren gewesen wäre: Walter Bonatti, Pierre Mazeaud, Gaston Rébuffat ... Für meinen Vater war und ist es heute noch ein Traum, deren Welt in den von ihnen hinterlassenen Routen nachzuerleben.

Auch ich hatte schon oft darüber nachgedacht, mein im Yosemite Valley erlerntes Kletterkönnen im Granit auf die schwierigen Wände im Montblanc-Massiv zu übertragen. Der Petit Dru beispielsweise ist – heute ist richtiger: war – die fantastischste Granitwand der Alpen; die Franzosen-Direttissima mit ihrem

Zentralteil, dem Pilier Rouge, war für mich als Freikletterer ein Fünfsterneziel. Ich hatte über die Jahre Bilder und Informationen gesammelt und war gerade dabei, das Projekt konkret in Angriff zu nehmen, als 1997 der erste gigantische Bergsturz diesen zu Granit gewordenen Traum pulverisierte. Das Projekt Freiklettern am Petit Dru war damit gestorben.

Trotzdem tauchte ich im Juni 2005 nach langer Zeit mal wieder in Courmayeur am Fuß des Montblanc auf, zusammen mit meinem Vater. Unser Ziel war die »Bonatti« an der Ostwand des Grand Capucin, für ihn einer der wenigen in seiner aktiven Zeit unerfüllten Träume im Montblanc-Massiv. Ich kam gern mit, um ihn dabei zu unterstützen, dass er sich auf seine nun doch schon alten Tage, mit 66 Jahren, diesen Traum noch erfüllen konnte. Und erst recht, weil ich dabei Gelegenheit hatte, noch eine weitere Idee zu verfolgen. Ich hatte ein Ziel genau an diesem Grand Capucin ins Auge gefasst, und dieses Mal hatte ein klein wenig der Zufall seine Finger im Spiel. Obwohl – war es wirklich Zufall? Im Frühjahr 2003 hatte ich mitten im Valley den französischen Spitzenkletterer Arnaud Petit getroffen, einen der besten Felskletterer der Neunzigerjahre: zehnter Grad onsight, elfter Grad rotpunkt, Weltcup-Gesamtsieger im Wettkampfklettern und Bergführer. Das Yosemite Valley ist eben ein Treffpunkt der internationalen Kletterszene, wie es ihn kein zweites Mal gibt.

Ich erzählte Arnaud vom Projekt »Zodiac«, an deren freier Begehung Thomas und ich damals arbeiteten. Wir philosophierten über das Freiklettern an den Bigwalls, und Arnaud erzählte von seiner »Voie Petit«, einer 400 Meter langen Erstbegehung am Grand Capucin, die er 1997 zusammen mit Stéphanie Bodet erschlossen hatte. Die Ostwand des Grand Capucin ist zwar nicht so groß und kompakt wie die Wände des El Capitan, Arnaud beschrieb mir aber begeistert den steilen Granit, die Verschneidungen, Risse und die für den Grand Capucin so typischen Dächer. Ich wusste mehr oder weniger auch schon vorher über seine

Route Bescheid – die Aktivitäten eines der Besten unserer Zunft blieben natürlich nicht undokumentiert. Ein kleines, aber entscheidendes Detail war mir jedoch nicht bekannt. Was im alpinen Blätterwald immer wieder vorkommt, passierte auch hier: Die Presse vergaß das wichtige Detail, dass ihm damals eine durchgehend freie Begehung der »Voie Petit« nicht gelungen war. Diese stand nach wie vor aus, und Arnaud selbst motivierte mich dazu, es doch zu versuchen. Schließlich hätte ja gerade ich die notwendige Erfahrung im Granit, um an dieser Route Erfolg zu haben.

Ich wurde schon oft gefragt, woher ich mir die Ideen für meine nächsten Projekte hole und ob ich dabei von den Erwartungen der Öffentlichkeit geleitet werde. Heutzutage ist es für einen Bergsteiger nicht ausreichend, nur klettertechnisch perfekt zu sein. Man braucht genauso einen wachen Verstand, der dieses Können auf interessante Ziele projiziert, und es gibt nicht allzu viele Alpinisten, die sich dabei durch eine besondere Kreativität auszeichnen – Bergsteiger mit Visionen, wie sie die anderen nicht haben. Diese Bergsteiger waren oft nicht unbedingt die körperlich Stärksten oder die Besten unter ihresgleichen, aber es waren eben die, denen die bahnbrechenden Begehungen und Erstbesteigungen gelangen.

Hermann Buhl zum Beispiel. Der beste Bergsteiger der Nachkriegsjahre. Ein Charaktermensch mit einem Charisma, das bis heute nur wenige Bergsteiger hatten. Ein Kletterer, der nicht nur über ein immenses Können und einen unbändigen Willen verfügte, sondern darüber hinaus auch noch über einen kreativen Geist, eine sprühende Ideenfabrik. Mehr als andere seiner Generation war er in seinem Denken und Tun ein Visionär; er hatte einen Weitblick dafür, was im Klettern möglich ist.

1952. Die Nordwand des Pizzo Badile, von keinem Geringeren als Riccardo Cassin erstbegangen, ist eine der großen Wände der Alpen. Buhl reist einen ganzen Tag per Fahrrad aus Innsbruck an und klettert in nicht mehr als sechs Stunden durch die Wand. Allein. Am nächsten Tag muss er wieder arbeiten. Also zurück nach Innsbruck, wieder mit dem Fahrrad ... Am Abend schindet er sich den Malojapass hinauf, endlich geht es wieder bergab. Entspannt rollt er durch die Nacht in Richtung Tiroler Heimat. Und fliegt auf einmal in hohem Bogen durch die Luft. Die Landung gestaltet sich kalt und nass, er ist auf einen Randstein aufgefahren und in den Inn gefallen, das Fahrrad ist hin. Den Rest des Weges legt Buhl zu Fuß, per Postauto und mit dem Zug zurück, um gerade noch rechtzeitig zum Arbeitsbeginn in Innsbruck zu sein – »wo ich mich wieder der Zivilisation fügen muss«.

Das überragende Können und der zähe Geist, den Buhl bei der Durchsteigung dieser berühmten Alpenwand an den Tag legte, waren die Fähigkeiten, die den Grundstein für seine genialste Leistung legten: die Erstbesteigung des 8125 Meter hohen Nanga Parbat, die ihm am 3. Juli 1953 im Alleingang gelang. Damit wurde Hermann Buhl weit über die Bergsteigerkreise hinaus zum Star. Wohl als erster Bergsteiger überhaupt hielt er auf internationalen Bühnen Vorträge vor einem begeisterten Publikum. Er tourte durch Österreich, Deutschland, die Schweiz, Frankreich und Jugoslawien. In Italien wurde er besonders gefeiert, so groß war die Freude der Italiener über den Spitzenbergsteiger, der in ihrer eigenen Sprache von seinen Abenteuern berichtete. Volkswagen stellte ihm für seine Vortragsreisen sogar einen Käfer zur Verfügung, sodass man Buhl heute als einen der Ersten bezeichnen darf, die Bergsteigen auch als Beruf verstanden haben.

Hermann Buhl verlor 1957, nur kurz nach der Erstbesteigung des Broad Peak, sein Leben, als er im undurchdringlichen Nebel an der Chogolisa durch eine Wechte brach. Der Ausnahmebergsteiger war tot, doch sein geistiges Erbe lebt weiter. Mit Buhl fühlte ich mich immer schon verbunden, schon allein dadurch, weil er »einer von uns« war. Aufgewachsen war er zwar in Innsbruck, und auch zum berühmten Bergsteiger reifte er in den Tiroler Bergen, doch 1951 heiratete er nach Ramsau in Berchtesgaden. Die bayerischen Berge, in denen ich zu Hause bin, wurden für Hermann Buhl zur zweiten Heimat. Klar, dass ich in der Zeit, in der ich zusammen mit meinem Vater und meinem Bruder Thomas die ersten Skitouren unternahm, noch nicht davon träumte, dass man das Bergsteigen nicht nur als Berufung, sondern auch als Beruf ausüben kann. Aber das Leben von Hermann Buhl zeigte einen möglichen Weg in diese Richtung.

Den Berufsbergsteiger noch wesentlich deutlicher verkörperte für mich jedoch der Südtiroler Reinhold Messner. Nicht nur, dass er diesen Beruf noch professioneller ausübte und auch heute noch von und mit seinen bergsteigerischen Erfolgen lebt, ihn konnte ich im Gegensatz zu Hermann Buhl auch persönlich erleben. 1986 war ich auf einem seiner Vorträge. Gerade hatte er den Lhotse bestiegen und war damit als Erster auf allen vierzehn Achttausendern gestanden – der Visionär, der das Himalaja-Bergsteigen geradezu revolutionierte und dominierte. Gefüllte Vortragssäle, begeistertes Publikum, hohe Auflagen bei den Büchern, zahllose Artikel in Zeitschriften, gefragter Gast bei diversen Sendungen im Fernsehen ... Das Leben des Berufsbergsteigers spielt sich oft weit entfernt von den Bergen ab.

Als mir 1995 mit der ersten Rotpunktbegehung der »Salathé« im kalifornischen Yosemite Valley erstmals ein Erfolg gelang, der große internationale Beachtung fand, begriff ich zum ersten Mal, wohin mein Weg führen könnte. Buhl, Bonatti, Messner hatten mir als Pioniere gezeigt, wie es geht. Ich könnte es zumindest versuchen ... Ich ging auf meine erste Vortragsreise, finanzierte damit mein Studium und meine Kletterreisen. Und begann, in die richtige Richtung zu denken. Bergsteigen war und ist in erster Linie meine Passion – und das bleibt es auch. Aber ich begann mich damals erstmals zu fragen, ob nicht auch ich durch das Erzählen meiner Erlebnisse langfristig von meiner Passion leben könnte. Das hat sich nicht als Utopie erwiesen. Zwar lebe ich heute als Profi auch zu einem guten Teil von Sponsorverträgen, doch durch meine Vortragsreisen finanziere ich nach wie vor den größten Teil meines Lebens. Damit hänge ich zwar von der Gunst des Publikums ab, aber ich verschaffe mir andererseits eine gewisse Unabhängigkeit vom Wohlwollen meiner Sponsoren.

Gern wird ja von der Freiheit, die wir am Berg erleben, gesprochen, doch die Realität sieht dann oft etwas anders aus. Wir leben von unseren Erfolgen, indem wir davon erzählen. Ohne Erfolg finden wir keinen Verleger, kommt kein Publikum zu unseren Vorträgen, will keiner über uns berichten. Und deswegen sind wir, solange wir in den Bergen ein Ziel verfolgen, Gefangene unserer selbst. Solange es läuft, empfinde ich diesen Druck zum Glück nur selten und eher unterschwellig. Auf der anderen Seite hat der Druck auch einen positiven Aspekt: Er hält meine Ideenfabrik am Laufen und liefert den Antrieb, auch weiterhin nach vorne zu denken.

Eigentlich mache ich mir ständig Gedanken, in welche Projekte ich meine Energie stecken werde, und daher ist es nicht selten so, dass Planungen über einen Zeitraum von ein, zwei Jahren reichen. Dabei orientiere ich mich durchaus auch an meiner Einschätzung, welche Aktionen welches Echo in der Öffentlichkeit hervorrufen könnten. Grundsätzlich folge ich zwar zuerst meinem ureigenen Interesse; wenn aber mehrere Projekte in meinem Kopf herumschwirren, dann entscheide ich mich für jenes, das mir für die Öffentlichkeit als das interessanteste erscheint. Am Grand Capucin zu klettern erfüllte in jeder Hinsicht diese Voraussetzung.

Es ist erstaunlich, wie dieser berühmte Granitobelisk in der großen Masse des Montblanc-Massivs verschwindet, wenn man von der Turiner Hütte kommend den Glacier du Géant betritt: ein kleiner, roter Pfeiler, der unterhalb des Teufelsgrates am Montblanc du Tacul verschwindet. Erst wenn man sich langsam weiter annähert, wachsen die Dimensionen. Mit jedem Schritt wird der Turm größer, werden die markanten Dächer wilder. Schon einmal war mein Vater am Fuß dieser Wand, vor gut vierzig Jahren, bei schlechtem Wetter. Oft genug hatte mein Vater mit dem Problem zu kämpfen, dass er mit nur zwei, drei Wochen Bergurlaub auskommen musste und dabei mindestens genauso wenig Zeit wie Geld in der Tasche hatte. Als er nun zum zweiten Mal unter der Wand stand, herrschte bestes Wetter.

Ich kann mich noch daran erinnern, als meine Mutter vor über 25 Jahren sagte, dass es wohl nicht mehr lange dauern würde, bis mein Vater von seinen Söhnen mitgenommen werden würde und nicht umgekehrt. Mein Vater meinte dazu immer, dass er keinen bräuchte, der ihn den Berg hinaufschleppe, auch nicht seine Buam. Diese Einstellung hat er heute noch. Er freut sich zwar, wenn ich mit ihm unterwegs bin, aber er will sich seinen Berg selbst erarbeiten und auf keinen Fall nur »hinterhergezogen« werden.

Die Andacht, mit der er die »Bonatti« anging, hatte schon fast etwas Romantisches. Sicher spielte da die Vorstellung, eine von Bonattis Meilensteinen zu klettern, eine Rolle, aber auch die Tatsache, sich einen lang gehegten Traum zu erfüllen, der über die Jahre schon so weit entfernt gewesen zu sein schien. Die »Bonatti« wird gern unterschätzt. Sie ist durch ihre verwickelte Linienführung länger, als man erwarten würde, und mein Vater hatte mit zunehmender Höhe immer mehr mit seiner schwindenden Kraft zu kämpfen. Aber es wäre mit Sicherheit das Letzte gewesen, was er zugegeben hätte – nicht dass ich auf die Idee kommen würde, ihn bergführermäßig den Berg hochzuziehen!

Die »Bonatti« ist eine wahrhaft großartige Felsroute. Ausgesetzt, steil, beeindruckend und im besten Granit, den der gesamte Montblanc zu bieten hat. Um vier Uhr erreichen wir den kleinen, spitzen Gipfel des Grand Capucin, und das erfüllte mich mit nicht weniger Freude, als wenn ich gerade selbst ein großes Ding durchgezogen hätte. Ich wünsche mir sehr, dass ich unsere gemeinsame Passion, das Bergsteigen, mit der gleichen Intensität erleben darf wie mein Vater, wenn ich mal so alt bin wie er. Jeder Mensch kann sich glücklich schätzen, der wie er in diesem Alter noch so intensiv seine Träume lebt.

Als Nebenprodukt dieser Begehung der »Bonatti« hatte ich auch noch erfahren, was ich über den Grand Capucin wissen wollte: Besseren Granit gab es nicht, die »Voie Petit« war eine begeisternde Linie, der Traum eines jeden Freikletterers, und im Sommer 2005 brachte ich sogar den notwendigen Spielraum mit, um die »Voie Petit« ernsthaft anzugehen. Von Arnaud wusste ich, dass er vor allem in den leichteren Seillängen mit Keilen und Friends gearbeitet hatte, während die schwierigen Längen mit Haken und Bohrhaken ausgestattet sind. Der Schlüssel zu einer freien Begehung sollte vor allem in der fünften Seillänge zu finden sein: Nach einer über dreißig Meter langen rechtwinkligen Verschneidung kam ein vier Meter ausladendes Dach. Arnaud konnte zwar die einzelnen Züge für sich genommen frei klettern, eine Rotpunktbegehung dieser Seillänge und eine durchgehend freie Begehung der gesamten Route standen allerdings noch aus.

Zuerst ein vorsichtiges Herantasten. Einen Tag nach der Begehung der »Bonatti« querte ich mit dem Berchtesgadener Franz Hinterbrandner erneut von der Turiner Hütte über den Glacier du Géant zum Grand Capucin. Mein Ziel an diesem Tag war vergleichsweise bescheiden. Die fünfte Seillänge war die schwierigste. Bis dorthin und nicht weiter wollte ich klettern. Es würde sich wohl an dem vier Meter ausladenden Dach entscheiden, ob das Projekt für mich realistisch war oder nicht. An diesen wenigen athletischen Zügen würde sich zeigen: Geht es oder geht es nicht?

Bereits die zweite Seillänge heizte mir gewaltig ein. Ein bisschen überrascht stolperte ich in diese anspruchsvolle Passage. Zwei Bolts, ansonsten selbstständiges Absichern mit Keilen, lange Run-outs – weite Abstände bei anspruchsvoller Kletterei. Zwei steile Abgänge halfen mir, die aufgebaute Anspannung ein wenig zu entladen. Beim dritten Versuch stand ich zwar immer noch eher neben als auf den Leisten, aber mit einem leichten Zittern rettete ich mich schließlich doch über diesen luftigen Run-out. Danach die Crux, die fünfte Seillänge. Die endlos lange Verschneidung und das Dach – gut gesichert, aber beeindruckend. Kraftvolle Züge, athletisches Klettern – besser bekam man es auch im Yosemite nicht. Und vor allem: Es ging! Kurz darauf machte aber das Wetter nicht mehr mit. Wir waren in Chamonix – und hier ist das Wetter bei jeder Unternehmung ein entscheidender Faktor. Der Grand Capucin ist zwar nicht unbedingt ein Riese, steht aber trotzdem mitten im Hochgebirge. Und so dauert es oft nur Minuten, bis sich Sonnenschein in Schneetreiben verwandelt.

Beim nächsten Versuch eine Woche später machte ich den ersten großen Schritt in Richtung Ziel. Nach mehreren Versuchen gelang mir die erste Rotpunktbegehung der Schlüsselseillänge. Am Tag darauf wollte ich den Durchstieg versuchen. Nur spielte das Wetter einmal mehr nicht mit. Ich schaffte es zwar erneut, die Schlüsselseillänge durchzusteigen, und wollte aus diesem Grund natürlich nicht aufgeben, aber es trieben sich schon einige Schneeflöckchen herum, auch wenn ich das in diesem Moment noch nicht wahrhaben wollte. Franz wollte nicht mehr nachkommen, ich wollte durch. Noch während wir – ich oben, der Franz einen Standplatz unter mir – diskutierten und ich mit den besten Versprechungen versuchte, ihn zum Weitersteigen zu überreden, fing es an: dichter Schneefall, Wind, Kälte. Ich stand in meinen Sportkletterhosen und engen Schuhen am Standplatz. Na bravo – nichts wie runter!

Eine Woche Pause, nächster Versuch. Wieder gelang die Schlüsselseillänge, und dieses Mal blieb das Wetter schön, also ging es weiter. Nach wie vor kannte ich aber den oberen Teil der

Route nicht. Es warteten noch drei Seillängen im neunten und eine im zehnten Grad auf mich. Noch war ich positiv gestimmt und dachte, dass es gehen könnte. Aber es lief nicht so wie erhofft: Die Seillängen des oberen Pfeilers forderten technisch ausnehmend anspruchsvolles Klettern, sie waren alles andere als leicht zu knacken. Die Hoffnung war schnell dahin, und dazu wurde es am Nachmittag in der schattigen Ostwand empfindlich kalt. Auch aus dem Versuch am nächsten Tag wurde nichts. Ich war mit meiner Kraft am Ende und konnte froh sein, dass ich die Seillängen des oberen Pfeilers für sich genommen durchsteigen konnte. Damit war ich jetzt bereit für den Durchstieg – nur das Wetter nicht. Für zwei Tage sollte es schlecht sein, und vor allem musste Franz nach Hause an die Arbeit. Freitag um Mitternacht waren wir wieder daheim. Nach den zwei Tagen, an denen ich um vier Uhr morgens aufgestanden war, genoss ich das Ausschlafen und stand nicht vor Samstagmittag auf. Der Sinn stand mir nach abhängen und es mir gut gehen lassen. Um fünfzehn Uhr: der neue Wetterbericht. Er hatte sich gegenüber dem vorhergehenden leicht geändert. Nun waren keine zwei Tage Schlechtwetter mehr angesagt, sondern nur noch einer, nämlich heute. Der Sonntag würde strahlenden Sonnenschein bringen, und am Montag sollte es dann für längere Zeit schlecht werden.

Da gab es nichts zu warten. Ich musste es versuchen. Ich rief Max Reichel und Wasti Schöndorfer an. Eine Blitzaktion stand an, Start Samstag um Mitternacht. Sie waren zwar beide wenig begeistert über den anstehenden Marathon, aber ich setzte meinen Kopf durch. Abends wurde noch alles gepackt, dann ging es zur Weinprobe, die ich mit Freunden schon lange ausgemacht hatte. Die konnten gar nicht glauben, dass ich am nächsten Tag mein Projekt durchziehen wollte. Klang ja auch abgefahren: Um zehn Uhr abends sitzen wir noch bei bestem Rotwein zusammen, und zwölf Stunden später soll ich schon am Grand Capucin beim Klettern sein.

Um elf Uhr nachts ging es los. Wir wechselten uns mit dem Fahren ab. Mitten in der Nacht gab es wenigstens keinen Verkehr. Brenner, Trento, Verona, Bergamo, Milano, Aosta, und um halb acht morgens fuhren wir mit der ersten Bahn zur Turiner Hütte, dem Tor zur Gletscherwelt des Montblanc. Pause gab es keine, dafür blieb heute keine Zeit. Wir hatten Ski dabei, und so brauchten wir keine zwei Stunden zum Grand Capucin. Der ganze Berg leuchtete im gleißenden Sonnenlicht, ein fantastischer Tag! Um zehn stiegen wir ein, um zwölf waren wir an der Schlüsselseillänge. Beim ersten Versuch war ich noch zu aufgekratzt, ich fiel am letzten schwierigen Zug – nach vierzig Metern. Ich war platt, brauchte eine lange Pause und schlief am Standplatz sogar ein.

Irgendwann weckte Wasti mich wieder auf, und eine Stunde später startete ich zum nächsten Versuch. Es klingt unglaublich, aber es würde für diesen Tag auch schon wieder der letzte sein. Viele Versuche verboten sich gerade in dieser Seillänge, weil die Schlüsselstelle erst nach vierzig Metern kam und jeder Versuch viel Kraft kostete. Doch diesmal ging es besser: Wesentlich ruhiger und kontrollierter brachte ich die Verschneidung hinter mich, hing im Dach, verklemmte viermal hintereinander die Finger, zog durch und war oben. Das wär's – aber so weit war ich ja beim letzten Versuch auch schon gewesen! Das Spiel war hier noch lange nicht zu Ende, und es wurde nun vor allem auch zeitlich ein wenig eng. Mittlerweile war es fast drei Uhr, und wir hatten noch neun Seillängen bis zum Gipfel. Fehlversuch durfte es keinen mehr geben, und es wurde schattig in der Ostwand. Die Sonne verschwand, Wolken verhüllten den Grand Capucin, es wurde eiskalt. Schluss mit lustig, jetzt musste ich mich durchbeißen.

17. Juli, 19 Uhr. Wir standen oben. Ein paar Mal war ich knapp am Scheitern, kalte Finger, abnehmende Kraft und der Zeitdruck machten es mir nicht einfach. Aber ich hatte mich tatsächlich durchgebissen. Das Schlechtwetter war im Anmarsch, aber es reichte genauso wie das verbleibende Tageslicht, um ohne Pro-

bleme zur Turiner Hütte zurückzukommen. Ich hatte es geschafft und war überglücklich, denn ich wusste, wie viel Glück man braucht, um am Montblanc – der ja nicht unbedingt mein Hausberg ist – an einer großen Route Erfolg zu haben. Er kostete mich viel Energie, aber der hohe Einsatz wirkte wie ein Trigger, und er verstärkt die Intensität der Erinnerungen.

Wenn der Erfolg dann endlich kommt, ist die Qual zu Ende. Der Erfolg macht dich frei, er erweitert den Raum für dich selbst, für die Zufriedenheit, für dein Glück. Er macht dich offen für das Leben. Die Anspannung, die mich während vieler Tage vor und während der eigentlichen Begehung begleitete, fällt in kurzer Zeit von mir ab. Die Ruhe nach dem Sturm ist ein intensiver, aber gleichzeitig auch sehr flüchtiger Moment. Diesen Moment gilt es in der Erinnerung mitzunehmen, er ist der Lohn der Angst, der Anspannung und des Einsatzes. Ich genieße den Moment, mit weit offenen Augen, und freue mich darauf, was im Leben als Nächstes auf mich zukommt.

34 Speed – der vertikale Geschwindigkeitsrausch

Seit mehr als zehn Jahren sind Thomas und ich nun schon im Yosemite Valley aktiv. Zehn Jahre, in denen uns dieses Tal mit seiner einzigartigen Klettergemeinde fast zur zweiten Heimat wurde. Immer wieder war es die riesige Wand des El Capitan, die uns in dieses Tal reisen ließ. So auch, als Thomas und ich im Jahr 2003 nochmals nach Kalifornien fuhren. Eigentlich hatten wir beschlossen, dass für uns mit den großen Freikletterrouten am El Capitan Schluss sein sollte, aber der Zufall wollte es anders. Im Jahr zuvor hatte ich zusammen mit Heinz Zak das Buch »Yosemite« veröffentlicht. Während seine erstklassigen Bilder dem Band das äußere Erscheinungsbild gaben, fasste ich so fundiert wie möglich die hundert Jahre Klettergeschichte des Yosemite zusammen. Aus diesem Grund musste ich für eine eingehende Recherche im Frühjahr 2002 nach Kalifornien reisen. Anders als bei allen anderen bisherigen Besuchen stand dieses Mal nicht das Klettern im Vordergrund. Aber es dürfte auch nachvollziehbar sein, dass es mir genauso wenig möglich war, vier Wochen in diesem Mekka des Kletterns zu arbeiten, ohne dabei den einzigartigen Granit zu berühren. Ich hatte Glück, und so stand ich an meinem letzten Tag im Valley mit einem der besten Bigwaller überhaupt, mit Ammon McNeely, angeseilt am Beginn der »Zodiac«. Die »Zodiac« ist einer der berühmtesten Klassiker am El Capitan und der Inbegriff des hakentechnischen Kletterns.

Wie es so die Art des Ammon McNeely ist, würde es keine normale Begehung dieser Route werden. Er hielt zu jenem Zeitpunkt die schnellsten Begehungszeiten von insgesamt zwanzig verschiedenen Routen an dieser Wand. Ammon ist derzeit der wohl herausragendste Bigwaller im Valley. Keiner ist im technischen Klettern schneller, schon gar nicht in harten Techno-Routen. Um solch schnelle Begehungszeiten zu erreichen, muss man laut McNeely ein hohes Risiko eingehen, Stürze in Kauf nehmen und vor allem – »Don't mess around!« – darf man nicht lange überlegen, sondern muss einfach durchziehen. Nichts für schwache Nerven – diese Art zu klettern erfordert risikobereite Partner, die auch dann am Ball bleiben, wenn es kritisch wird: »You need partners who stay in the game even when shit hits the fan!« Und ich versicherte ihm, dass ich nichts anderes vorhätte.

Nach knapp über sechs Stunden erreichten wir den Ausstieg der »Zodiac«, und ich war begeistert. Allerdings nicht nur wegen unserer Begehungszeit. Trotz des schnellen Durchstiegs hatte ich mir die Zeit genommen, um an kritischen Stellen die Felsstruktur etwas genauer zu analysieren. Ohne wirklich daran zu glauben, dass die »Zodiac« jemals frei kletterbar wäre, hatte ich trotzdem nicht die Möglichkeit ausgelassen, mich von der Machbarkeit des Unmöglichen zu überzeugen. Und jetzt, nach der Durchsteigung, wusste ich es. Ammon und ich saßen zusammen auf dem El Capitan und diskutierten ganz begeistert diese Entdeckung. Er selbst ist ja nicht unbedingt der Freikletterspezialist, deswegen konnte er sich aber nicht weniger über diesen Fund freuen. Er war einfach glücklich, mir beim Weg zu einer neuen, fantastischen Freikletterroute am El Capitan hilfreich gewesen zu sein.

Im Frühjahr des folgenden Jahres war ich wieder im Valley, diesmal zusammen mit Thomas. Unser gemeinsames Projekt hieß: Free »Zodiac«, die freie Begehung dieses Techno-Klassikers. Es lief nicht schlecht an, nach zwei Wochen harter Arbeit hatten wir alle fragwürdigen Stellen geknackt, hatten zu allen strukturlosen Bohrhakenleitern frei kletterbare Varianten gefunden. Wir wussten, dass die Route im Bereich unserer Möglichkeiten lag, und trotzdem schaffte es die berüchtigte Hitze, unserem Vorwärtskommen nach einem Zeitraum von drei Wochen ein Ende zu setzen. Unsere Leistungen stagnierten, und der einzige noch erkennbare Fortschritt war der auf dem Thermometer. Jeden Tag kletterte die Quecksilbersäule um mindestens einen Strich weiter nach oben, und immer öfter rutschten wir von den nicht vorhandenen Tritten. Die Motivation sackte in den Keller, die erbarmungslose kalifornische Sonne versengte unsere letzte Hoffnung, die 600 Meter verteilt auf zwei Tage durchzuziehen. Wir mussten aufgeben, und so blieb uns nichts anderes übrig, als auf die kühleren Herbsttage zu setzen.

Noch hatten wir aber zwei Wochen freie Zeit im Valley, und wer Thomas und mich kennt, der weiß genau, dass wir diese Zeit nicht ungenutzt verstreichen lassen würden. Im Jahr zuvor hatte mir Ammon McNeely während unserer gemeinsamen Durchsteigung der »Zodiac« gezeigt, wie man schnell und effizient durch einen Bigwall klettert. Thomas und ich saßen wieder einmal in den Wiesen am Fuß des El Capitan und realisierten dabei, dass wir beide die »Zodiac« besser kannten als irgendjemand sonst. Die Idee lag auf der Hand: mit Speed durch die »Zodiac«, der vertikale Geschwindigkeitsrausch am El Capitan! Wir hatten nichts Besseres zu tun, und es war definitiv die beste Möglichkeit, die ansonsten sinnlos verstreichende Zeit mit sinnvoller Tätigkeit auszufüllen.

Der damals bestehende Rekord war natürlich einer aus der Sammlung von Ammon selbst. Es galt, seine fünf Stunden, 57 Minuten auf dieser Rennstrecke zu unterbieten. Wer dabei eine eifersüchtige Reaktion von Ammon erwarten würde, der liegt falsch. Im Gegenteil, Ammon unterstützte in jeder Hinsicht und zu jeder Zeit alle unsere Ziele. Für ihn ist jeder gute Kletterer, der ins Yosemite kommt, eine Bereicherung der Szene, und er sieht

Konkurrenz als pure Motivation, einen Antrieb, wieder selbst anzugreifen und irgendeinen Bigwall zu attackieren. Er unterstützte uns auch bei diesem Projekt mit all seiner Erfahrung und mit allen möglichen kleinen, aber wichtigen Details, um auch die letzten Minuten herauszuholen.

Die Voraussetzungen für einen neuen Speed-Rekord waren perfekt. Thomas und ich kannten auf den 600 Metern jeden einzelnen Kletterzug, wussten genau, wo man welche Sicherungen legen musste. Noch dazu ist das freie Klettern generell wesentlich schneller als das hakentechnische Klettern. Ammons bis dahin bestehender Rekord an der »Zodiac« wurde in fast reiner hakentechnischer Kletterei erzielt. Da lag unser wichtigster Vorteil: Wenn wir bis zum oberen achten Grad frei klettern würden, hätten wir nicht mehr als ein Drittel technische Kletterei. Das sollte uns den Erfolg bringen.

Trotzdem wussten wir nur zu genau, dass wir, um den Rekord zu holen, alle Spezialtechniken des Speed-Kletterns anwenden mussten. Die »Zodiac« hat sechzehn Seillängen, und das bedeutet, dass normalerweise sechzehnmal Standplatz bezogen wird, das Seil eingezogen und nachgesichert wird. In diesem Moment steht die gesamte Seilschaft, nichts bewegt sich, außer dem rastlosen Zeiger auf der Uhr. Dazu kommt das Problem des Stillstands von jeweils einem der Seilschaft, der eben dann entsteht, wenn man sich gegenseitig sichert. Bei all dem geht kostbare Zeit verloren. Deswegen mussten wir, wie alle anderen Rekordaspiranten auch, auf das klassische Sichern verzichten. Prinzipiell haben sich dabei heute zwei Methoden etabliert, die je nach den Anforderungen und Schwierigkeiten wechselweise eingesetzt werden.

Zum einen wird simultan geklettert, das heißt, Vorsteiger und Nachsteiger klettern gleichzeitig. Im Seil, das sie verbindet, befinden sich meist nur ein oder zwei Sicherungen. Das Tempo lässt mehr Sicherungen nicht zu, außerdem würde dem Vorsteiger binnen weniger Seillängen das Material ausgehen. An sich ist es die unkomplizierteste Art, als Seilschaft ungebremst und ohne Stillstand durch die senkrechte Welt zu rennen. Allerdings ist gerade das Simultanklettern für den Vorsteiger mit einem sehr hohen Risiko verbunden: Falls der Nachsteiger stürzt, reißt es den Vorsteiger mit Urgewalt in Richtung der zuletzt eingehängten Sicherung, bei der er ohne jegliche dynamische Bremswirkung auf den Fels donnert. Die schon aufgetretenen schweren Verletzungen beim Simultanklettern verbieten dessen Anwendung in klettertechnisch anspruchsvollem Gelände, weil sich, gerade auf Speed und bei hohen Schwierigkeiten, ein Sturz nie hundertprozentig ausschließen lässt.

Gerade in schwierigen Routen kommt deswegen das Shortfixing zur Anwendung. Dabei rennt der Vorsteiger etwa die Hälfte der Seillänge nach oben und bringt eine Sicherung an, um dann das restliche Seil einzuholen, einen Knoten zu machen und anschließend in die Sicherung einzuhängen. Damit kann der Nachsteiger das Seil belasten und mithilfe der Steigklemmen hinterhersprinten. Zur gleichen Zeit hat der Vorsteiger wiederum die andere Hälfte des Seils zur Verfügung, um weiterzuklettern. Das Shortfixing funktioniert hervorragend, hat aber den kleinen Nachteil, dass im Falle eines Sturzes der Vorsteiger erst dann abgebremst wird, wenn er die volle Strecke des eingeholten Seils gestürzt ist. Die optimal sichere Methode gibt es beim Speed-Klettern eben nicht, und es gehört durchaus zum normalen Geschäft, dass es dabei zu hohen Stürzen kommt, manchmal auch zu schweren Prellungen und anderweitigen Verletzungen. Beim Speed-Klettern wird, im Gegensatz zu oft überzogenen Schilderungen anderer heroischer Aktivitäten, nicht nur von spektakulär weiten Stürzen gesprochen – nein, hier passieren sie wirklich!

Aufgrund der hohen Schwierigkeiten der »Zodiac« war klar, dass wir dem Großteil der Route mit Shortfixing beikommen würden. Vor allem hatte diese Taktik immer noch den Vorteil, dass der Nachsteiger mit den Jümars meist doch noch ein wenig schneller sein würde und, wenn wir uns gut abstimmen würden, durchaus die Möglichkeit haben würde, den Vorsteiger an den schwierigsten Stellen für kurze Zeit in die Sicherung zu nehmen. So waren wir nach vielen Ratschlägen von Ammon McNeely taktisch hervorragend vorbereitet, als wir Anfang Juli das erste Mal am Einstieg der »Zodiac« standen.

Durchatmen, die letzten Minuten vor dem Start. Wir waren beide nervös, wussten nicht recht, wie es uns ergehen würde. Fünf, vier, drei, zwei, eins ... Thomas legte los, nach dreißig Metern in nur drei Minuten kam sein Kommando »Stand«, und ich ließ das Seil aus dem Grigri – dem Sicherungsgerät – fliegen. So schnell wie möglich holte Thomas das Restseil ein und fixierte es an einem Haken. Er rief »Seil fix«, das Signal für mich, die Jümars ins Seil zu hängen und ihm so schnell es ging hinterherzusprinten. Zwei Minuten später war ich oben, nahm Thomas für einen Moment in die Sicherung, um ihn eben noch an einer sehr kritischen Stelle zu sichern. Kurz darauf kam wieder sein »Stand«, Grigri raus, Jümars rein, und schon ging es wieder weiter.

Ein ganzes Stück weiter oben kletterte Thomas einen Quergang und verzichtete aus Zeitgründen darauf, irgendwelche Zwischensicherungen zu legen. Eine Minute später kam ich genau an diese Stelle. Und machte kurzen Prozess: Ich hängte die Sicherung aus, und schon segelte ich gut zehn Meter nach links in die freie, überhängende Wand hinaus. Diese Methode geht zwar nicht konform mit dem Sicherheitsdenken der allgemeinen Kletterschule, aber es ist die schnellste Art des Nachstiegs, und an diesem Tag zählte eben nur Geschwindigkeit. Speed heißt Klettern ohne Kompromisse, Speed heißt Klettern wie im Rausch – potenziell gefährliche Passagen werden irgendwann tatsächlich als solche nicht mehr wahrgenommen.

Nach zwei Stunden erreichten wir das Ende der achten Seillänge, die Wandmitte. Für den zweiten Teil der »Zodiac« übernahm nun planmäßig ich die Führung. Die Sicherungsmittel waren genau abgestimmt, sodass sie bei sparsamem, genau kalkuliertem Einsatz genau bis zu diesem Punkt reichten. Ich hatte als Nachsteiger auf der gesamten Strecke des ersten Wandteils alles eingesammelt und war nun beim Wechsel voll ausgerüstet, um die zweite Hälfte der Route anzugehen. Im ständigen Wechsel von technisch zu frei und von frei zu technisch rannte ich die große Verschneidung im »Grey Circle« nach oben. Zweieinhalb Stunden waren mittlerweile vergangen, zehn Seillängen lagen unter uns, als wir uns einer »klassischen« Seilschaft näherten. Die normale Begehungszeit der »Zodiac« beträgt auch heute noch drei bis vier Tage, es machte daher Sinn, die Kletterer über uns vorzuwarnen. »Hey, you guys up there, we are on speed!« Als Antwort kam: »Was hasch gseit? Sind ihr uf Droge?« Offensichtlich wusste diese Schweizer Seilschaft, wer da auf sie zukam, und antwortete deswegen gleich auf Deutsch. »Wie lang seid ihr schon dran?« – »Guat zwoa Stund! Und ihr?« – »Wir? Zwei Tage!« Für ein längeres Gespräch hatten wir leider keine Zeit, denn so schnell, wie wir angekommen waren, so schnell waren wir auch vorbeigeklettert. Der Anteil an freier Kletterei wurde mit zunehmender Höhe größer, und das bedeutete, dass wir immer schneller wurden. Wir waren auf Rekordkurs. Ich kletterte die letzten Meter, fixierte am Ausstieg das Seil und zog zwei Minuten später mit einem kräftigen Schwung über die Ausstiegskante: vier Stunden, sieben Minuten, wir konnten es fast nicht glauben!

Zurück im Yosemite Valley feierten wir mit Freunden und Bier diesen neuen Speed-Rekord, doch wirklich überzeugt waren wir nicht, dass wir mit diesem Rekord schon unser Bestes gegeben hatten. Zu viele Fehler hatten wir gemacht, die einzelnen Manöver waren noch nicht perfekt abgestimmt, und überhaupt: Beim zweiten Mal würde es sowieso besser gehen. Also beschlossen wir, es noch einmal zu versuchen, und schon zwei Tage später standen wir wieder am Einstieg der »Zodiac«. Als Thomas sich ins Seil einband, machte er die Bemerkung: »Ich bin ja gespannt, wer das Rennen heute gewinnen wird!« Nachdem ich erst nicht ganz verstand, was er mir damit sagen wollte, zeigte er nach oben. Und tatsächlich: Vierzig Meter unter dem Ausstieg der »Zodiac« befanden sich zwei alte Bekannte. »Okay. Das probieren wir. Los geht's! Fünf, vier, drei, zwei, eins!« In drei Stunden und acht Minuten durchrannten wir die gesamte Route, und nur wenige Meter unterhalb des Ausstiegs konnten wir tatsächlich die Schweizer Seilschaft überholen. Wir ernteten begeistertes Kopfschütteln, erst recht, als die Schweizer mitbekamen, was Thomas und ich zu besprechen hatten: Denn schon am Ausstieg diskutierten wir die Verbesserungsmöglichkeiten, die uns beim nächsten Versuch noch einmal schneller sein lassen würden.

Bei unserem dritten Versuch schafften wir tatsächlich eine Zeit von zwei Stunden, 31 Minuten und zwanzig Sekunden. Wir waren zufrieden, hatten die restliche Zeit im Yosemite optimal genutzt und eine neue Spielform des Kletterns gefunden. Bis zu diesem Zeitpunkt hatten wir nicht geahnt, welche große Herausforderung für uns im Speed-Klettern lag.

Der Herbst brachte schließlich auch die erhoffte Rotpunktbegehung der »Zodiac«, und eigentlich hätten Thomas und ich damit zufrieden sein können. Aber der Speed ließ uns nicht los, und vor allem: Wir wussten, dass wir auch bei unserem letzten Versuch im vergangenen Frühjahr noch nicht perfekt gewesen waren. Deswegen fassten wir den für Außenstehende schwer nachvollziehbaren Entschluss: Wir planten für das Frühjahr 2004 eine weitere Reise ins Yosemite, um unseren eigenen Rekord in der »Zodiac« nochmals zu verbessern. Wir wollten so lange unseren eigenen Rekord unterbieten, bis wir das Gefühl hatten, dass wir auf diesen 600 Metern keine einzige Minute verschenkt hatten. In einem alle drei Tage stattfindenden Rennen reduzierten Thomas und ich sukzessive unsere Zeit bis auf knapp über zwei Stunden. Und irgendwann befanden wir uns an einem Punkt, an dem wir uns nicht mehr mit irgendeiner Zeit zufriedengeben wollten. Der El Capitan in weniger als zwei Stunden, das musste es sein! Wir bissen uns an dieser Vision fest, waren voll motiviert und wollten keinesfalls vorher aufgeben.

17. Juni 2004. Dieses Mal gelang es Thomas, die Führung ganze vier Minuten früher an mich zu übergeben als bei allen bisherigen Versuchen. Dieser Versuch war scharf! Das war auch der Grund für mich, diesmal wirklich alles zu geben. Bei den bisherigen Übergabezeiten war mir immer bewusst gewesen, dass es sowieso nicht reichen würde, um die zwei Stunden zu unterbieten, egal wie schnell ich klettern würde. Doch bei diesem Versuch war es anders. Thomas hatte die Voraussetzungen geschaffen, und jetzt war es an mir, seine Vorgabe zu vollstrecken. Das gab mir erstmals den notwendigen Biss, und genauso wie Thomas in der ersten Wandhälfte ging ich an meine absoluten Grenzen, machte »full speed«. Irgendwann, schon weit oben in der Wand, wusste ich es: Dieses Mal werden wir es schaffen! Schon während Thomas die letzte Seillänge nachjümarte, begann die große Meute Zuschauer in den El Cap Meadows zu schreien. Um die fünfzig Kletterer hatten sich in den Wiesen unter dem El Capitan versammelt und feuerten Thomas auf den letzten Metern an. Genau eine Stunde, 51 Minuten und 34 Sekunden nach dem Verlassen des Bodens erreichte er unter einem beeindruckenden Konzert der »El Cap Rock Monkeys« den Ausstieg der »Zodiac«. Dieses Mal hatten wir beide das Gefühl, dass es schnell genug war.

»Alex ist ein brodelnder Vulkan, der nicht ausbricht«

Pepe Danquart, Regisseur von »Am Limit«, über die Filmarbeiten mit den Huberbuam

Karin Steinbach *Warum wurde der dritte Teil Ihrer Sporttrilogie ausgerechnet ein Film über die Huberbuam – noch dazu über eine Speed-Begehung?*
Pepe Danquart: Ganz einfach, weil die beiden mit der Filmidee auf mich zukamen und mich baten, den Film zu machen. Kennengelernt hatten wir uns schon ein paar Jahre vorher, anlässlich einer Fernseh-Talkshow im NDR, zu der wir gemeinsam eingeladen waren. Thomas und Alex hatten gerade ihr erstes Buch »The Wall« veröffentlicht, ich hatte »Heimspiel«, den ersten Teil der Sporttrilogie, gedreht und damit den Deutschen Filmpreis für die beste Regie gewonnen.

Und die Idee hat Sie so begeistert, dass Sie gleich überzeugt waren?
Nein. Es war nicht das Speed-Klettern, das mich begeistert hat. Aber ich habe in der ersten Sekunde gesehen, was mit den beiden los war. Wenn ich mit Alex allein war, redete er und redete, aber sobald Thomas dazukam, verstummte er. Das war ein eingespieltes Rollenverhalten zwischen den beiden: Wenn die beiden zusammen waren, redete Thomas. Bei Alex spürte ich, er nimmt sich zurück, aber da ist mehr. Auf dem Weg zum Flughafen erzählte er mir extrem viel Persönliches. Das war es, was mich interessierte: ihr Brüder-Dasein.

Die Konkurrenz zwischen den beiden?
Da ich einen Zwillingsbruder habe, der ebenfalls Regie führt, kenne ich all die Konkurrenzgeschichten, den Neid, das gegenseitige Vorwärtspushen. Bei Zwillingen ist das noch viel extremer als bei Brüdern. Allerdings haben sich Alex und Thomas so früh zusammengetan – auch öffentlich als »die Huberbuam« –, dass sie ein fast zwillingsähnliches Dasein führten. Erst in ihren Dreißigern haben sie angefangen, ihre eigene Identität zu suchen. In »Am Limit« steht für mich das Thema Brüder im Vordergrund, es ist noch wichtiger als der Grenzgang.

Er ist also auch ein Film über Sie selbst.
Identifikation ist Voraussetzung für einen guten Film. Man kann solche Filme nicht »machen«, man muss sie leben, man muss risikobereit sein – das Handwerkszeug zum Filmen allein reicht da nicht aus. Ich musste gewisse Voraussetzungen mitbringen, um die beiden zu verstehen, die nicht ganz so einfach zu verstehen sind, die einen nicht so nahe an sich heranlassen. Gerade Alex ist ja nun jemand, der sehr stark über den Kopf gesteuert, von seiner Ratio bestimmt ist. Ich sagte ihnen, wenn wir diesen Film zusammen machen, brauche ich euer Vertrauen. Und zwar uneingeschränktes Vertrauen. Ich verspreche euch, dass ich es euch zurückgebe. Vertrauen ist die Basis, damit sie vergessen, dass da eine Kamera läuft. So ergeben sich intime Momente, die fast therapeutischen Wert haben.

Dafür braucht es viel Einfühlungsvermögen.
Ich denke, emotionale Intelligenz ist eine meiner Begabungen – im Gespräch so auf jemanden einzugehen, dass da durchaus auch etwas kommt, was er normalerweise nicht sagen würde. Alex ist extrem so: ein geschlossener Vulkan, der emotional voll ist – der brodelt, aber nicht ausbricht. Wenn immer gesagt wird, Thomas sei emotional, Alex rational, dann stimmt das natürlich über-

haupt nicht: Der eine reagiert nur viel mehr aus seinem Instinkt heraus, der andere ganz klar nur über seinen Kopf. Aber emotional sind beide sehr präsent. Alex hat bezüglich Dominanz und Nichtdominanz den Vorteil des jüngeren Bruders, der sich immer am älteren abgearbeitet hat. Auch im Zurücknehmen ist Alex oft derjenige, der steuert; er kann mit seiner hohen Intelligenz Dinge analysieren und in seinem Sinne lenken.

Zum Bergsteigen haben Sie gar keine Beziehung?
Grundsätzlich ist die Sporttrilogie nicht aus meiner Passion für die einzelnen Sportarten entstanden – vor »Heimspiel« hatte ich nie ein Eishockeyspiel besucht, genauso wenig ein Radrennen oder die Tour de France, bevor ich »Höllentour« gedreht habe. Ich war da nicht affin. Beim Bergsteigen war das anders: Ich bin in Singen bei Konstanz am Bodensee aufgewachsen, habe schon mit vier Jahren angefangen, Ski zu fahren, auch Rennen, bis hin zum Leistungssport. Ich machte den Trainerschein und trainierte im Bezirk Schüler- und Jugendmannschaften. Später bin ich Skitouren gegangen, mit Schweizer Freunden aus Zürich, meine zweite Heimat wurde das Engadin und die Silvretta. Wir machten auch Anspruchsvolles wie die Haute Route. Es geht mir heute noch so: Wenn ich nicht einmal im Jahr in den Bergen bin oder Skier unter den Füßen habe, fehlt mir etwas.

War Klettern jemals ein Thema für Sie?
In meiner Studienzeit lernte ich einen Münchner kennen, mit dem ich im Klettergarten war, doch das spielte sich in einem gemäßigten Bereich ab. Während der Filmarbeiten war ich dann schon mal im sechsten oder unteren siebten Grad unterwegs, aber natürlich im Nachstieg. Ich war immer gern draußen, ich mochte den Fels, vor allen Dingen die Mentalität der Kletterer hat mir gefallen; Klettern hat extrem viel mit Leben zu tun, ist für mich eine große Metapher für das Leben. Angstüberwindung,

Endorphinausstöße, Leidensbereitschaft, Euphoriegefühle, wenn man oben steht, aber vor allem die Angstüberwindung – das sind Dinge, die ich auch beim Skitourengehen erlebt habe, und das war eine gute Voraussetzung dafür, die beiden zu verstehen. Grenzgänger war ich beim Bergsteigen nie, aber als Filmer, da habe ich mich zeit meines Lebens in Situationen gebracht, in denen ich den Punkt am Horizont überschritten habe, filmische Projekte angegangen bin, die eigentlich nicht machbar waren, extreme Herausforderungen darstellten. An diesen Aufgaben bin ich dann gewachsen. Das ist vergleichbar mit dem, was Grenzgänger im sportlichen Bereich machen, Alex und Thomas im Besonderen. Wobei ihre Ängste existenzieller sind.

Im Nachhinein muss man wohl sagen, dass sich das Ziel von Thomas und Alexander – den Speed-Rekord zu brechen – und Ihr Ziel – einen Film darüber zu machen – gegenseitig ausgeschlossen haben. Das macht diesen Film aber auch besonders. Normalerweise wird ja beim Klettern erst die Höchstleistung durchgezogen und dann fotografisch oder filmerisch nachgestellt. Ich wollte aber Authentizität haben, deswegen kam das für mich nicht in Frage. Mein filmerisches Interesse stand dem sportlichen Interesse der beiden gegenüber – oder auch entgegen: Sie brauchten Ruhepausen, um die kletterische Leistung überhaupt erbringen zu können, ich wollte den Drehplan einhalten. Ihre große Leistung war, dass sie diesen Druck ausgehalten haben. Die Filmarbeiten führten dazu, dass sie gegen ihren Instinkt handelten, Alex bei der Hilfestellung für den Kameramann, Thomas beim letzten Durchstiegsversuch, als er sich schon am Einstieg nicht fit fühlte. Wäre der Film nicht gewesen, hätten sie anders gehandelt, wäre Thomas gar nicht eingestiegen. Ich bin der festen Überzeugung, wenn sie heuer im Herbst wieder hinfahren, dann werden sie dieses Ding reißen.

Dass der Film nicht mit einem Erfolg endet, macht ihn doch auch spannender, tiefgründiger.
Der Film ist aufgebaut im klassischen shakespeareschen Erzählstil. Ich habe das ganze Umfeld weggelassen: Vater, Mutter, Kindheit, Freunde. Der Film hat zwei Helden, zwei Götter, Herakles und Achilles. Ein Leben nicht für sich selbst, sondern für die Nachwelt. Übersinnliche Fähigkeiten. Und plötzlich kommen sie runter und sind Menschen. Man sieht, was sie leisten, etwas, was kaum jemand auf der Welt schafft, und dann kommt ein Sturz, sie sind wie du und ich, sie weinen, sie sind menschlich geworden. Unten drunter gibt es in der Filmdramaturgie die Subhelden, die sie stützen, einbetten, Chongo Chuck zum Beispiel, der den Film eröffnet.

Dean Potter tritt auch in der Funktion des Subhelden auf?
Genau. Dean Potter ist einer der großen Kletterstars in Amerika, ein Mensch, der viel versteht vom Leben, der eine große Authentizität hat in dem, was er tut, und mit dem, über was er spricht. Den man gern mag, von Beginn an – der nimmt einen für sich ein, dem glaubst du alles. Im Film sagt er: Wenn jeder seinen eigenen Traum leben könnte, dann wäre diese Welt eine bessere Welt. Und das ist so. Das ist für jeden der persönliche Grenzgang.

Aber noch mal zurück zu den Helden und ihrer Niederlage.
Sie ist am Ende der größte Quell des Wachsens, der größte Gewinn. Wenn wir beim Klettern als Lebensmetapher bleiben, bedeutet der Schluss dieses Films: Wenn man im Leben am Boden ist, so wie Alexander und Thomas nach ihren Stürzen, muss man es allein schaffen, man kann nur allein wieder da herauskommen, für sich selbst. Höhen und Tiefen gehören zum Leben. Wer unten ist, kommt auch wieder hoch. Beide gewinnen sie menschliche Größe: die Tränen, die Thomas zeigt, nachdem Alex gestürzt ist; der Schmerz, den Alex in sich trägt, weil Thomas in Patagonien nicht mehr mit ihm spricht.

Geplant war aber schon, dass sie den Rekord schaffen, oder?
Ich habe das natürlich nicht so gesteuert, alle wollten den Erfolg, aber für mich war das nicht das Problem: Ich wollte einen Film über zwei Brüder machen.

Sie waren nicht enttäuscht?
Nein. Und ich sage das mit Nachdruck: Ich war die ganze Zeit über sehr in Sorge, nicht nur um die beiden, um das ganze Team. Ich hatte manchmal bis zu zehn, zwölf Leute in der Wand hängen. Oder auch Patagonien, sechs Wochen im Einmannzelt, das hat mich selbst ziemlich fertig gemacht, wegen der psychischen Bedingungen. Ich habe mich immer als das schwächste Glied des Teams empfunden. Ich war physisch am Anschlag. Jeder aus diesem Team hat sich den Arsch aufgerissen. Im übertragenen Sinne habe ich ein Leben riskiert für einen Film, für ein Stück Kunst. Aber ich musste diesen Film nicht machen; das war kein Projekt, um meine Karriere zu befördern, sondern ich wollte ihn machen, weil mich das Thema der Brüder angesprochen hat. Und weil ich die beiden eben auch sehr gern habe. Für mich war das Scheitern sozusagen ein Glücksfall – Brüder zu begleiten, die nur gewinnen, ist so langweilig wie ein Fußballspiel anzuschauen, dessen Ergebnis man schon kennt.

Die im Film erzählte Geschichte hat sich aber nicht erst beim Drehen so entwickelt?
Nein, es gab ein dokumentarisches Drehbuch, ein Treatment. Da steht auch alles drin, was im Film dann zu sehen ist, bis auf die Stürze. Die Erzählweise, dass es eine Geschichte von Brüdern ist. Dass der Erzählstil keinen Raum für den familiären Hintergrund lässt, habe ich erst während des Arbeitens entschieden – und dann konsequent durchgezogen.

Thomas' Frau und seine Kinder werden aber zumindest erwähnt.
Sie werden genannt, weil die Verantwortung für seine Familie ein
sehr wichtiger Aspekt für ihn ist. Aber ich wollte sie nicht im Bild
darstellen. Thomas ist ein glücklicher Familienvater – ein Glück,
nach dem Alexander immer noch auf der Suche ist. Das ist der
Berg, den er noch überwinden muss.

*Alexander wirkt sehr kontrolliert. Für seine Projekte ist das Gefühl,
alles unter Kontrolle zu haben, eine Voraussetzung. Aber wie arbeitet man mit so jemandem?*
Wenn man so jemandem gegenübersitzt, darf man ihn auf keinen
Fall unterfordern. Die Auseinandersetzung, die ich mit Alex geführt habe, hat bedeutet, ihn an seinen wunden Punkten zu packen, aber auf Augenhöhe, mit großer Ehrlichkeit. Ich habe ihnen
beiden klargemacht, dass ich nicht irgend so ein Medienmensch
bin, sondern ein Partner. Dass ich mit großer Hingabe an dieses
Filmprojekt herangehe. Um auf Ihre Frage zurückzukommen,
wie man Alex kriegt: Hingabe ist etwas, wovor er Respekt hat. Er
sah, dass das zwei Jahre meines Lebens sind. Ein Commitment,
das ich für sie gemacht habe.

Da war Patagonien sicherlich ein Knackpunkt.
Patagonien macht einen psychisch fertig – einfach dadurch, dass
es ununterbrochen stürmt. Das schlechte Wetter, der Druck, dass
es endlich klappt. Alex hat extrem Angst vor irrationalen Gefahren: vor Wetterumschwüngen, Gletscherspalten, Eisschlag in
Couloirs – wenn er sich Gefahren aussetzen muss, die er selbst
nicht kontrollieren kann. Da fürchtet er sich, wegen seiner hohen rationalen Intelligenz, fast mehr als ein »normaler« Mensch.
Dann kam noch der Brüderzwist dazu, der in Patagonien auf
dem Höhepunkt war, wie man deutlich sieht. In solchen Situationen leidet Alex, daran zerbricht er fast. Aber es gab nicht nur Auseinandersetzungen zwischen ihm und Thomas, sondern auch

zwischen ihm und mir. Wir sprechen hier über Alphatiere, über sehr starke Egos. Ich war das dritte Alphatier, das auch seinen Willen haben wollte. Im Lauf der Arbeit entstand jedoch ein verschworenes Band zwischen Alex und mir. In schwierigen Situationen hat er mich immer verstanden; er hat mich in jeder Phase des Projekts intellektuell verstanden.

Mehr als Thomas?

Eigentlich will ich die beiden Brüder nicht miteinander vergleichen, weil ich es selbst hasse, dass die ganze Welt auch mich immer in der Konkurrenz zu meinem Bruder sieht. Ich glaube, das geht den beiden ähnlich. Aber es fällt mir manchmal richtig schwer, komplett losgelöst von seinem Bruder über Alex zu reden. Das geht fast nicht. Das Zwillingsdasein ist nun mal die Daseinsform, die sie sich in der Jugend gesucht haben, und auch der Druck von außen schweißte sie zusammen. Erst spät hat die Suche nach ihrem eigenen Ich begonnen, und gleichzeitig wollen sie das Band zwischen sich nicht verlieren. Bemerkenswert finde ich, was die beiden geäußert haben, nachdem alles durchgestanden war. Wir hatten eine ganz schwierige Bergtour miteinander gemacht, mit sehr viel Spaß, aber auch mit sehr viel Kraft. Alexander sagte, dass nach dem Film die Beziehung zwischen Thomas und ihm auf einer neuen Stufe weitergehe. Und Thomas sagte: Es gibt für ihn ein Leben vor diesem Film und eines nach diesem Film.

Bei so intensiven Momenten wie in Patagonien braucht es aber doch auch Zurückhaltung der Person gegenüber. Sie muss die Sicherheit haben, dass nicht alles, was sie erzählt, in den Film hineingepackt wird.

Dieses Vertrauen haben sie mir geschenkt, dafür bin ich ihnen sehr dankbar. Sie haben den Film erst fertig gesehen, nicht während des Schnitts. Und sie waren beide glücklich damit. Ich habe so viel preisgegeben, wie nötig ist, um den Film zu verstehen, aber nicht zu viel. Es ist immer schwer, Schwächen zuzugeben, aber oft sind die dann von außen gesehen das, was die Personen liebenswert macht. Ich habe von vielen Leuten die Rückmeldung bekommen, dass die großen Momente im Film die sind, in denen Alexander und Thomas einmal anders wahrzunehmen sind, als Menschen. Die absolute Aufrichtigkeit hat eine Größe, die umwerfend ist.

Diese Momente waren nicht planbar, genauso wenig wie die beiden Stürze. War der Kameramann eigentlich so cool, dass er, als Alex nach dem Sturz heruntergetragen wurde, die Kamera angestellt hat?

Das war so, ja – einen solchen Moment würde ich niemals nachstellen. Es war ein drehfreier Tag, die Tonabteilung war unterwegs, um Flora und Fauna aufzunehmen. Ich machte mit dem Hauptkameramann Wolfgang Thaler ein paar stumme Landschaftsaufnahmen. Plötzlich kam der Kameraassistent, der zusammen mit Alex und einem der Kletterkameraleute eine Position für die Kamera in der der »Nose« gegenüberliegenden Wand gesucht hatte, ins Valley herunter. Er war in völliger Panik, sagte, Alex sei gestürzt. Wolfgang und ich sind dann wie Fährtenleser eineinhalb Stunden den Spuren der anderen gefolgt, wie Leistungssportler im Geländelauf hinaufgerannt, durch die Geröllhalde zum Beginn der Wand, und stießen dort auf Alex und die anderen Bergsteiger, die ihn trugen. Ich war völlig außer Atem, fragte ihn zuerst: »Alex, tut's weh?« Er sagte nein. Brauchst du Hilfe? Nein. Ich sah, es waren genug Leute da – okay, wir drehen. Klar, Leben geht vor Film, aber da bin ich Profi genug: Es hilft niemandem, wenn ich mitheule – wenn ich sonst nicht helfen kann, kann ich auch filmen. Ich bin kein Sozialarbeiter. Wir sind hier als Filmer, wir sind hier nicht zum Spaß. Aber ich hatte natürlich keinen Ton, deshalb ist es am Anfang auch so ruhig. Ich musste die Leute dann erst mal davon überzeugen, mir einen Ton hochzubringen. Ich wollte den Beginn aber auch nicht nachsynchronisieren, sondern die Stille, die dann plötzlich einfällt, so belassen, die Ernsthaftigkeit darstellen.

Das hat ihnen niemand zum Vorwurf gemacht?
Es gab im Anschluss intensive Diskussionen mit den Extremkameraleuten darüber, ob es angebracht ist, in so einem Moment zu filmen. Aber diese Diskussionen waren gut, denn sie führten dazu, dass sie am Ende des Films, als Thomas unvorhergesehen stürzte, unaufgefordert zu drehen begannen.

Das sind eben auch Momente, die man in einem Bergfilm selten sieht.
Ich glaube, für solche Momente braucht es sehr viel Erfahrung. Nach 35 Jahren und mehr als vierzig Filmen hat man vielleicht die Professionalität, das so durchzuziehen. Das hat nichts mit Gefühllosigkeit zu tun. Klar gibt es eine Grenze zwischen Leben und Film – aber wenn ich merke, dass ich sonst nichts tun kann, dann bin ich Profi. Kein Nichtschwimmer rettet einen Ertrinkenden. Für viele Zuschauer sind das im Film zwei wahnsinnig wichtige Momente, die sie auch im Herzen behalten. Diese Momente einzufangen, das ist mein Job, das ist mein Grenzgang, das ist sozusagen meine Höchstleistung.

Mir ging es im Film so, dass ich irgendwann mit feuchten Händen dasaß, obwohl Speed eigentlich überhaupt nicht mein Thema ist.
Dass der Film den Zuschauer packt, liegt auch an der Art, wie er aufgenommen wurde. Wir haben filmtechnische Sachen entwickelt, die vorher so noch niemand gemacht hat. Da waren die Kameraleute Max Reichel, Franz Hinterbrandner und vor allem auch Martin »Mungo« Hanslmayr – alle drei klettern im neunten Schwierigkeitsgrad – voll engagiert. Wie zeigt man Speed-Klettern? Wie stellt man die Geschwindigkeit dar? Man kann in der

Verlangsamung bei der Bildaufnahme die Geschwindigkeit dessen, was da passiert, deutlicher machen. Ich erinnerte mich aber auch an eine Kurosawa-Einstellung aus den »Sieben Samurai«, als das Dorf angegriffen wird und die Samurai sich in Stellung bringen: Er macht eine ganz lange Kamerafahrt auf der Höhe des Bodens, mit Gras im Vordergrund, und dadurch entsteht eine unglaubliche Nähe, Geschwindigkeit, Dramatik. Das wollte ich auch machen, nur war die Schwierigkeit, dass wir uns nicht in der Waagrechten, sondern in der Senkrechten befanden. Über Umlenkungen und Leitern bauten sich die Kameraleute eine Vorrichtung, an welcher der eine nach unten laufen konnte und dadurch den anderen nach oben zog. Sehr oft drückten sie sich mit langen Stelzen von der Wand weg, um sich in eine gute Aufnahmeposition zu bringen. Manchmal brauchte es auch nur kleine Kamerabewegungen: Als Alex am El Cap Tower an dem Untergriff hing, reichte es aus, dass die Kamera nur ein wenig zurückging, um die Ausgesetztheit 600 Meter über dem Tal zu verdeutlichen.

Hatten Sie beim Filmen als Zuschauer den Kletterer oder den Nichtkletterer im Hinterkopf?
Der Film muss sowohl für den Profi als auch für die Allgemeinheit, die nichts damit zu tun hat, nachvollziehbar sein. Aber trotzdem darf er den Profi nicht langweilen. Die Spannung muss gehalten werden, das ist eine Frage des filmerischen Handwerks. Gerade für Nichtkletterer waren Einstellungen wie die Faust, an der sich Alex selbst hochzieht, wichtig.

Besonders in Erinnerung sind mir die Szenen, in denen Alex seine Hände zum Schutz mit Tape abklebt – diese kontemplativen Momente tauchen ja mehrmals auf.
Das Tapen ist der rote Faden, den Alexander durch den Film führt, in jeweils seiner ureigenen Position, die ihn als Charak-

ter bestimmt: als Bruder, als Rationalist, als technischer (Handriss-)Kletterer, als kontemplative Persönlichkeit, wenn er über Urängste spricht. In jeder Situation, in der er es tut, ist es eine liebevolle Zuwendung, die sich bis zum Schluss steigert. Aber es ist auch eine Brüderszene par excellence, wenn Thomas ihm das Tape mit den Zähnen abbeißt – ein rührender Liebesbeweis. Am Schluss philosophiert Alex beim Abreißen des Tapes, dass das, was sie da tun, ein Angriff auf den gesunden Menschenverstand ist.

Alex hat in meinen Augen eine absolute Klarheit. Er hat eine klare Vorstellung davon, welches sein letztes Soloprojekt sein wird, und er wird mit den Solos aufhören, wenn er dieses Ziel erreicht hat.
Diese Klarheit haben wenige Menschen. Auf eine bestimmte Art und Weise mag das beneidenswert sein, auf der anderen Seite steht sie ihm aber auch im Weg. Bei den Brüdern ist das sehr gut kenntlich: Thomas wird von seinen Instinkten gesteuert, schlägt auch mal um sich, macht irrationale Umwege, um zu seinem Ziel zu kommen, fällt extrem tief, steigt aber auch extrem hoch, während Alexander wie auf einer Gerade von da nach da läuft, Dinge nicht zulässt, die etwas in ihm verändern könnten. Auch im emotionalen Bereich ist er ein absoluter Kontroll-Freak, hat sich praktisch in jedem Moment unter Kontrolle.

Am Anfang befürchtete ich, der bayerische Dialekt könnte den Film in eine bodenständige Ecke drücken.
Die beiden definieren sich so stark über ihre bayerische Heimat, über die bayerische Landschaft; die bayerische Sprache ist eines ihrer Persönlichkeitsmerkmale. Sie ist authentisch. Jeder Mensch, der emotional wird, fällt in seinen Dialekt – auch fluchen kann man nur in seiner eigenen Sprache. Hochdeutsch würde unglaubwürdig wirken. Es gab sogar ernsthafte Versuche zur Untertitelung, aber das war gar nicht möglich. Umgekehrt hat

das Bayerische auch große Sympathie erzeugt, gerade in Berlin, Hamburg oder Bremen. Dort versteht das Publikum dann halt nur achtzig Prozent, aber das macht ja nichts – dafür kommt die Direktheit, die Natürlichkeit, die Herzlichkeit rüber. Die Seele hat eine Sprache, und ihre Sprache ist die bayerische. Heutzutage hat das Bayerische auch nicht mehr das Image des »Primitiven« wie früher, das hat sich komplett gewandelt. Der große Erfolg des Films »Wer früher stirbt, ist länger tot« ist rein darauf zurückzuführen, dass er die große Authentizität der Sprache hat, zufälligerweise ebenfalls des Bayerischen.

War »Am Limit« für Sie ein erfolgreicher Film?
In der fünften Woche hatte er 150 000 Zuschauer, bei drei Wochen Hochsommertemperaturen, und er war lange Zeit unter den Top Ten. Über den Sommer werden die 200 000 wohl voll werden. Von daher ist er ein sehr erfolgreicher Film. Ob er sich für mich rechnet, das ist eine andere Frage. Um solche Projekte machen zu können, muss ich anderweitig Geld verdienen, zum Beispiel mit Werbespots. Aber wie gesagt, besessen ist besessen, obsessiv ist obsessiv – wir reden hier über Grenzgänge! Für einen so persönlichen Film investiert man auch. Der größte Erfolg des Films ist in meinen Augen, dass die beiden Gelegenheit hatten, sich selbst zu hinterfragen, sich neu zu definieren, sich zu finden.

Bei Alexanders Solo durch die Große Zinne hat der Fotograf Heinz Zak sich geweigert, ihn zu fotografieren, weil er nicht sehen wollte, wie er stürzt – er hat ihn dann erst bei einem eigentlichen Fototermin fotografiert, bei dem teilweise gesichert wurde. Hätten Sie Skrupel, Alex bei einer Solobegehung zu filmen, wenn er Sie darum bäte?
Würde ich mir überlegen, ja. Ich wüsste jetzt nicht, ob ich das tun würde. Wahrscheinlich nicht.

Aber ist es Ihnen nachvollziehbar, warum er so etwas macht?
Absolut. Ich verstehe ihn. So, wie ich ihn als Mensch und auch in seiner Seele kennengelernt habe, verstehe ich das. Das, was die meisten Menschen da draußen nicht begreifen, ist das: Wenn man in einer Situation ist, in der man nicht mehr zurückkann, und das ist beim Soloklettern so, vielleicht nach sieben, acht Metern – Alex beschreibt das auch so, da gibt es diesen einen Punkt, wo du weißt, jetzt geht's um alles –, dann entsteht eine unglaublich hohe Konzentration, eine Konzentration, die man gar nicht anders erzeugen kann. Das ist wie der Druck auf Kohle, die dann zu Diamant wird. Der allgemeine Irrglauben ist, dass man dann Panik kriegt, aber es passiert genau das Gegenteil: Man ist überwach, wie wenn man unter extremen Drogen steht, alle Sinne sind zu 150 Prozent angespannt. Ich kenne das von mir selbst, halt in einem anderen Bereich. Wenn man wie Alex weiß, dass man den zehnten Schwierigkeitsgrad beherrscht, dann ist der neunte kein Problem, sondern nur die Beherrschung der Angst. In dieser Situation der extremen Wachheit nimmt er alle Sinneseindrücke auf, er arbeitet wie eine Maschine, jeder Griff, jeder Tritt sitzt. Er steht unter Hochspannung, wie ein Kraftwerk. Gerade aus dem extremen Druck entsteht ein Gefühl von Freiheit, vielleicht noch nicht in der Aktion, erst danach. Dieses Glücksgefühl kann keiner nachvollziehen, der sich nie einer ähnlichen Situation ausgesetzt hat. Ich glaube ihm sofort, wenn er sagt, dass er das immer wieder haben will. Es gibt eine klare Begründung von Alexander, die mir sehr bewusst ist. Es gibt zwei Komponenten im Leben: Die eine haben wir bereits hinter uns, das ist die Geburt, die zweite ist der Tod. Um das Leben dazwischen so intensiv zu spüren, wie es ist, geht er an die Grenze des Todes. Das hat für mich etwas sehr Lebensbejahendes. Es ist auch ein Mittel, den Sinn des Lebens zu begreifen: Warum gibt es mich im Leben, in der Einzigkeit? Ein Mittel, sich bemerkbar zu machen, sich einzig zu machen, gerade als kleinerer Bruder.

sich bemerkbar machen, in der Öffentlichkeit? Ich habe viel mehr das Gefühl, da geht es allein um ihn. Das macht er nicht wegen der Öffentlichkeit.
Nein, das ist sein ureigenstes Ding, absolut. Das hat eine große Wahrhaftigkeit. Das Bemerkbarmachen meine ich auch nicht in der Öffentlichkeit, sondern nur für sich selbst: Warum gibt es mich? Wo ist der Sinn? Er will sich als Wesen spüren, bevor der Tod eintritt. Natürlich ist es auch ein Wechselspiel zwischen narzisstischen, materiellen Interessen – aufzutreten, nach außen zu treten ist schließlich ihr Beruf. Aber für mich ist spürbar, dass ein so rational bestimmter Mensch wie Alexander diese Grenzerfahrungen braucht, um die Barriere in seinem Kopf zu durchbrechen, um intensive Gefühle zu erleben, die andere vielleicht schon beim Spazierengehen kriegen oder beim Anblick einer wunderbaren Kulisse mit See im Vordergrund und Alpenpanorama dahinter.

Was hat das, was Alexander macht, mit uns »Normalen« zu tun?
Alex unterscheidet sich nur in der Graduierung von »normalen« Menschen. Es gibt halt nun mal Grenzgänger, und es gibt die anderen, die keine Grenzgänge machen und trotzdem glücklich werden. Vielleicht sind sie sogar glücklicher als die Grenzgänger. Für Grenzgänger hat das Glück eine extremere Form. Sie sind nur glücklich, wenn sie an diese Grenzen gehen und an den Erfolgen genauso wie an den Niederlagen wachsen können. Aus diesem intensiven Leben kommt ihre Kraft.

Was fasziniert die Leute an den Huberbuam?
»Am Limit« ist in erster Linie ein Frauenfilm. Da spielt der Faktor Sex eine Rolle: Er zeigt, im theweleitschen Sinne, Körper in Aktion.

Mich beeindruckt die Eleganz der Kletterbewegungen, aber genauso die mentale Stärke, wenn ich mir vorstelle, in welcher Ausgesetztheit das alles stattfindet. Alexander bewegt sich tatsächlich wie ein Tänzer in der Wand, mit einer Ruhe und einer unheimlichen Eleganz. Thomas klettert kraftbetonter. Aber eben, es ist nicht nur die Körperlichkeit, es ist auch die Ursprünglichkeit, die Authentizität, die sie beibehalten haben. Sie stellen sich der Natur, der puren Auseinandersetzung mit der Wand. Hoher Einsatz, gute Vorbereitung, Mut, viel Hingabe und Motivation führen zu Leistungen, die für die meisten von uns unerreichbar sind – und Menschen brauchen Helden. Sie suchen sich Helden, gerade im Sport. Frauen spricht vor allem auch an, dass im Film Zwischentöne dargestellt werden, durch die das, was die beiden Brüder tun, verständlicher und nachvollziehbarer wird. Thomas und Alexander sind Galionsfiguren außergewöhnlicher Menschen. Sie vereinen Leistung – Sex – und Zwischentöne – Geist –, indem sie sich ihren Ängsten und Emotionen stellen. Gerade Frauen erkennen die Parallele zwischen dem Klettern und dem Leben. Für Frauen ist nicht der technische, sondern der menschliche Aspekt des Films wichtig.« »Am Limit« hat aus zwei Ikonen des Klettersports Menschen gemacht.

Fotonachweis

Tafel 1, 2, 4, 5: Thomas Huber sen.; Tafel 6, 7, 8, 9, 16 oben: Thomas Huber; Tafel 10: Michael Memminger; Tafel 11: Archiv Huberbuam; Tafel 12, 13, 14, 15, 18, 19, 20/21, 24, 28, 29, 30: Heinz Zak; Tafel 16 unten: Conrad Anker; Tafel 17 oben: Horst Fankhauser; Tafel 17 unten: Georg Simair; Tafel 25, 31, 32, Nachsatzmotiv: Michael Meisl; Tafel 26/27: Stephan Siegrist; Vorsatzmotiv: Franz Hinterbrandner; alle übrigen: Alexander Huber.

Über die Huberbuam

»Alexander Huber, zurzeit der beste aller Felskletterer, hat die Zinnen-Direttissima, nur mit einem Magnesiabeutel und Kletterschuhen an den Füßen, free solo geklettert. 500 Meter absolute Exposition, ohne Sicherung und Rückzugsmöglichkeit, eine geniale Tat, die an Eleganz kaum zu übertreffen ist. Huber verrät damit, dass er kein Hazardeur, sondern ein großer Könner ist. Sicherheit kommt immer nur vom Können.«
Reinhold Messner

»Was Alexander und Thomas im Extremklettern leisten, wird in anderen Sportarten mit Titeln wie Weltmeister oder Olympiasieger geehrt. Zu Anerkennung in unserem Sport zu kommen ist ein steiniger Weg, und ich bewundere, wie konsequent und fair die beiden daran gearbeitet haben, sich auch in einer breiteren Öffentlichkeit einen Namen zu machen und trotzdem sich selbst und ihrer tiefen Leidenschaft, Grenzgänge in den Bergen zu erleben, treu zu bleiben.«
Heinz Zak

»Es geht darum, eine schwierige Route so schnell wie möglich zu bewältigen. Keiner kann das zurzeit besser als die oberbayerischen Brüder Thomas und Alexander Huber.«
Christof Siemes, Die Zeit

»Sie haben laut Reinhold Messner ›das Klettern neu erfunden‹ – Thomas und Alexander gelten als Alleskönner. Das Repertoire: Speed-Klettern, Freiklettern, Erstbesteigungen und Expeditionen.«
Stefan Ruzas, Focus

»Die beiden Oberbayern gehören zur Weltelite der Extremkletterer. Mit ihren spektakulären Erstbegehungen – sei es mit oder ohne Sicherung, am Fels oder im Eis – haben sie längst über eingeschworene Bergsteigerkreise hinaus Berühmtheit erlangt.«
Sandra Tjong, Welt am Sonntag

»Größer und menschlicher als ›Am Limit‹ kann die Huberbuam niemand mehr auf die Leinwand bringen, denn Danquart und sein Team haben Spektakuläres geleistet.«
Volker Isfort, Abendzeitung

»Die ›Huber-Buben‹ suchen als Sportkletterer extreme Herausforderungen – Pepe Danquart hat einen spektakulären Film über die Brüder gemacht.«
Tanja Rest, Süddeutsche Zeitung

»Für Kletter-Fans und Extremsportler sind sie so etwas wie Titanen. Allen anderen bleibt meist nur der Mund offen stehen, wenn die zwei Felswände hinaufsteigen wie andere Treppen: die Huberbuam, Thomas und Alexander Huber. Der in Traunstein lebende Alexander und der in Berchtesgaden wohnende Thomas beherrschen den elften Schwierigkeitsgrad, den es erst seit wenigen Jahren gibt. Klettern ist für die 1968 und 1966 geborenen Brüder fast wie eine Sucht – die Suche nach dem Abenteuer, die Herausforderung, das eigene Ich mit eisernem Willen immer wieder zu bezwingen, aber auch die extreme Grenzerfahrung.«
BR online

MALIK

Kurt Diemberger
Seiltanz

Die Geschichte meines Lebens. 336 Seiten mit 34 farbigen, 30 schwarz-weißen Abbildungen sowie 9 Karten und Routenskizzen. Gebunden

Kurt Diemberger ist der einzige lebende Bergsteiger, dem zwei Achttausender-Erstbesteigungen geglückt sind. 2007 wird der 50. Jahrestag der Broad-Peak-Erstbesteigung gefeiert. Kurt Diemberger ist am 9. Juni 1957 dabei – Hermann Buhl, Marcus Schmuck, Fritz Wintersteller und er erreichen den Gipfel. Wenig später, am 27. Juni 1957, erlebt er hautnah, wie Buhl an der Chogolisa tödlich abstürzt. Bis heute gibt es Streit um beide Ereignisse. Diembergers neues Buch erzählt die Geschichten seines langen, erfolgreichen, zugleich von tragischen Erfahrungen geprägten Abenteurerlebens. Tibet und Nepal, die großen Berge des Himalayas, Grönland, Südamerika, Wände und Gipfel der Alpen, Rätsel, Glück und Fluch der Berge, kleine Anekdoten, skurrile Erlebnisse – davon berichtet Kurt Diemberger, die Bergsteigerlegende mit der ungebrochenen Ausstrahlung.

PIPER

Hans Kammerlander
Am seidenen Faden

K2 und andere Grenzerfahrungen. Unter Mitarbeit von
Walther Lücker. 354 Seiten mit 88 Abbildungen und
3 Farbbildteilen. Serie Piper

Er hat dreizehn Achttausender und zahllose Gipfel bestiegen, ist extreme Routen geklettert und hat waghalsige Skiabfahrten vom Nanga Parbat und Mount Everest riskiert. Gerade ist er am Nuptse East gescheitert und plant schon den nächsten Versuch. Oft muß er an seine Grenzen gehen, oft ist das Überleben reines Glück. Von solchen Grenzsituationen erzählt er in seinem neuen Buch. Zentrales Thema sind die fünf Anläufe zum »Berg der Berge«, dem K2 im Karakorum, den Kammerlander endlich am 22. Juli 2001 bezwingt. Während er den langen Weg zum K2 erzählt, geraten viele andere Erlebnisse wieder ins Blickfeld, in denen er durch eigene Fehler, zu hohe Risikobereitschaft, durch Materialprobleme, durch das Wetter oder durch Zufälle in schier ausweglose Situationen geht. Wie er sie bewältigt hat, was er daraus gelernt hat, darüber schreibt Hans Kammerlander in aller Offenheit.

Reinhold Messner
Der nackte Berg

Nanga Parbat – Bruder, Tod und Einsamkeit. 319 Seiten mit zahlreichen Farb- und s/w-Abbildungen. Serie Piper

Der Nanga Parbat, der »nackte Berg«, ist seit vielen Jahrzehnten der Gral der besten Bergsteiger. In den 30er Jahren versucht sich der berühmte Willy Merkl als einer der ersten an diesem Schicksalsberg und kommt dabei um; seinem Halbbruder Karl Herrligkoffer wird es zur Obsession, den Berg für den Bruder zu bezwingen. 1970 plant er mit den Brüdern Messner die schier unmögliche Besteigung über die 4500 Meter hohe Rupalflanke, die höchste Eis- und Felswand der Erde. Und auf beklemmende Weise wiederholt sich die Geschichte: Beim ungeplanten Abstieg über die Westseite, zu dem sie das Wetter zwingt, wird Günther Messner unter einer Lawine begraben. Die tragische Erinnerung an die Ereignisse läßt Reinhold Messner bis heute nicht los: »Als wäre ich durch mehrere Stufen meines Bewußtseins gegangen, bleibt das Überleben am Nanga Parbat in mir lebendig wie ein intimes Wechselspiel von Dabei-Sein und Weit-weg-Sein. Und als Wechselspiel von reiner Wahrnehmung und erlebter Geschichte will ich sie weitererzählen: eine Tragödie, die am Anfang meiner Identität als Grenzgänger steht.«

PIPER

Lynn Hill
Climbing Free

Ohne Seil in den steilsten Wänden der Welt.
Aus dem Amerikanischen von Heike Schlatterer.
317 Seiten mit 16 Seiten Farbbildteil. Serie Piper

1993 erschütterte sie die Grundfeste der alpinen Männerwelt: Lynn Hill kletterte als erste »frei« durch die Riesenwand »Nose« des El Capitan im Yosemite Nationalpark. In »Climbing Free« beschreibt die bekannteste Free-Climberin der Welt diese einzigartige Unternehmung, ihre Kletterkarriere, die sie als talentierte 14jährige begann, und wie sie immer wieder die Kraft und den Mut für solche Extreme aufbringt.

Bei aller Leidenschaft verbirgt Lynn Hill nicht, daß sie den Sport auch in Frage stellt. Mehr als einmal sah sie selbst dem Tod ins Gesicht, und einige ihrer engen Freunde haben für das Klettern mit dem Leben bezahlt. Doch das Risiko, dem sie sich aussetzt, verblaßt gegen die faszinierenden Felswände und Landschaften und gegen die Schönheit des Moments, wenn sie ganz oben steht.

01/1409/01/R